U0859441

刘乃和

百年诞辰纪念专辑

·下册·

1918

/

2018

邱瑞中 编

·桂林·

五　1966—1980 年期间的活动

首都北海留影1966.3

1969 年 9 月留影。左为刘乃崇长子刘宗武。

1972 年 10 月 7 日留影。

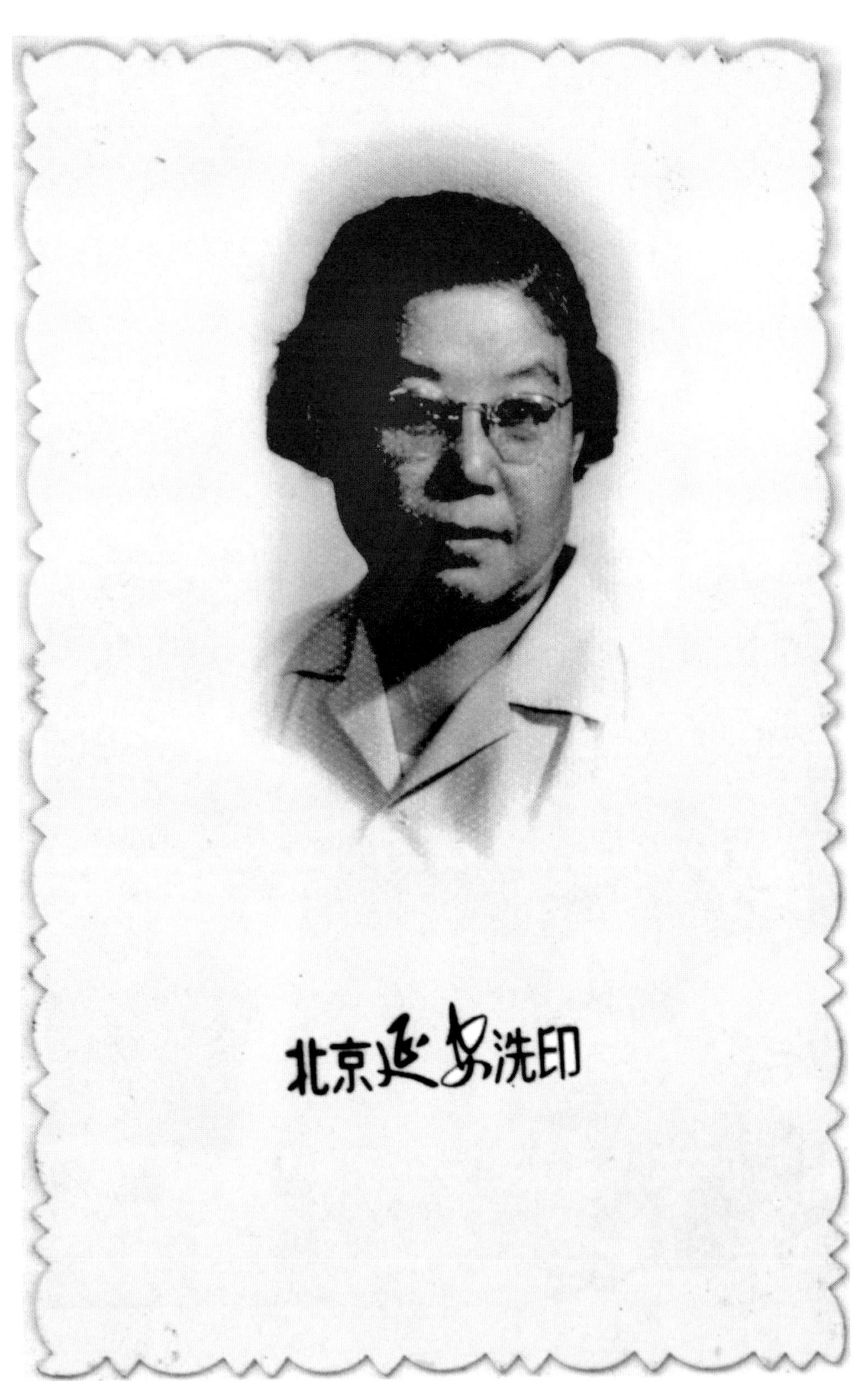

1974 年 8 月 3 日留影。

1976 年留影。

这是北师大历史系教员批判陈垣的“座谈”会。刘乃和必须记录。当时刘乃和已被赶出励耘书屋，抓入“牛棚”。1969年1月6日(具体日子待考)，周总理派一军人把半自由的刘乃和送回励耘书屋继续工作。

投降，表示批评自己意识，听当认识。

46年就离开辅仁，没找过他，49年回辅仁，陕主校接任，都是控制历史系，没到过。

有几个问：

过去认为他一直能教他们，不问政治。

1. 与教会的关系。一、辅仁是天主教，意大利控制很广、校内修士云，是美国势力。从美国回，而他20多年都校长，到底什么关系，不好说害怕他。宗因是什么、如果能够保持，不问政治，意义在政治目的、就不问政治的人，对付唯有的要求。到底是为什么。

教会控制，每个都有二三位教士，修女都会连像清楚，跟读书，与修女不来往，好不了，功课不好，不教好，每学都有。

他这个人为他服务，是有选择的，到底为何找他当校长。

2. 奉时，副教务长与校内的，与当时与伪政府有何关系，也不很清楚，胡适说，有人说他

（听说他与蒋介石吃饭拜，不很对、为何？）

飞机来接陈。

46年于斌到辅仁、我正在校上，他接见陈，以后大礼堂，~~大~~教行天主教人礼。（大情绪、陈已接近）这情况到底为什么？

与国民党政府关系是什么？他说是，是好人。当时对他拉拢争取，关系到底是什么？

抗日胜利以后，国民党接见忠贞之士，他接见过没有，不知道。大家对他印象还是好的。抗日八年没做汉奸，没给日本人做事，在日据北京，与繁到北京一直没出来，当时觉得好。李宗仁、产接收也是给其他争取服务。

当时三大史学家之一，有敬仰的话。

从这些情况看，国民党政府拉拢重视他。抗日胜利后，派飞机来接，他走没走，关系是什么？接见过没有？这些问题也可探索，对了解一个人的历史，也是很重要的。

3、59年他入党，我与同班同学议论，觉得有点突然，觉得从学术上说都是旧的传统东西，考证之学西。

但封建的东西，批得多了。"毛林是代人与孔结"。
倒退一个时代。

又对党的贡献究竟有多大？与八个条件符合否？

为什么能够入党？怎样才能入党？这也是很重要的问题、

他总嫌就上说、为人民服务、等。

党纲问、闹不清楚。

4. 我党的历史、究竟是那样布置的。

他说他是大多数。要我等继承这个革命的继承也没有在继承人。党纲也应该、现在看来这任务到底是什么呢。

讲阶级斗争、总是借用。有人说借用以就是时期阶级了。对这任务还是从各方面支持的。不知就是那里下来的。

说到他的全面评价、每问都要搞清楚。

新旧的都在这个问题存在。

许多报纸一登、照出来、然后说、谈一谈、有时

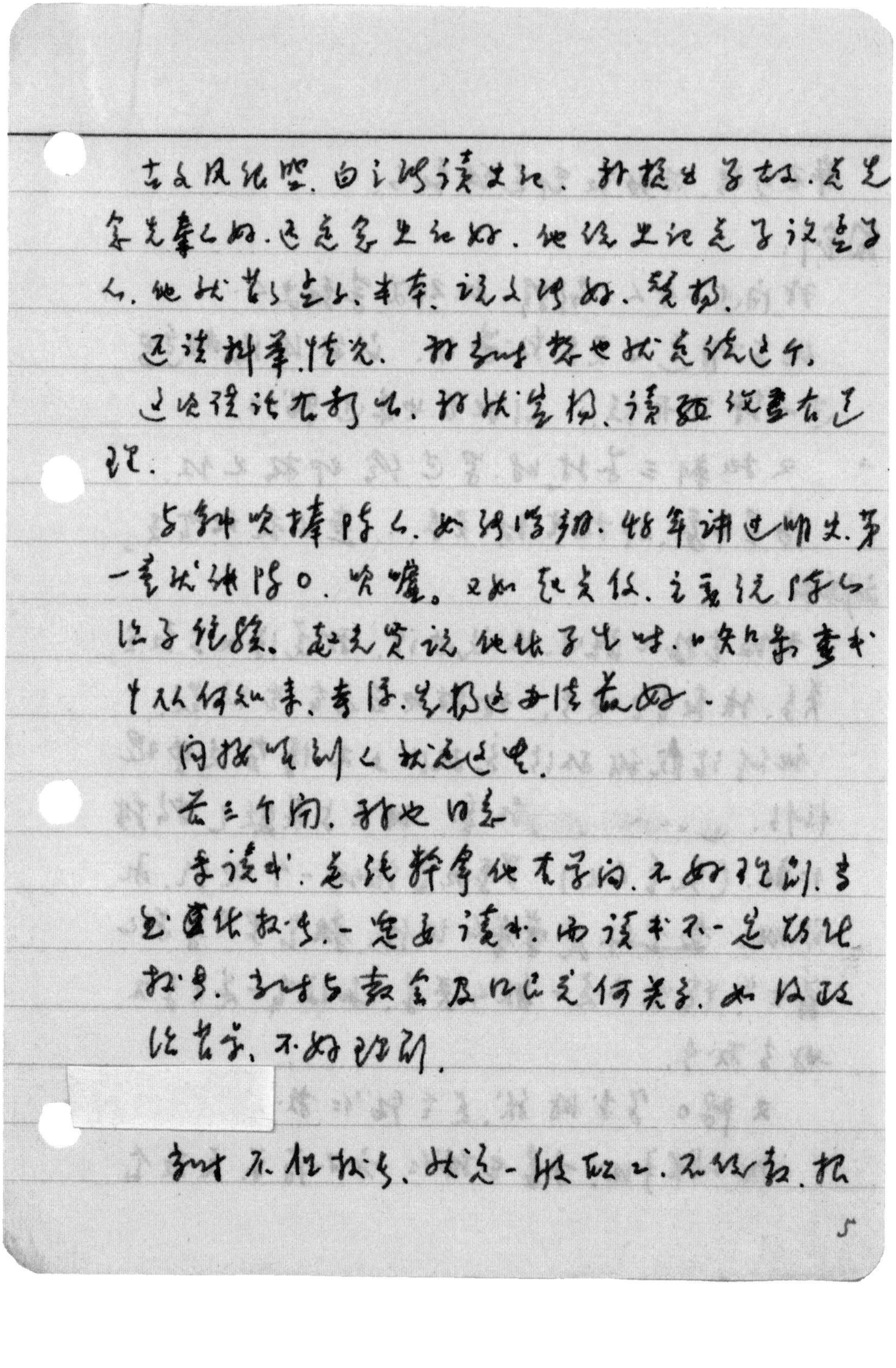

本不可能、自动权都是给教会、

我问过一个人，解释：他不承认主教大会。
他与胡适之关系较密切，并叙述给胡适写
过一封公开信，别叙若也来过辅仁。
二 又批判三家村时，写过给邓拓之信，
与吴晗家、邓拓书信关系、查出来证书交。

我没有接触过，没谈过话，我觉得他与教会
关系、给教会写过信、那时他总是有些怀疑。
他经过说服我政治，在政治上不懂得，只要理
论了。这批人必然比较多。他是与英敛之接触
仁社。（教会人士）罗马教宗给他一个地位，承
认他、~~教会的~~、光荣的地位，教会写"荣誉
爵士"，情况不是一般的关系，如没有一定关系不
好意思如此。
又陈○写书时说，是辅仁校长之一
执行战争时，方豪也辅仁，方不肯来，是教会

红人，又是国民党红人，从事论了。

教会也曾经过他变，他们不例，有主造院，从农那觉得他老术。

抗日战争一前，是英美势力（控制），以为继日，仍是校务。太平洋战争后，英美人都走，修女都被押了，日本势力就上来了，有日本顾问。

抗日战争时，他跟日本人合作。

在辅仁中，不仅教会，还有国民党关系，还有沈兼士、英千里、赵光贤。

他在国民党也不是那么不得意。

是中央研究院院士，当时是胡适控制，推荐于陈先生当院士。

~~去胡~~与胡适上学派上有些关系，二人不同，一个是从洋来的，一个是从'考'。

不谈政治，正是胡适整理国故的时候，那时说，对新不是不接受的，对西文也要控制

不是很读书的。不会拿枪写字的。　没读读生

作风上。像二流子习气。都要在去。管着都生下，都先生下。大事一起。我很有反感。有官老爷架子。给我印象不好。这是官老爷作风。不是读书人。

我看过他的言论时。他欢迎（二个）工农兵群众讲话。他讲“文武全材，”也许是别人。

也不能说明大方向。

我很少接触过知道。　当过领导人的、也有？？。

我们不少查精仁。

对他了解情况不多。文化大革命中有些表现政治常委。要从我了解讲一下。以以不能还清楚。

在文化大革命时期。学术活动、政治活动。有些方向。他依靠人做的。没有政治头脑的。他搞的不好多。

我们之前、学术之路。要看看是什么人。是什么类型的。新的就不去。　[illegible]对他了解的人才搞清楚。[illegible]

1965年7月8日"四清"工作组找我谈话，谈到印书和其他事，当时在场的有旧市委陆钦仪，和当时四清驻师大行政工作组负责人（？）刘寿彭，另有一白发的人（不知其名）和王书香，此外尚有一女同志纪录。

这次主要是陆钦仪讲话，他先问事情的经过，我讲完了，他和那个老人命我把这经过写成书面材料。

我于7月16日写好材料交王书香转刘寿彭。

8月20日通知我再去谈话，在场人仍和上次一样，只是没有纪录的同志。陆钦仪说这事已研究过，就让它过去，不作处理，这本书以后不得再印，等三家意见。

两次谈话，都是陆钦仪主谈，王书香只是跟着问一两句，也没有说多少。

1968-3-18

这是代陈垣接受“批判”。

1

我的初步检查和交代

（一）违背了党的政策，破坏国家经济制度：

（一）关于木板印书的问题：

陈垣在解放前，曾用自刻木板，印刷了他自己的著作《励耘书屋丛刻》，其中包括书八种，共16册。那时印好后，都是由各书店来他家取走，在书店代售。

解放后，约在1955年时，书店往屡次来接洽，说现在外面有人要买《丛刻》，当时因手边没有存书，就考虑到要加印的问题。那时没有地方承印木板印刷，他仍想用原来的办法，找人自己印，这事陈垣曾自己和当时党委第一书记、付校长何锡麟说过，他说去请示市委，即由党委会联系，介绍我去京市委统战部（？）请示，我去市委是由王志诚接见的，当即掌握并请示了此事，他说可以找私人印刷。

其时能印木刻的人也不多，陈垣想起他解放前给他印书的人，后来辗转找到会印刷的老工人尝瑞恒给代印。（此人后来在中华书局成立木刻组时，到该局工作，前几年已退休。）

自1956年4月起，1957、1959年共印过三次，前后共印书200余部。印后仍是各书店来取去代售，来取书的有修绠堂、来薰阁、开通书店等。（当时已都合併，都是中国书店的分部）。

该书原定价为每部42.5元，定价是由书店根据以前的订价代订的。后来我们和书店提出订价太高，希望能降低些，书店认为这类书定价都是如此，约合2—3元一册，可以不减，减了别的书不好定价。就把零头去掉，改为每部40元了。

书印好后，有的赠送他的朋友，有的是图书馆或研究单位来索要，就送给他们，而大部分是书店代卖的。送人的数字记

3

不清了，如果算为都是售出的，则获利4000余元。

“四清”时是怎样处理这件事的？

1965年7月8日，“四清”工作组找我谈话，谈印书和售书事，当时在场的有前市委陆钦仪，在我校“四清”的行政工作组的领导人刘春彭，还有一位较老的同志和校长办公室王书香同志，又有纪录一人。

陆钦仪先问这个事情的经过，他让我把过程写出来，我在7月16写好材料交给王书香同志转刘春彭。

北京制本厂制 66.7

8月20日通知我再谈话，在场人仍和上次相同，只是没有（少一个）纪录的人。陆钦仪说："我们已经研究过，这事既然已是九年前的，已经过去，就不再審理了。不过以后要记住三点：①今后在工作上要突出政治，②要经常向组织上请示汇报；③今后不得再有类似事情发生。"并说这事不要告诉陈垣本人知道。

关于纳税的问题：袁老来取书时，我曾问过他们纳税问题，他们说税的事情由他们给办，他们办好入帐，完成税收。1957年初，西城区(?)税务局周越同志曾来了解税的情况，我把实际情况向他汇报，他走时说："以后有问题再来找，如不来，就是没问题了。"以

北京制本厂制 66.7

~~没有问题再来找，如不来，就是没问题了。”~~以后他也没再来，现在想起来他们也可能是在前市委指示下，贯彻的“保护”政策。不过具体情况究竟是怎样，我也不太清楚。

1957年古籍出版社因印刷《元典章》这部书，出版社提出在该书后面要附印陈垣所著《元典章校补》和《校勘学释例》两部书，来借这两部书的板。借给他们印后，出版社送给著者书四部。（该书每部25册，定价63元）。

关于加印《励耘五种》的问题：

1964年，由中华书局木刻组代印《励耘五种》。这书包括原《励耘书屋丛刻》中的四种，及另外单行的一种。计：

1、元西域人华化考　二册
2、元典章校补　五册
3、旧五代史辑本发覆　一册
4、吴渔山年谱　一册
（以上四种）原在《励耘书屋丛刻》中
5、元秘史译音用字考　一册　原不在《励耘书屋丛刻》中

提出加印的原因：是因为中国书店提出仍有人要买《丛刻》，书店已无存书，希望能加印。当时我们因为《励耘书屋丛刻》八种之中的四种，都已有铅印，可不必再印由木板，其余四种未有铅印，另外一种是单行的，也没有铅印，就与《丛刻》没有铅印的四种加在一起，成为五种。书名和排列的次序以及改为五种的办法，都是陈垣自己提出和拟定的。

该书由中华书局代印，由中国书店经销，大约印了一百部（？）（印多少，是他们两家自己商定的），书印成后，由中华书局直接交中国书店，我们不经手。印后中国书店也送给著者书五部。（该书每部10册，定价32元）。

同意加印並借板，我也是应负很大责任。约在1963年（？），中華书局曾提出商议，拟铅印《元西域人華化考》（以简称《化考》）和《吴渔山年谱》（以简称《吴谱》）二种，后来他们认为《吴谱》是写天主教的画家，印行出版恐影响不好，我们也即同意不印。（关于《化考》，前不久校长办公室会上李岩同志所提出的中華书局曾提出如加印此书，恐修正主义钻空子，这话我没听见过，中華书局未和我说过。中華书局印陈垣的书，都是由该书局陈乃乾接洽，关于《吴谱》，陈乃乾曾说："中華书局建议，恐印出影响陈垣的威信，拟不印了。"我们也同意了。但关于《化考》陈乃乾没说修正主义钻空子的问题）。

(二)铅印出版的问题

解放后，自1955年至1964年，由科学出版社及中华书局重印了陈垣解放前旧著10种，这十种书都是他解放前所写。最初印时，大约是在中国科学院成立不久，准备给科学家出版些著作。在一次开会时，尹达和陈垣谈起印书的事，陈说我的书都是解放前写的，现在没用了。尹达鼓励他说还可以出版，作为学术研究的参考。后即把《中国佛教史籍概论》稿交给尹达，尹交科学出版社付印。

我自己思想认为这已是得到组织上领导上的同意，所以后来科学出版社又提出加印其他四种书，就陆续交给了他们。开始印的时候，和当时学校党委书记、付校长何锡麟及教务长丁浩川都谈过，印出后并送过他们。

1959年科学出版社来信，说因全面安排出版的分工，已把陈垣的书稿和出版关系，全部转给中华书局。说已由他们负责转好，我们不用管了。所以后来的书都改由中华书局出版。

转入中华后，除再版科学出版社出版过的书以外，中华提出又新印了四种。再版的书，是中华根据市场需要的情况自己决定，在决定后通知作者同意的。

计十种书计六种是转入中华后，1962年再版重印，一种是中华1959年初版，1963年再版重印；二种是1962年中华初印，一种是1964年中华初印。如以初次出版来看，则科学出版社出版五种，古籍出版社出版一种，中华书局出版四种。

这十种书都是有关史学的书，本来历史科学，是阶级性最强的科学，对待旧的历史资料，应当用马列主义、毛泽东思想去分析、批判，用无产阶级立场、观点、方法去研究，去总结。陈垣这些书，都是解放前所写，完全是用资产阶级观点用烦琐的

(一)护理陈垣

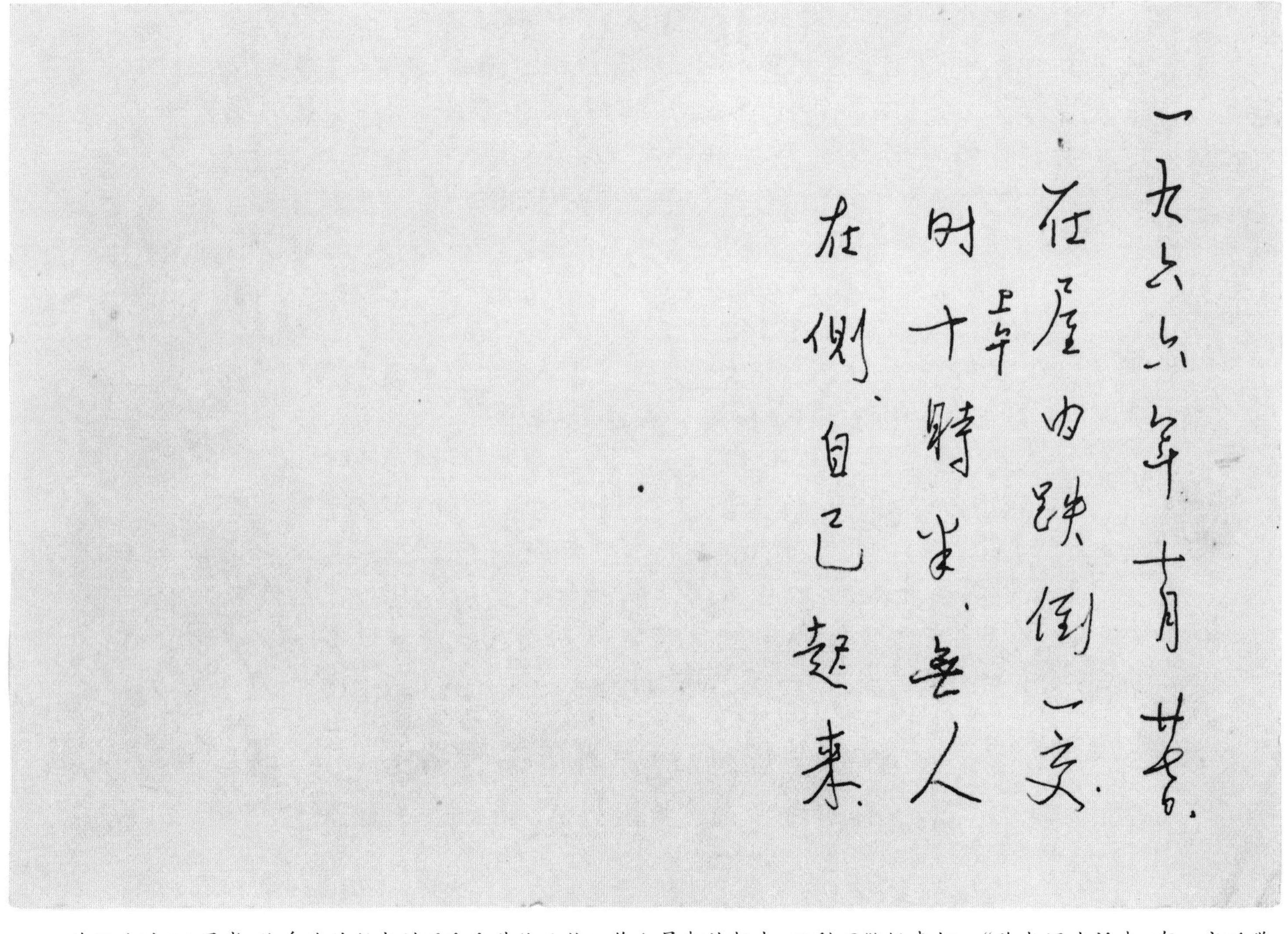

一九六六年十月廿日。
在屋内跌倒一交。
上午时十時半。無人
在側。自己起来。

陈垣此时 86 周岁，他身边的秘书刘乃和和其他几位工作人员都被赶走，只剩下做饭袁姐。“陈老还告诉我：有一夜睡觉翻身时摔在床下，起来后曾用铅笔写一字条，‘从床上跌到地上，自己爬起’，后面写了月日。这张条子直到今天我还保存着。”——刘乃和《历史文献研究论丛》第 241 页。

66 6月

蔬菜		4.18元
水果		4.10元
面包		1.28元
菜账		42.27元
食油	3斤半	4.93元
机煤球	700斤	8.40元
蜂窝煤	250斤	10元
木柴	30斤	.90元

刘乃和所记陈垣家1966年6月账。这些账单数量多，至今保存完好。陈垣身边有些工作人员，是由他个人雇用的。

车票

7月23—31日 共9天
8月1日—31日 共31天 } 共68天
9月1日—28日 共28天

7月
23日 彦礼 —
24 礼礼 —
25 彦礼 T
26 彦彦 —
27 礼彦 T
28 礼礼 —
29 彦礼 T
30 彦彦 —
31 礼彦 T

一次 5
二次 4×2=8
5+8=13次
1.3元

8月
1日 礼礼 —
2 彦礼 T
3 彦彦 —
4 礼彦 T
5 礼礼 —
6 彦礼 T
7 彦彦 —
8 礼彦 T
9 英刘 —
10 礼刘
11 礼彦 —
12 刘彦 T
13 刘礼 —
14 彦礼 T
15 彦刘 T
16 礼刘
17 礼彦 —
18 刘彦 T
19 刘礼 —
20 彦礼 T
21 彦刘 T
22 礼刘
23 礼彦 —
24 刘彦 T
25日 刘礼 —
26 彦礼 T
27 彦刘 T
28 礼刘
29 礼彦 —
30 刘彦 T
31 刘礼 —

一次 13
二次 14×2=28
1.3+2.8=4.1元

9月
1日 彦礼 T
2 彦刘 T
3 礼刘
4 礼彦 —
5 刘彦 T
6 刘礼 —
7 彦礼 T
8 彦刘 T
9 礼刘
10 礼彦 —
11 刘彦 T
12 刘礼 —
13 彦礼 T
14 彦刘 T
15 礼刘
16 礼彦 —
17 刘彦 T
18 刘礼 —
19 彦礼 T
20 彦刘 T
21 礼刘
22 礼彦 —
23 刘彦 T
24 刘礼 —
25 彦礼 T
26 彦刘 T
27 礼刘
28

一次 8
二次 14×2=28
.8+2.8=3.6元

1.3
4.1
3.6
应 9.00元
报 9.90

1970年7月23日,陈垣因脑血栓住院,陪床表和汽车票账。

彦 礼 刘
○ △ \

六月

日	一	二	三	四	五	六
	8	9	10	11	12	13
14	15	16	17	18	19	20
21	22	23	24	25	26	27
28	29	30				

七月

日	一	二	三	四	五	六
			1	2	3	4
5	6	7	8	9	10	11
12	13	14	15	16	17	18
19	20	21	22	23	24	25
26	27	28	29	30	31	

八月

日	一	二	三	四	五	六
						1
2	3	4	5	6	7	8
9	10	11	12	13	14	15
16	17	18	19	20	21	22
23	24	25	26	27	28	29
30	31					

1970年6月—8月陪床表。

6月 298.26
7月 298.26
8月 298.26
9月 298.26 + .50
10月 298.26
11月 298.26
1789.56

1276.54 1—5月
+) 1789.56 6—11月
3066.10 70年11个月共

278.73
11 | 3066.10
22
86
77
96
88
81
77
40

平均每月278.73元

238.33
11 | 2621.73
22
42
33
91
88
37
33
43
33
10

总收入 3066.10
结余 444.37
共出 2621.73

平均每月实用238.33元

1970 年账单。

下雨 端饭、打水去厕所

中药罐、饭锅、炒锅、先去好锅铲、看有何法？细心。

开会、问

饭锅问

刘 彦 礼

4月 正正正下 正下 正下

17 4 9=30

5月 刘 彦 礼

正正正正下 正正一 一

19 11 1=31

住院后

住上去——住集体宿舍、房、电、水。

有围城、大人都快、

饭锅去锅——有人洗、放中。

饭不出门作饭、开水免费、喜欢出去演。

饭锅去火、用水。

方便条件：

毛主席语录

如果有了正确的理论，只是把它空谈一阵，束之高阁，并不实行，那末，这种理论再好也是没有意义的。

5.1（六）	2（日）	3（一）	4（二）	5（三）	6（四）	7（五）	8（六）	9（日）	10（一）	11（二）	12（三）	13（四）	14（五）	15（六）	16（日）	17（一）	18（二）	19（三）	20（四）	21（五）	22（六）	23（日）	24（一）
刚		彦	彦	礼	礼	刚	刚	彦礼 慧刚	彦	礼	礼	刚	刚	彦	彦	礼	礼	刚	刚	彦	彦	礼	礼
礼	礼 刘	刚	刚 刘	刚	彦 刘	彦	礼 刘	礼 刘	刚	刚 刘 （慧彦）	彦	彦 刘	礼	礼 刘	刚 刘	刚	彦 刘	彦	礼 刘	礼	刚 刘	刚 刘	彦

25（二）	26（三）	27（四）	28（五）	29（六）	30（日）	31（一）		6.1（二）	2（三）	3（四）	4（五）	5（六）	6（日）	7（一）	8（二）	9（三）	10（四）	11（五）	12（六）	13（日）	14（一）	15（二）	16（三）
刚	刚	彦	彦	礼	礼	刚		刚	彦	彦	礼	礼	刚	刚	彦	彦	礼（彦）	礼	刚	刚	彦	彦	礼
彦 刘	礼	礼 刘	刚	刚 刘	彦 刘	彦		礼 刘	礼	刚 刘	刚	彦 刘	彦 刘	礼	礼 刘	刚	刚 刘	彦	彦 刘	礼 刘	礼	刚 刘	刚

17（四）	18（五）	19（六）	20（日）	21（一）	22（二）	23（三）	24（四）	25（五）	26（六）	27（日）	28（一）	29（二）	30（三）
礼	刚（礼）	刚（慧）	彦	彦	礼	礼	刚	刚	彦	彦	礼	礼	刚
彦（刚） 刘	彦（刚）	礼 刘	礼 刘	刚	刚 刘	彦	彦 刘	礼	礼 刘	刚 刘	刚	彦 刘	彦

（17—18日下栏上方注：彦病）

北京市电车公司印刷厂出品 六九·五

生活班
工作班

	一	二	三	四	五	六	日
	老	老郭	刘	刘	刘	小	小
	(小)	(刘)	(老)	刘(小)	(老)	刘 开会	(刘)
	小	小	老	小	老	刘	刘

全心全意为人民服务学习班
促进思想革命化学习班

白班的人要负责什么
夜班的人要负责什么

郭彦的问题

老、小二人都姓郭。

一、病情的变化。

二、护理方面。克服困难、如何克服、

去年一人值班，现二人。有一人时，克服困难

工作，使病人害怕。[illegible]

[illegible]

[illegible]

三、缺点。[illegible]

[illegible]

与大夫谈，[illegible]

[illegible]

四、要求、意见。 协助他的作好病护工作

向护士有何意见。 与医院搞好关系

配合，协作。

[illegible]

[illegible]

陈垣住院期间护理情况记录。

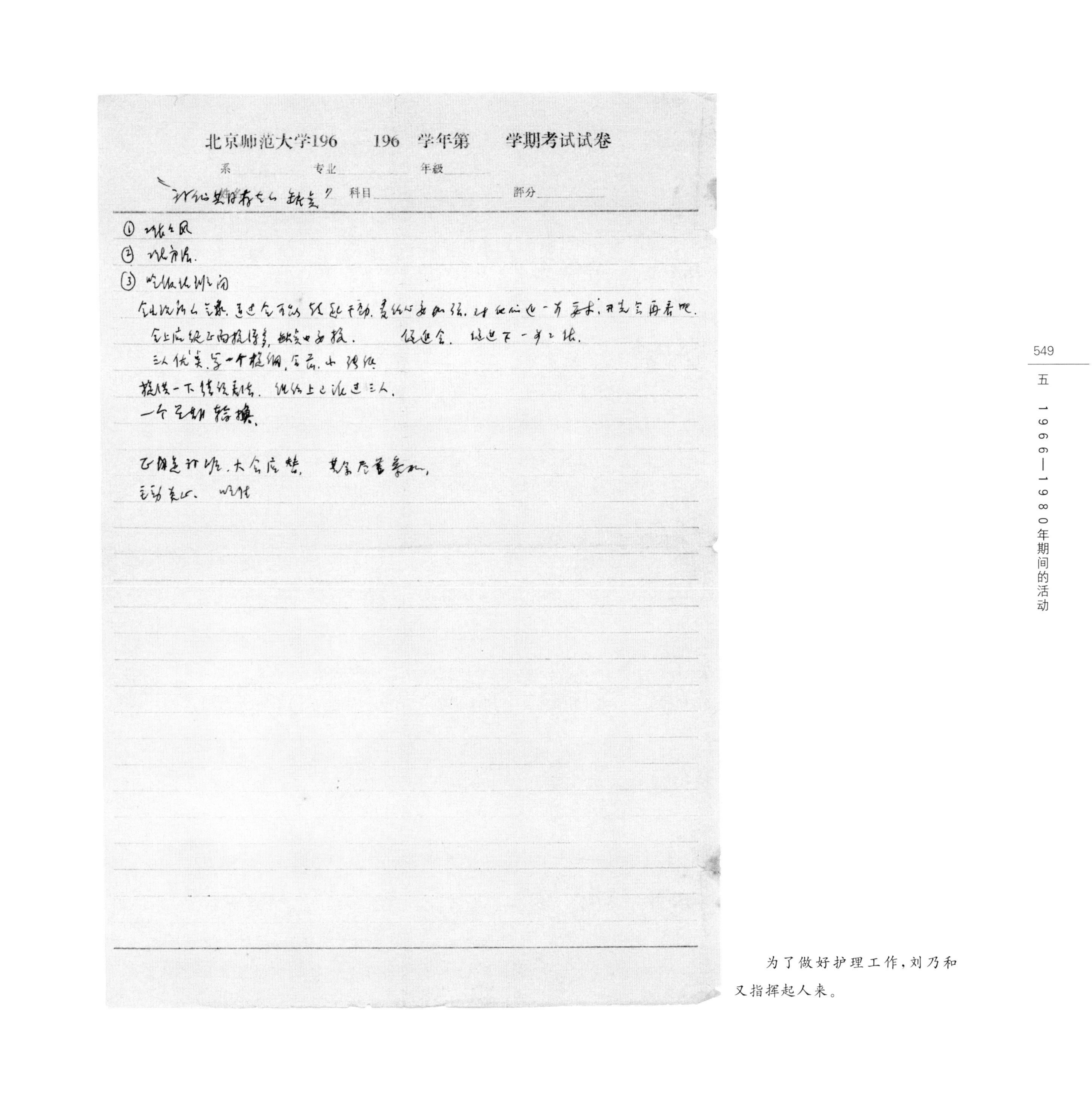

北京师范大学196　196　学年第　学期考试试卷

系　专业　年级

科目　評分

为了做好护理工作，刘乃和又指挥起人来。

1971年1月—6月共入粮票：

29斤×6个月＝174斤

2月20日奂华用 10斤（小郭带回）

3月19日 〃 〃 〃 5斤（……）

4月4日 〃 〃 〃 20斤（交袁姐）

5月4日 补助小郭 5斤

6月8日 交北京医院 19.9斤

11日 补助小郭 5.0

24日 奂华用 20斤（交袁姐）

1月至6月共出 84.9斤

结余 共入 174斤

共出 84.9斤

89.1

附：

① 70年粮票，每月~~都用光~~，无余

② 1—6月油票，除买1.2两月外，其余都给小郭和袁姐

1971年6月21日，陈垣因肺炎呼吸衰竭、心力衰竭，逝世于北京医院。24日举行告别仪式。李先念主持，郭沫若致悼词。此为刘乃和所记账单。

8月

	布	券
	1.4尺	0.5
	1.0尺	.7
		.2
	2.4尺	1.4
9月		4.0
		4.0
	2.4尺	9.4
10月	18.0尺	
	20.4	9.4
71.2月	.2	
	20.6尺	9.4

工业券 70年 71年
12 + 6 = 18张

布票 17.3+18.1=35.4尺

线票 8张

挂 1 + 1 = 2张（又借来1，共3张）

(二)安排陈垣身后事

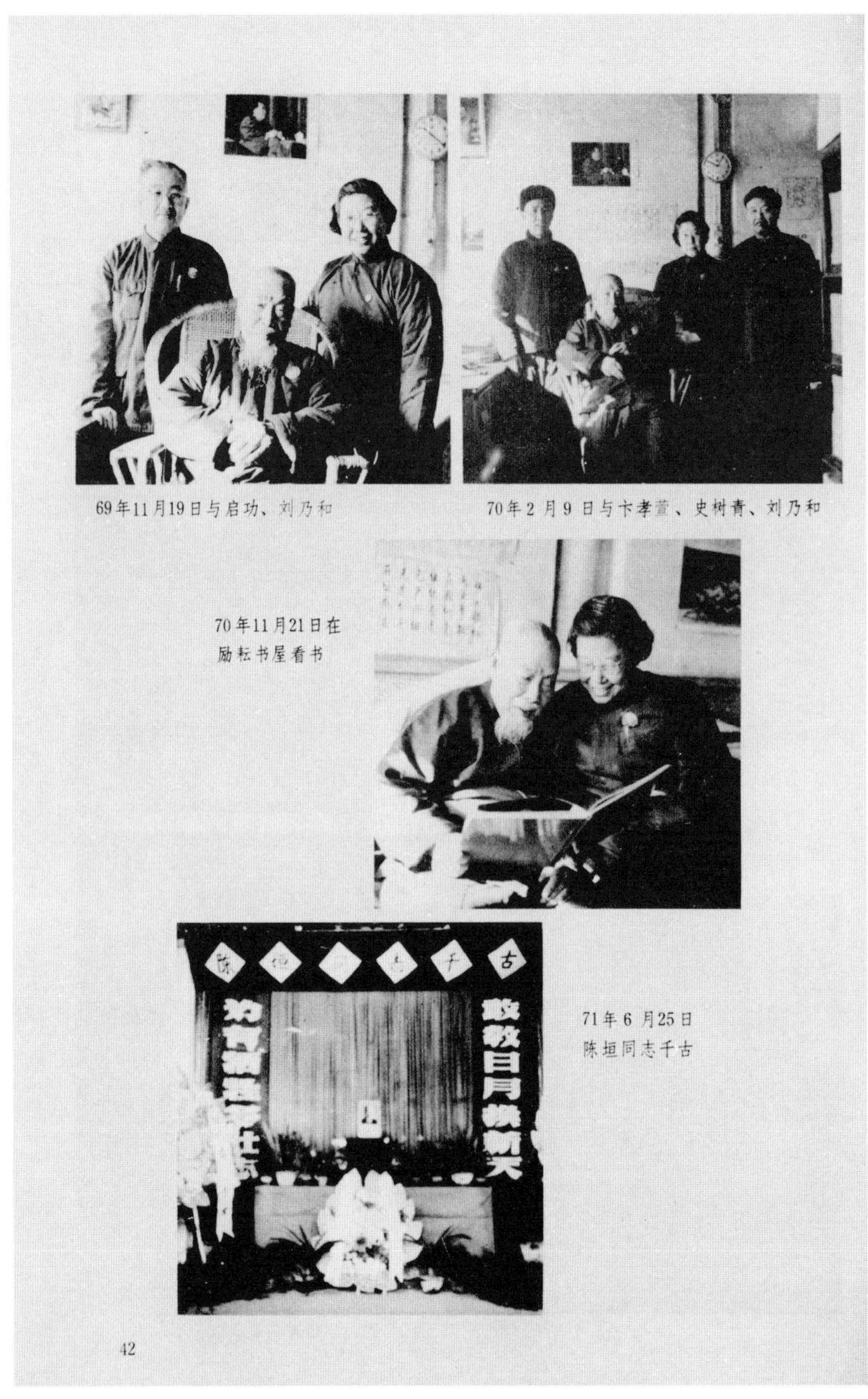

69年11月19日与启功、刘乃和

70年2月9日与卞孝萱、史树青、刘乃和

70年11月21日在励耘书屋看书

71年6月25日陈垣同志千古

42

出席陈垣遗体告别名单、家属名单与关系说明。

依函丈卅八年早沐师恩同父子
呈习作二十卷賸將文筆擬陶鈞

稽古到高年终随革命崇今用
校雠捐故技不为乾嘉作殿军

陈垣去世时启功、邵循正所送挽联。

精打细算，行款位置，都要恰当合适。给人写扇面，好写自己作的小条笔记，我就求写过两次，都写的小考证。写到最后，不多不少，加上年月款识、印章、眞是天衣无缝。后来得知是先数好扇骨的行格，再算好文词的字数，哪行长，哪行短。看去一气呵成，谁知曾费如此匠心呢？

我在一九六四、一九六五年间，起草了一本小册子，带着稿子去请老师题签。这时老师已经病了，禁不得劳累。见我这一叠稿子，非看不可。但我知道他老人家如看完那几万字，身体必然支持不住，只好托词说还须修改，改后再拿来，先只留下书名。我心里知道老师以后恐连这样书签也不易多写了，但又难于先给自己订出题目，请老师预写。于是想出“启功丛稿”四字，准备将来作为“大题”，分别用在各篇名下。就说还有一本杂文，也求题签。老师这时已不太能多谈话，我就到旁的房间去坐。不多时间，秘书同志举着一叠墨笔写的小书签来了，我眞喜出望外，怎么这样快呢？原来老师凡见到学生有一点点“成绩”，都是异常兴奋的。最痛心的是这个小册，从那年起，整整修改了十年，才得出版，而他老人家已不及见了！

现在我把回忆老师教导的千百分之一写出来，如果能对今后的教育工作者有所帮助，也算我报了师恩的千百分之一！我现在也将近七十岁了，记忆力锐减，但“学问门径”、“受用不尽”、“不对”、“不是”、“教师”、“官吏”、“三十元”、“五十岁”种种声音，却永远鲜明地在我的耳边。

老师逝世时，是一九七一年，那时还祸害横行，纵有千言万语，谁又敢见诸文字？当时私撰了一副挽联，曾向朋友述说，都劝我不要写出。现在补写在这里，以当“回向”吧！

依函丈卅九年，信有师生同父子；
刊习作二三册，痛余文字答陶甄！

一九八零年六月十六日

· 73 ·

这幅挽联有文字变动。“信有师生同父子”，才是他们这一代师生情谊之写照。

——启功《夫子循循然善诱人》

73-1月15日 将此书可收存陈老书事

向周付政委汇报，同说这很好，可

与此书连系。

1-16日 电徐白话，他说此书领导已

派人跑报鹤鸣，要请示一下。二小

时后答电，云已同意，说应按陈老指

示办事，已写好请示并报告，俟

报告下来，即与师大联系。

1-17日 电周政委，向周汇报此书情

况，同说这好，此事去写较好。

1-19 北图徐白话电云书情已批下。

请与北师大连系，谈谈具体办法。馆中

已决定接收书籍，专管此事

1-20 向周政委汇报，他说有时间即可

约此书来谈。

2-14 徐白话、郭继奥等二人来，与周政委、

柳师付谈，胡敦楚、李石涵来同谈，

后去图书馆看书，看目录，约定星期五

即16日来车拉，17日拉完。

8-21 电徐自强，想了解几个月来陈书情况，才知徐已去干校近半年。善本室丁瑜同志说暂就知取走的书放善本室，拟拉去书放线装组。

并说陈女要来访问。

并问是否我要拉回？

电胡效教同志，云未闻此事，书走后于8月8日曾去过北图，并看见专人在整理陈书，约定过一段时间同去看看。

成吉思汗（1162—1227）

即元太祖。

拔都（1209—1256），蒙古族钦察汗国之建立者，成吉思汗之孙也。

见旧翻各书俱是 P98

李：看了文稿，今天去一趟，白[illegible]等学者[illegible]，[illegible]也[illegible]，下一步如何搞好、刘，再说吧。

刘：基本都知道了，再研究。

费了不少心血，做了不少东西。

李：

下一步工作应抓紧，三方都很忙。

图书馆：我找来几个同志，请示，你也是[illegible]要说什么工作。

陈垣图书

五代史问、

手批本问

图书还

此书何给我还。

陈垣同志藏书清册

第四册

字画、文物 1149件+4件=1153件

图章 40件

"丛刻"木板 766块（41捆）

陈垣藏书清册。

字画类

第1页

编号	书名	著者	版本	册数	页数	备注
1	陈白沙赵文公真迹卷（石印）（珂罗版）			1卷		
2	米華芾．钱載题高江村画卷跋			1〃		
3	吴荣光（荷屋）团扇直幅			1〃		
4	陈澧临米墨迹（团扇）			1〃		
5	李芳书 忠孝中堂			1〃		
6	冯誉骢书中堂			1〃		有樊山题跋
7.	韩毅（玉忠）书对联			1对		
8.	陈麟飞书琼林大观横幅（残）			1卷		
9.	许乃普（滇生）书对联			1对		
10.	桂廷潘等跋竹冈画卷（残页）			5页		
11.	董其昌书（喻林）手卷			1轴		
12.	临董其昌手卷（画山水款）			1〃		
13.	张问陶（船山）书对联			1对		
14.	武億（虚谷）隶书对联			1〃		

印章类

第21页

编号	书名	著者	版本	册数	页数	备注
1.	王會罍之印（方）	朱九仿古之作		1		
2.	援庵私印（方）	庆鼎刻		1		
3.	陈垣印（〃）	金罍刻		1		
4.	援庵长寿（〃）	台静农刻		1		
5.	陈垣藏迹（〃）	立夫刻		1		
6	励耘书屋（花）	〃		1		
7.	新会陈氏．励耘书屋（花方）	西丁刻		1对		
8.	佛堂之印（方）	鸥客刻		1		
9.	新会陈氏励耘书屋孝藏（方）	仿汉铸金印治印		1		
10.	陈垣（方）	立夫刻		1		
11.	新会陈垣收藏	〃		1		
12.	新会陈垣（方狮印）	刘乃和刻		1		
13.	援庵室藏（花方狮印）			1		
14.	励耘书屋	陆和九刻		1		

刘乃和同志：

为提高本刊的学术水平，更好地为繁荣我国的社会科学事业服务，特聘请您担任本刊的

编委 请予指导和支持。

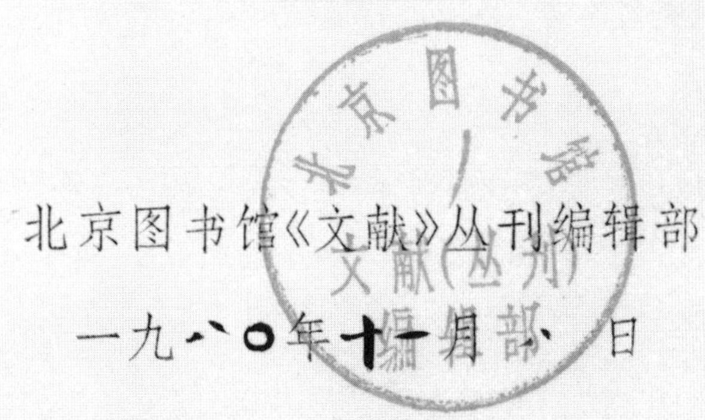

北京图书馆《文献》丛刊编辑部

一九八〇年十一月 日

刘乃和《文献》丛刊编辑部聘书。

1935

切韵与鲜卑　　华裔学志　第1卷第2期

（先在北平[illegible]刊发表）　（英文本）

第3卷第3期1936

赠鲍润生编楚词（七绝二首）　　〃

1938

吴渔山晋铎二百五十年纪念

华裔学志　第3卷第1期

（英文版）

（先在辅仁学志　第5卷　第1、2期合刊发表

（1936年）

~~1938~~

马定先生在内蒙发见之残碑　1938-2-6

华裔学志　第3卷第1期（英文版）

中文未发表过

汤若望与木陈忞　1938年12月作

华裔学志　第5卷第1、2期 1940

（英文版）

辅仁学志第7卷第1、2期　1938

蒙古史資料

类别

篇名 马定先生在内蒙发见之残碑

作者 陈垣

頁数 6 作者抄赠

1996年7月10日收到

邱树中自内蒙带来

今藏内蒙古大学蒙古史研究室

蒙古史研究室藏

19 年 月 日

这是1960年代的事。周清澍看到陈垣这篇文章的英文版,请金启琮代写一信,向陈垣求汉文稿。还求代抄陈垣未出版的《元六十家文集目录》(此书数百页)。陈垣命抄工抄出,寄到内蒙古大学蒙古学研究所。陈垣还把两大部德文版蒙古学专著同时赠送。周清澍说:“那时我年轻,就请金启琮先生出面写信。”到了1990年代,刘乃和要利用这两部抄写的原书,但是,因为已赠予北京图书馆,无法借出,也看不到。所以她想起内蒙古大学,让我去寻找,并争取复印。我求周先生帮助,他笑着讲了得书原委,并把二书复印。

馬定先生在內蒙發見之殘碑

陳垣

一九三七年寒假，有以馬定先生近在內蒙發見之殘碑照片見示者，審視之，其中略可辨認者二碑，一為王傅德風堂記，一為耶律公神道碑。

王傅德風堂記，數年前曾為西北科學考查團吾友黃文弼君所發見。據吾理想，此碑蓋三石合為一碑，形如屏風，樹立堂中（如圖一），與尋常廟宇碑銘之樹立庭階兩側者不同。其碑額則應在當中之一石，今雖裂為兩半，篆文仍完好（如圖二及三）。第一石即題目所在之一石，原在

这估计就是石峻的字。

全碑之東邊，今存六百餘字（如圖四），碑陰有帖木兒不花等題名（如圖五）。又一石中有「風者天使也」等字，解釋德風意義，當為中間一石之一部（如圖六），碑陰有府尉、司馬等題名（如圖七）。西邊一石正面照片余未見，惟一小石有「王傅」「前任」字樣（如圖八），又一小石有「見任」「降虎符」字樣（如圖九），皆當為西邊一石碑陰之一部，蓋全碑正面為德風堂記，背面為王府官屬題名，正面從東起，背面從西起，王傅題名自應在先，故知此為西石碑陰也。

此碑之主人，即若望蒙哥未諾一三〇五年遺札所述佐治王闊里吉思之後裔，惟蒙哥未諾遺札僅叙至闊里吉思世子主安九歲時為止。元史一一八闊里吉思傳係據閻復高唐忠獻王碑（元文類廿三）及劉敏中駙馬趙王先德碑而成，亦叙至主安尚公主，封趙王，歸葬闊里吉思遺骸而止（駙馬趙王先德碑見北平圖書館藏元刻中菴集卷四，為余所發見。四庫全書本中菴集缺載）。主安何時卒，及其後代如何，均不詳。元史諸王表於主安後襲封趙王者亦僅至阿魯禿、馬札罕而止，阿魯禿、馬札罕為何人子，亦不明晰。此碑雖為讚揚趙王歷任王傅而作，而其前半截則叙述趙王世德，故東邊第一石適可補元史趙王家世所未備。據碑，主安後襲趙王者為阿剌忽都，尚趙國公主吉剌寔思，二子，長馬札罕，次懷都，馬札罕卒，世子八都帖木兒幼，由母弟懷都襲趙王位。此碑撰人稱前淨州路儒學教授臣三山林子良奉王鈞旨撰，王即懷都也。

佐治王濶里吉思之卒，在大德二年（一二九八），世子主安時約三歲，由母弟朮忽難襲封高唐王。元史武宗紀：「至大二年（一三〇九）三月，封公主阿剌的納八剌為趙國公主，駙馬主安為趙王。」是時主安年約十四。仁宗紀：「皇慶元年（一三一二）四月，趙王汝安郡告饑，賑糧八百石。」汪輝祖元史本證五謂「汝安郡」當為「注安部」，其說可信。然自此年後，本紀即不復見主安之名。仁宗紀：「延祐元年（一三一四）三月，封阿魯禿為趙王。」據此知主安之卒，當在皇慶元年四月之後、延祐元年三月之前，年不過十七八，阿魯禿必非其子也。阿魯禿此碑作阿剌忽都，濶里吉思傳作阿魯忽都，蓋朮忽難之子，曾為主安王傅，護濶里吉思遺骸歸葬者也。英宗紀：「至治二年（一三二二）正月，公主阿剌忒納八剌下嫁，賜鈔五十萬貫。」是主安卒後，公主曾再嫁，亦足證明主安之早卒無子也。

阿剌忽都子馬札罕，尚趙國大長公主速哥八剌，元史公主表謂馬札罕為囊家台子，實誤，觀下文世系表即明。

又，元史諸王表謂馬札罕為泰定元年（一三二四）封，亦誤，據英宗紀：「至治元年（一三二一）八月，賜公主速哥八剌鈔五十萬貫。十月，置趙王馬札罕部錢糧總管府。」是至治元年馬札罕已尚公主，封趙王也。懷都之襲，史無其名，據此碑則馬札罕於元統間（一三三三—一三三五）繼尚宗王晃兀帖木兒仲女，卒時世子尚幼。則馬札罕之卒，與懷都之襲，當在至元末、至正初（一三三八—一三四一），此碑之立，亦即在此數年。惟元史文宗紀至順二年（一三三一）三月，有「趙王不魯納食邑沙淨、德寧等處饑」一條，據碑，是時趙王為馬札罕，不知史何以作不魯納，此節尚待新證解釋。今將趙王世系列表如下，其名不關此文考證者不錄。

- 孛要合
  - 君不花
    - 囊家台
    - 愛不花
      - 闊里吉思—主安
      - 朮忽難—阿剌忽都
        - 馬札罕—八都帖木兒
        - 懷都

趙王世系既明，吾欲推想主安後來之信仰。主安之名，本蒙哥未諾所命，蓋取己名名之，欲其繼佐治王之後也。不幸主安短命，其生前蒙哥未諾又不能常近左右，其諸父本信聶思托里，朮忽難之子阿魯忽都，先為王傅，後又繼襲趙王，其子馬札罕所尚晃兀帖木兒仲女，碑稱其崇敬三教，吾恐趙王一家，此時並聶思托里之信仰亦不能保持矣。惟東邊一石背面題名末行有管領也里可溫八忽塔不花一名，隱約可辨（見圖五），足證當時王府所屬，尚有也里可溫。然德風堂諸石並無「十」字及敘利亞文諸標誌，除此題名外，尚無法證明趙王懷都仍奉也里可溫也。元制，諸王均設王傅數員。堂名德風，取論語「君子之德風，小人之德草，草上之風必偃」之意。苟王傅中無熱心也里可溫之徒，趙王日受其薰染，不能保守原有信仰，不足奇也。

耶律公神道碑為馬定先生此次新發見，從來闕於也里可溫之元代碑，皆係得於寺觀，因保護僧道而兼及也里可溫之聖旨碑，其為也里可溫本身之史料者絕少，著名之鎮江大興國寺碑為也里可溫本身惟一史料，然其原石久已不存，今所見碑文，僅從至順鎮江志得之而已。又如近年房山發見之十字寺碑，亦徒有「十」字標誌，其碑文與也里可溫無涉。惟此碑明著為管領也里可溫者之墓，又有「十」字及敘利亞文諸標誌，其管領也里可溫者又為契丹貴族之耶律氏，皆前此所未聞，此所以可貴也。

惟此碑立於墓道，與德風堂記之立於堂中者不同，故漫漶特甚，字多不可辨認，徒恃照片，未得精拓本，不能悉其內容。惟碑額「管領諸路也烈口口荅耶律公神道之碑」，四行十六字，除第二行下二字不辨外，其他十四字，尚可辨認，或推想而得（如圖十）。又如碑中「公諱子成」及「管領也里可溫」等字，亦清晰可辨（如圖十一）。耶律爲契丹貴族，元初中書令吾圖撒合里（大鬍子）耶律楚材，崇信佛教，與全真教丘長春爲宗教上之勁敵。其子耶律鑄爲忽必烈左丞相，曾在和林發見闕特勤碑，證明唐書上所有「特勒」之「勒」字應爲「勤」字，其說甚新。其生平則崇尚道教，與其父適相反。吾嘗撰耶律楚材父子信仰異趣一文，載一九二九年燕京學報。今此耶律子成，又爲也里可溫管領之人，在元代耶律氏中，實爲創見。故吾謂馬定先生此行之收獲，以此碑爲最，詳考當俟得精拓本以後也。

此文曾以英譯本在一九三八年華裔學誌第三卷第一期發表，圖見華裔學誌。

中文本收在《陈垣学术论文集》第一集二四四页

末行小字，为刘乃和写。

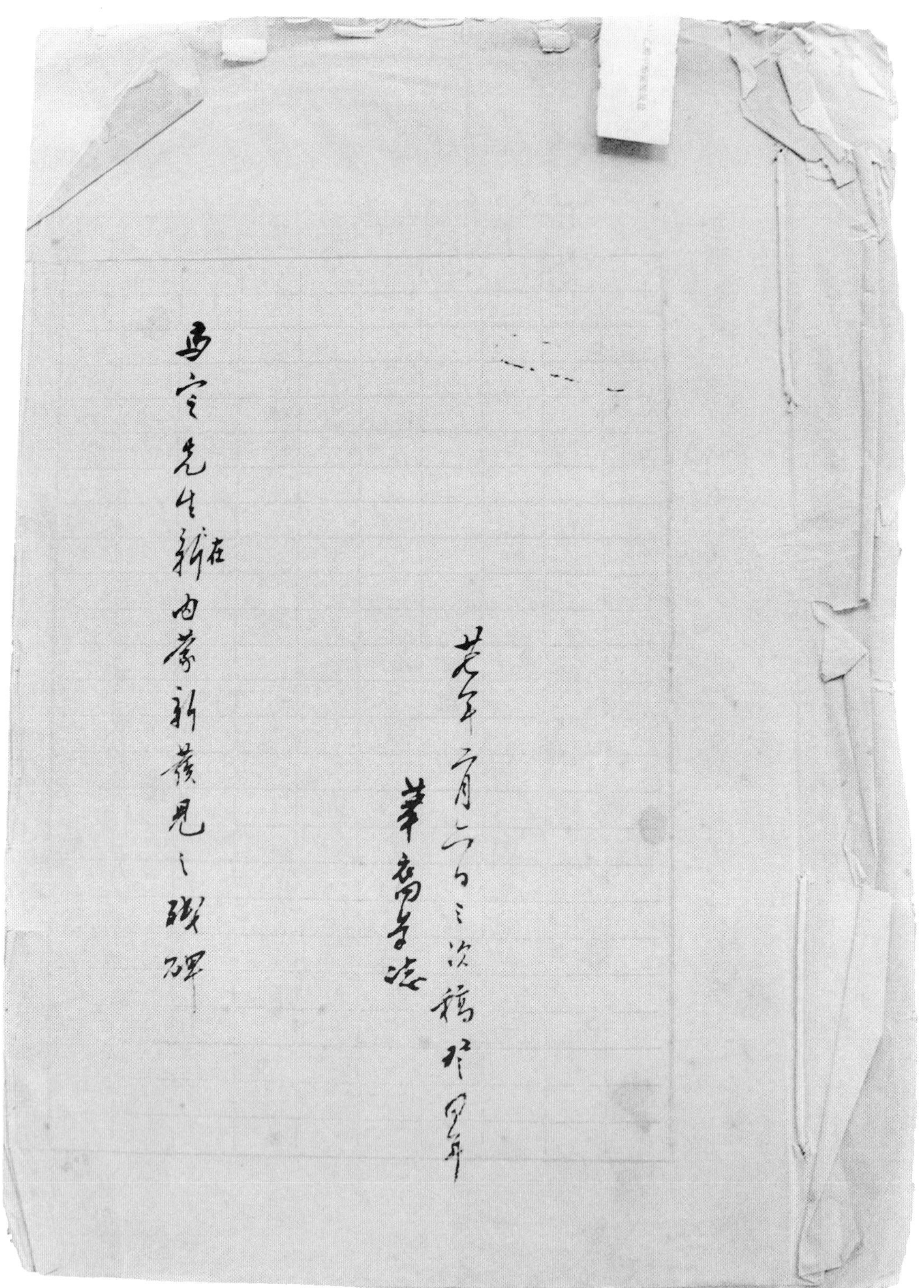

这是作者手迹。

馬定先生在内蒙發見之殘碑

陳垣

一九三七年寒假雷冕博士以馬定先生近在内蒙發見之殘碑照片見示屬為審定其中略可辨認者二碑一為王傅德風堂記一為耶律公神道碑

王傅德風堂記數年前曾為西北科學考查團吾友黄文弼君所發見據吾理想此碑蓋三石合為一碑形如屏風樹立堂中如圖一與尋常廟宇碑銘之樹立庭階兩側者不同其碑額則應在當中之一石今雖裂為兩半篆文仍完好如圖二及三第一石即題目所在之一石原在全碑之東邊今存六百餘字如圖四碑陰有帖木兒不

民国时抄工所写。

第 1 页 共 页

线装书目　　这是刘乃和藏书目录　邱瑞中识 2007.10.14

书房西墙：

一号架

1. 明诗纪事	6函(38册)	○古逸丛书	7函(38册)
2. 廿一史四谱	2"(16")	6. 二酉堂丛书	2"(12册)
史鉴节要便读	1"(2册)	字象	1"(4")
小学	1"(3")	经字辨体	1"(4")
字学七种	1"(2")	古今法制表	1"(10")
杜诗镜铨	1"(6")	尚友录	2"(22")
文馆词林	1"(2")	7. 农政全书	2"(16")
3. 唐代丛书(164种)	2函(14")	昌黎先生集	2"(11")
唐人说荟		○8. 9. 10. 武英殿聚珍版丛书	11"(124")
宋艳	1"(6")	何义门读书记	2"(16")
明清名人尺牍	1"(18")	11. 南北史小识录	1"(14")
秦书集存	1"(9")	○苏东坡诗合注	4"(16")
六书通	1"(10")	章氏遗书	2"(10")
樊川诗集	2"(12")	12. 畿辅丛书散种	4册　二截注[illegible]锦柜
4 5 秦文归	1"(5")	西堂集	4函(24")
六书分类	2"(13")	晋略	1函(10")
鹿忠节公集	1"(6")	畿辅丛书	2"(10")
儒学警悟	1"(10")	○13. 14. 15. 船山全集	16"(96")

20×20=400

刘乃和生前已明确，线装书赠北京师范大学图书馆，与陈垣有关的平装书赠古籍所陈垣研究室。刘乃和的线装书只求实用，不搜稀奇，故运输者谓之“常见”“咱有”！

书房北墙

八层 一	1. 宝颜堂丛书	5函(48册)	戴东原先生年谱	1本
	2. 通鉴辑览	4〃(40〃)	杜工部文集(详注)	2本
	3. 通鉴纲目	4〃(24〃)	雪鸿轩尺牍(上、下)	2本
	4. 宋元明诗评注读本	1函(8〃)	读书堂西征随笔	1〃
	小仓山房尺牍	4本	澄怀园语	1〃
	百川学海	4函(40册)	洛阳伽蓝记	2本
	王临川集	1函(12册)		
	5. 士礼居丛书	20册	[illegible]塾丛稿	3〃
	椒山遗著、渔洋诗话	各二册		
	6. 啸亭杂录	1函(4〃)	文忠集(四部备要本)	3册
	明季稗史汇编	1〃(6〃)	宝晋英光集	1〃
	金石粹编	4〃(24〃)	明季实录	1〃
八层 二	1、文史资料选编(北京)	15本	乐府传声	2〃
	1,2,6,7,8—11,13—16,18,22辑		二林居集(上、下)	2〃
	2. 文史资料选辑(全国政协)		周官指掌	2〃
	21—28,34,35,39,41—44,		纪事约言	1〃
	48,55辑	17本	旧唐书疑义	2〃
	3. 西汉会要	8〃	临安旬制记	1〃
	西汉会要	(8册)1函	[illegible]	1〃
	湘绮楼诗集(3本)	1本	三国五代纪年表	1〃
	猗觉寮杂记(上	1本	酌中志馀(上下)	2〃

20×20=400

262
27本

262
31
293

书房东墙

书名	册数	书名	册数
1. 文选	2函(16册)	新唐书	50册
2. 十三经注疏	4函(32册)	旧五代史	24
3. 廿四史	共715册 又10册	新五代史	14
史记	26册	附百衲本旧五代史	10
汉书	32	宋史	100
后汉书	28	辽史	8
三国志	14	金史	24
晋书	30	元史	51
宋书	24	明史	112
南齐书	8	4. 三希堂法帖	13册
梁书	8	又，释文	6册
陈书	6	5. 前四史匣	
魏书	24	左传纪事本末	3 〃
北齐书	8	通鉴纪事本末	24 〃
周书	8	宋史纪事本末	8 〃
南史	20	辽史纪事本末	4 〃
北史	24	金史纪事本末	6 〃
隋书	24	元史纪事本末	2册
旧唐书	48	西夏纪事本末	2册

20×20=400

773
68
841

里屋西墙

文櫈

1.	文选旁证	2函(12册)
	碑传集补	24本
2. 3.	碑传集	60"
	续碑传集	24"
	文选补遗	12"
4-10	粤雅堂丛书 (11—13有8函)	30函(346")

文件柜

11 12	竹柏山房丛书	4函(40本)
	说文转注考	2册
	苍石山房文字读	2"
	文字形义学	1"
	六书解例	1册
	隶篇	10册
	太平寰宇记(又一续十册)	共37"
	蝶香馆使黔日记	1函(9册)
	八家四六文注	2"(16册)
13.	揅经室	4"(24册)
	三国志补义	4册
	越缦堂文集	4册
	惜阴轩丛书散种	27册
14.	词林辑略	1函(1本)
~~14~~	政议七种	8函(63册)
15.	坚瓠集	2函(15册)
	李义山诗集	4册
	秘书廿一种	2册(20册)
	湖海楼丛书	2函(32册)
16.	雅雨堂丛书	4函(24册)
[illegible]	札朴	1函(10册)
	胡天游集	1"(4")
	说文古籀补证	1"(4")
	龙文鞭影	1"(6")
	小学集解	1"(4")
	金壶精粹	1"(2")
	小学钩沉	1"(4")
	汉学师承记	1"(1")
	圣武记	2"(12")

改去书房西墙

五斗柜

17.	宾萌集	1册
	续三十五举	1"
	四存学會日记(邵次公)	1"
	正字略	1"
	燕说	1"
	袖中书	1"
	书法([illegible])	1"

20×20=400

655

655
213
868

书房大架

北京師範大學學報（社科版）

北架一层外沿

史记索引
明史考证
明代官营与经济史料初编
中国近代史讲座
四部古典小说评论
中国奴隶社会史
明史讲义　　吴晗
中国古代农民革命史　第一册
宋代三次农民起义史料汇编
清史简述
中国经济史论稿
中国经济史考证　第三卷
中国封建社会史论
中国封建经济史研究
两宋农民战争史料汇编（1、2、3、4册）
明代社会经济史料汇编　上册
藁城台西商代遗址
中国原始社会
殷墟
青年文库　（西周史话、春秋史话）
宋景诗历史调查记
宋景诗史料
中国奴隶社会史
夏商周史讲稿
战国史　　杨宽

藏书最好的归宿
——陈垣书的捐献与徐坊书的散失

刘乃和

首先祝贺北京图书馆建馆85周年,并庆祝新馆建成10周年。

一

5年前,馆中同志为建馆80年征稿时,我曾写二绝句以贺,前有小跋曰:“外祖徐坊建馆之初,与缪荃孙同掌馆务,后陈垣师多次任馆领导。今新馆建成5年,巍峨壮丽,馆藏日丰,远胜当年。”诗为:“外祖昔年始建旌,陈师几度掌书城。牙签满架皆知识,万卷千篇育俊英。大业经营八十年,巍峨新馆聚群贤。今朝欣祝南山寿,姹紫嫣红别有天。”北图于开会之日,将字幅裱挂大厅,很多人都问过我徐坊之事。转瞬5年,馆藏更不断丰富,业务又日有更新,高科技手段已与世界接轨,因更添寿觞以贺。

提起徐坊、陈垣二人,尚有一段渊源。早在本世纪40年代,陈垣师常到我家,为人写书法字幅,因我父刘毓瑶(字贡扬)擅书法金石之学,能为真草隶篆各体,家中笔墨纸砚齐全,写字方便。一日,陈垣见室中壁上悬有徐坊书对联,问我为何有此字幅,告以徐坊是我外祖。他听了很高兴,说“如此说来,我与你外祖还是前后同事呢”。因为徐坊是京师图书馆(北京图书馆前身)第一任副馆长,援师也多次负责馆务。我母年轻时,常在家见到徐坊好友柯劭忞、缪荃孙一同谈今说古,因此援师常愿询及我母柯、缪、徐三人谈书论学故事。但余生也晚,未见过外祖徐坊,对他的情况了解不多。

京师图书馆是宣统元年(1909)筹建,由当时学部奏准,派翰林院编修缪荃孙任监督,国子丞祭酒徐坊任副监督。这也就是北京图书馆最早的正副馆长,因此缪、徐二人可称为我国近代图书馆的创始人。

当时还未建专门的馆址,暂借北城广化寺为办公地点。虽然是初创阶段,但因为馆在京师,是儒林冠冕、人文辐辏之地,故建馆开始,就颇具规模。因过去办馆经验不多,基础也较薄弱,故创建伊始繁难,任务较重,诸如机构设置,人事安排,书籍收集,分别部类,筹商计划,建立制度,制定章程,等等,都由缪、徐二人亲自动手,研究办理,共同探讨。至于藏书目录、借书手续、分类上架、造册编号等细节,也在逐步完善之中。缪荃孙(1844—1919)字筱珊,是目录版本大家,曾参加过创办江南图书馆(规模较小,远不如京师图书馆)。徐坊,是著名藏书家,对版本、目录也具有专长,兼任礼部礼学馆顾问官。二人本是好友,合作办事相得益彰。他们就任后,为今后办馆奠定了较好基础。

徐坊(1864—1916),山东临清人。字士言,又字梧生,号矩庵,34岁(光绪廿三年,1897)后号蒿庵,后二年又号别画渔师、止园居士、楼亭樵客,其藏书楼名“归朴堂”,盖取返朴归真之意。藏书雄富,多罕见珍本。缪荃孙《艺风藏书记·藏书缘起》中说:"……迩时谈收藏者:潘吴县师、翁常熟师、张南皮师……盛伯羲、王廉生两祭酒,……王苇卿、徐梧生两户部,……互出所藏,以相考订。"徐坊当时任户部江南司主事,故称。缪荃孙这里是把徐梧生与潘祖荫滂喜斋、翁同龢、张之洞、盛昱意园相提并论的,可见徐坊的藏书水平。

傅增湘在《双鉴楼善本书目·序》中,也曾提到,他说:"历观近代胜流,若盛意园、端匋斋、徐梧生诸公,当其盛时,家富万签,名声烜赫,骎骎与南瞿北杨齐驱方驾。"盛昱字伯义,端匋斋端方,字午桥,都是清末民初著名藏书家。傅增湘这里甚至认为徐坊可与常熟瞿氏铁琴铜剑楼、聊城杨氏海源阁,并驾齐驱,则徐坊不可不谓为藏书大家了,在近代藏书史上应是屈指可数的人物。

惜徐坊父延旭(字晓山,《清史稿》卷二四五有传),曾因中法战役论罪,后谪配新疆,未出京即逝世。徐坊以纯孝著称,为此,他耿耿于怀,心情抑郁,闷闷寡欢,意有不平,故终日隐迹少出,深自韬晦。后以藏书考证为寄,就连对他宝爱珍藏的书籍,也不愿多所示人,也很少在书上盖藏书印章,对书籍版本之考证题跋,又吝于笔墨,留世之言不多,日以购书读书为事,故世人知者甚少。嗜书成癖,沉浸书堆,独自鉴赏,竟日与书为伍,纵有秘笈珍本,从不愿多所展示,盖忧伤凄苦,谨言慎行,心怀隐痛,有不得已之苦衷。因此傅增湘曾在《藏园群书题记续集》卷一中曾说:"监丞(指徐坊,曾任国子监丞)藏书夙富,然严扃深鐍,秘不示人,同时嗜书如缪艺风,穷经如柯凤荪,与监丞号为石交,亦未得寓目。"他所以"严扃深鐍,秘不示人"者,实有其内心隐痛,有所韬晦之故。看他自己用的别号,也反映他内心的悲忡、闷懑、烦怨的思想和性格,所以柯劭忞为他写的墓志铭中说他"衣布蔬食,言者零涕"。他不但自己布衣蔬食,平日教告家中老少,亦皆布衣蔬食,不许动用丝帛鱼肉,以示警痛。

徐坊之藏书,约在其父去世之后,以为心情所寄。当他居住山东潍县时,藏书家邹道近在光绪十七年(1891),因徐坊曾借钱为邹葬父,后邹乃以所藏四库馆写本《春秋会义》赠谢。赠书跋文述明原委,中有"梧生农部,雅善收藏,为海内名家,以书归之"的话。时距徐父逝世已约七八年,可知其时徐坊不但已有藏书,而且已是"海内名家"了。

徐坊藏书数量多,质量高,抄本善本。宋元刻版之书很多,大都价值连城,可称无价之宝。他还注意抄书,他自己刻印有"归朴堂"的专用稿纸,每遇罕见珍本或先哲先贤手稿,不能到手,即为录副,故他藏的旧抄本、手抄本亦复不少。可惜他生前似乎未曾全面整理过自己的藏书,也没见过他的藏书目录,他考证出的内容很少在书上题跋,也很少录出结集,因此究竟这位大藏书家藏过多少书,藏过什么书,现在已很难全面了解。

仅从某些记载中的片断叙述,略可窥见其藏书之精美,从张元济的信中可知道一些。《张元济傅增湘论书尺牍》中,得知 1926 年 1 月傅增湘曾到徐坊家里看书,时徐坊已故,夫人鹿氏(定兴鹿传霖之女。鹿传霖谥文端,《清史稿》卷二二五有传)尚在。傅增湘看过书后,给张元济的信中说:

> 今日往徐梧生宅,看得宋本《周易》单疏(大板,十五行)、《唐文粹》(大版,十五行)、《楼攻集》(120 卷)、《三苏文粹》(小板细字,精极。瞿氏有 70 卷,行廿六 字)、《荀子》(袖珍本)、百衲《史记》(宋元合)、中统《史记》、宋本(残)《左传》、《通鉴纲目》(大字)。闻有《文选》、《仪礼》、《韩文举要》(孤本),尚未见。前五种极精,尚未开价。

从傅氏这次信中说所看到的及听到的十几种书来看,即已可见其藏书的品位极高,确是稀世卓绝精品。

据山东大学图书馆特藏部沙嘉孙考查，徐坊藏书计有："经部24种，史部36种，子部27种，集部98种，丛书3部322种，时代不明者尚有18种，共525种，以集部书数量最多。这些书以今天的标准来看，都可定为善本。其中宋刊本16种，元刊本9种，宋刊元修本2种，宋元本共27种。另三朝版一种，日本活字印本2种，其他明清刻本31种，多为明刊，清刊本极少。"

从以上记载，对徐坊藏书可见一斑。

张元济在听说徐坊藏书将散出的时候，曾拟汇集学人，发起组织古书保存会，倡议集体筹资收购，以保存古籍，因恐罕见之本，失之交臂，或竟流出海外。其时张元济正在辑印《四部丛刊》，广搜宋元精本，故积极提出此倡议。徐氏遗书竟引起社会上、学术界如此重视，甚至要组织古书保存会，亦可概知其藏书之富，藏书之精了。

徐坊病故后，其子锺葳(字圣与)年少，鹿氏夫人懦弱，不了解社会情况。徐家珍藏善本有名，久为宵小窥伺，有人有非分之想，有人有所希图。而徐氏至亲好友中，亦有群小觊觎，坊肆书贾亦设方使计，包围诈骗，里应外合，十数载中，旷世珍藏，散尽无遗，秘舆奇籍，佚亡殆尽。昔日严扃深镉，转眼成过往云烟。兴亡衰盛，存失收散，瞬息变幻，徒使国宝级典籍，流落佚失，令人深深感叹。

徐坊藏书，存在北京和定兴两处。据王绍曾、沙嘉孙《山东藏书家史略》中说：

> 民国十九年(1930)，鹿氏去世，京寓藏书分别归其子徐锺葳及长婿史吉甫二人所得，京寓善本，遂陆续散出。时翰文斋以诡诈手段所得为多。……徐坊存定兴藏书，十五年(1926)经徐坊弟徐埴以八万金为文友堂、文奎堂、保文堂、晋华书局及待求书庄，合股收购。运至北京，名噪全市，群相争购。

从这段记载，更可得知徐坊藏书失散的情况。私人藏书，仅其中定兴的一部分，"运至北京"，竟能"名噪全市"，其藏书的全部文化价值，则不问可知了。

徐坊只知藏书、读书，闭锁深藏，又不多与友朋交往切磋，对他珍藏的书籍，身后如何保存藏放，未作考虑，毫无遗言，一旦撒手西去，使他辛苦半生搜集的珍贵典籍星散，实值得深思反省。

二

吾师陈垣(字援庵)，除读书写作外，藏书亦富，但他识高见远，他虽不以藏书家知名，但在近现代学者中，拥有盈屋满架之书者，也不多见。他生前充分使用这些藏书，临终前遗嘱将全部藏书捐献国家，以利他人使用。他对其藏书处理的态度，令人钦佩。

陈垣和北京图书馆的关系渊远流长。他青少年时代在广东，1913年来北京，从此定居。1915年承德避暑山庄藏文津阁本《四库全书》运京，贮于当时大方家胡同京师图书馆，从此之后，陈垣就与北图结下不解之缘，一直到他去世，与北图关系长达57年之久。

文津阁本《四库全书》初进北图，未经整理编号，尚不能借阅。陈垣在广州读书时，读过《四库全书简明目录》和《四库提要总目》，对这部大丛书向往已久，但身在广州，无缘得见。他到京时，溥仪尚未出宫，文渊本《四库全书》社会上并不能阅读。这次文津阁本《四库全书》运来，他喜出望外，多方设法，入馆阅读，一头扎在《四库》之中。他当时住在北京西南角象来街，每天去东北角京师图书馆，交通工具不便，来去费时。他便带着干粮，早去晚归，如是者达十年之久。一直沉睡在避暑山庄的文津阁本《四库》，近200年无人问津，这部包括3500多种书的大丛书，他是全面研究的第一人。

为了全面掌握《四库》编写过程，他编写了《四库全书考异》五卷，还编书名、人名索引，以便查找使用。

馆里开始用社会上已有的赵怀玉本《四库简明目录》，暂作借书目录使用，由于这本目录与馆藏库本有不符之处，常遇“有书无目”，或“有目无书”的情况，馆员李耀南并不了解，弄得莫名其妙，尝对陈垣有意见，日久他二人成了好友。

《简明目录》为什么与馆藏库本有不符呢？这是因为修《四库》时，四库馆缮书处的分校官赵怀玉，在馆中工作时，利用缮书之便，抄录了一本当时刚编成的《简明目录》，后携到南方，经杭州鲍氏知不足斋刊刻，流传甚广，翻刻者众。但赵氏抄录是在乾隆四十四年，故凡是乾隆四十六年后禁撤及续补之书，《简目》都未及更改，因此《简目》与成书后之书不符。这个情况并无人知晓，也无记载，读者往往疑惑不解，甚至连为《四库》作辨误的余嘉锡和目录学专家王重民二人，都认为这事“棼乱难解”，直到1928年，还向陈垣请教。陈垣研究《四库》时，早已将《提要》、《简目》和库书都一一核对过，久已考出其原委，所以余、王二人来问，很快作了回答，只写了几百字就把这“棼乱难解”的问题迎刃而解。这封信王重民1931年9月编《四库抽毁书提要稿》时收入书中，题为《陈援庵先生致余季豫先生函》。

文津阁本《四库全书》经装箱运转，其排列与入阁时已有错乱。陈垣为了解最初排架格式，亲至故宫文渊阁调查，自己设计版面，摹制了一部《文渊阁四库全书排架图》，精确地画出书架位置、层次，写明每架每层放置的书函名称。第一页是全部排架的平面图，以后按经、史、子、集四部，分别绘图。全书绘制精细、准确、工整，书长约2尺，宽约1尺余，用白宣纸、墨笔乌丝栏，线装成册，配以蓝布书套、牙签，成为一件精美的大型工艺品。北图善本室曾多次向他借阅使用，作为排架参考，对文渊、文津两阁的编目工作极有参考价值。今此书已随陈垣所有藏书捐献馆中。

《四库》著录元文集特多，而按例不列每书细目，使用时需每篇文章检找，极不方便。陈垣研究元史时，为文津阁本编写过一部《元六十家文集目录》，墨笔直行正楷抄写，装成四册，蓝布书套，极为美观。北图善本部赵万里因该目使用便利，常需备查，得援师同意，录副本藏馆中，内蒙古大学亦曾录去副本。今此目原本，并与陈垣捐献图书一起入为馆藏。

《四库全书》在建国前曾四次提出过影印。最早是1919年，但此书部帙大，影印一部需用多少纸，拟印若干部，需款若干，要心中有数以作计划。有关方面委托当时最了解《四库》详情的陈垣，作一全面调查。他首先组织了馆员和他的学生七人作助手，事先设计一表格，按目录将全书的书名写就，下分部别、类别、属别(如史部、职官类、官制)、书名、作者、卷数、函数，每书册数、每函册数、每书页数等栏。然后开始工作。七人各有分工，有初检、复查、审核，他自己总其成。要求各人工作要精确无误，每天七人在北图集合，早去晚归。晚间由他自己全面核对。如是者未曾间断，自6月初至8月底，共三个月时间。最后写成《文津阁四库全书册数页数表》。此表统计精确，成为计划影印时所需人力财力的有力根据，也是后来三次拟影印时的参考。

1933年，北图袁同礼馆长持武进陶湘(字兰泉)藏于文襄论《四库全书》手札，请陈垣订正。于文襄(1714—1779)名敏中，乾隆年间进士，官至户部尚书兼军机大臣，在军机处近20年。文襄为其谥号。书札是他给陆锡熊论修《四库全书》事，书共56通，计附函5，无月日及有日无月者各9，月日具备者38，但都无年。原札已裱成册页，是按月日顺序编排，内容多颠倒，所论事实多不能衔接。陈垣因见书札所论，都是商谈编《四库全书》的内部情况，多为官家文书所不载，材料极宝贵。

乃将内容仔细考证，得知书札时间共历四年，考出其排列次序，写成《书于文襄论四库全书手札后》一文，交付袁君，袁同礼交北图按陈所考，重新改裱，陈氏《书后》并装裱于书札之后，石印成册，由北图发行。并将《书后》发表于《北平图书馆馆刊》及《图书馆学季刊》。

此文至为精当，可看出陈垣考证之功力，实为考证方法示范之作。但他自己并不满意，认为还有未到之处。十年后，他以此书一石印本赠余，题字曰：

> 乃和同学酷爱余考证之文，然考证一毫疏忽不得，如余所编次之于文襄论《四库全书》手札年月，若再将各札内容细究，当发见误编之处不少也。卅二年夏至。

此册页原为上海徐氏收藏，后归星沙黄方（字仲子），陈垣考证时，已为武进陶湘所有，10年后，即1942年，为谢国桢（字刚主）购得，谢持册请陈垣再题，陈垣见此册已按他所编的次序改裱为书本式（原为册页式）乃再度为谢氏题跋，题跋最后有“数年之间，物已三易其主，世变之亟，可为浩叹，谢君其宝之”数语，则不知今此册流于何方也。

以上仅是陈垣与北京图书馆藏文津阁本《四库》的关系。

1921年底，陈垣任京师图书馆馆长，后又多次在馆中担任职务。

1922年，他任馆长时，将馆中所藏的1910年（宣统二年）自甘肃运京的敦煌石室唐人写经8651卷，检查阅读一遍，知“其中遗文异义，足资考证者甚多，即卷头纸背所书之日常帐目、交易契约、鄙俚歌词之属，在昔视为无足重轻，在今矜为有关掌故者亦不少”。因此他拟编一详目，以利馆中保藏及使用，从此他每天到馆阅读，一天看100轴，三个多月后，通读完毕。

两年之后，学人共议成立敦煌经籍辑存会，陈垣被推为该会采访部长。他遂将前在北图阅读的这八千卷经，仿照赵明诚《金石录》前十卷体式，写成《敦煌劫余录》一书。书中把每轴的原号（自甘肃运来时的编号）、起止（录写每轴首尾各二行的第一二两字）、纸数、行数及内容都写出，这样既便于查找，又不至被人剪裁盗窃。因为这些经卷都是被外人劫夺之余，故他题书名为“劫余”。当时学者有人不让他用此二字，说恐防“刺激”某些人，他对劫盗者原极气愤，劫夺原是事实，坚决不同意改书名。

1928年，京师图书馆改名北平图书馆，聘请陈垣与马裕藻（幼渔）、马衡（叔平）等五人为筹备委员，接收筹备。同年12月迁入中海西岸居仁堂新址。共推陈垣为馆的总负责人。

1929年8月，他又被聘为委员，9月起被聘为购书委员会委员，他任该会的中文组主席委员。对当时图书购置、增添、制定买书计划，与藏书家联系转让等事，出了不少力量，馆中图书日益丰富。

历朝多有会要体史书，宋朝的会要，前后共修过10次，但只有李心传所编的一种刊行过，其余则除正本外，或还有传抄本，都无刊本。但是以后几经兵火战乱，亦已丧失大半。明朝修《永乐大典》时，将当时尚能看到的残本《宋会要》，按事收录各韵字中。清嘉庆十四年（1809）编《全唐文》时，翰林院编修徐松（星伯）被选入《全唐文》馆任提调兼总纂官。当时《永乐大典》虽亦已残缺，但尚存十之八九，亦移在馆中备用。徐松当时利用在《全唐文》馆工作的方便，在签注《大典》需抄的材料时，遇有《宋会要》资料，即用另纸标以“全唐文”三字，请写官抄出，实以《宋会要》内容假托为纂修《全唐文》之用。

虽说是假公济私，但他能重视史料、珍惜史料，用这个办法抄出，其用心良苦。日积月累，所抄《宋会要》资料已达五六百卷。现在能得见《宋会要》的部分材料，实应推徐松之功。所可惜者，就是他材料虽抄了不少，尚未及编排整理，即已逝世。

此稿后来流落于书肆，几经辗转，为刘翰怡购得，刘氏请刘富曾等人重加厘订。重订时，把徐松原稿打乱删并，又杂引他书补入，编成所谓“清本”。1930 年北平图书馆买到刘翰怡处之徐松原稿，又借到刘富曾改编的“清本”。经馆中核对，发现“清本”保留的《大典》之文，而原稿中反已被删去，因此认为二稿实有合印并行之必要，然当时限于经费，无力合印，乃决定先将原稿印出。因卷帙巨大，稿又零乱，如何处理，颇费斟酌。

1933 年 1 月，北平图书馆乃聘请著名学者陈垣、傅增湘、余嘉锡等七人组成《宋会要》编印委员会，专司其事，筹备印行，并共推陈垣为委员长。筹备数载，并筹得资金，至 1935 年，乃委托上海大东书局影印。1936 年印成，名其书为《宋会要辑稿》，由陈垣题写书签。虽然此《辑稿》不尽理想，但至少将当时所谓“原稿”印出，不致再散失，且可先供学者使用，60 年来，对文史研究，尤其对宋史研究，发挥了很大作用。

1958 年，北京图书馆纪念戊戌变法 60 周年，并举办展览。事先馆内同志来谈展览计划，征求展览意见，并征求展品。陈垣提出自己设想和一些很好的建议。连日他寻集可参展的文物、文件，将他珍藏的康有为殿试卷、黄遵宪撰《人境庐尺牍》墨迹册页(此尺牍于若干年后，收入黄遵宪文集中，成为难得的实物资料)、徐继畬《瀛环考略》二册原稿本等，找出后写好说明，连日送交展览会，这些文物都成为展览会上珍品。展览会开幕这天，先开座谈会，文史学界出席的有侯外庐、范文澜、陈叔通等专家，康、梁后人康同璧和梁思成也参加了座谈。座谈会后参观，来宾甚多。

陈垣一生，自奉甚薄，无一嗜好，不饮酒，不吸烟，甚至不喝茶，只知读书、教书、写书，除买书外，还喜买书画，画买得不多，他最喜爱的是一幅张萱所画的山水条幅，其余画幅很少。字幅甚多，尤喜藏清代学者的字，如钱大昕、王鸣盛、赵翼、章学诚、臧镛、陈澧的字，可以说是见到就买，其中尤以钱、陈二人的字最多。原二人的字价并不高，后琉璃厂各家都知道陈垣见到他们的字都留下，于是收购到就给他送去，从此二人字幅价钱大涨。

著名学者的手稿、书稿，更是他珍藏的秘宝，如前面所说的徐继畬《瀛环考略》，以及王念孙、引之父子《广雅疏证》稿本，钱大昕《五代史考异》稿本，李清《南北史合注》(四库撤毁本)等，都是他买到的瑰宝奇珍，都是用高价和别人竞争得来的。这大批文物墨宝，他久已有遗嘱，随其他两大箱文物献给了国家。

陈垣收藏书籍数万册，他在京共住过 8 个地方，即搬家 6 次，每找一次房都要加大放书的房间。他最后在兴化寺街(今名兴华胡同)时，是个四合院，西房 4 间作为他的主要书库，东房的一间半，是放书刊的小库。北房他的工作室还有个书架，放他常用的书籍。

书库 4 间中的 3 间没有隔断，是成为一间大房，另一间则隔着墙有门相通。书库中除墙上有一大墙柜也放书外，余皆用书箱重叠着摞起来，三个箱子一摞，背对背摞起；四个箱子一排，摆成走道，他称这走道为“胡同”，4 间屋共有胡同 8 条。每箱都编号，是用佛经办法用《千字文》的“天地玄黄”编排顺序，取书时指定哪个胡同，什么号箱中，随取随放，非常方便。书箱原都有插盖，有两次搬家，都因搬时插上箱盖，不知在哪个环节，几个箱的书被人偷去，只余空箱，以后他的书箱一律不盖。

书都是他自己经手放到箱中的，什么书大体放在何字箱，他心中有个目录。我们曾拟把书分类，按长短大小重新编排，他不同意，因为一改他反记不清了。

有一次他住医院，病稍好，在医院为人审稿，他在医院告我在第几胡同第几箱中去取何书。我到书库，随手就找到无误，他的记忆就这样好。

他的几万册书，都是在读书、写作时积累的，这段时间正有什么课题，就集中买什么内容有关的书。平时总与隆福寺、琉璃厂各书店来往，遇有需要或自己去，或通知各书店，常有意想不到的收获。有时书店知道他正研究什么，也常主动替他寻觅，也常主动把有关书籍送上门来，这些书店常可补图书馆之不足，非常方便。他常教导我们要尊重书店的伙计，常说他们有时比我们知道的还多，有的可以做我们的老师。他和通学斋孙殿卿就是莫逆之交，有时和他一谈就是几个小时，偶然也在他那里看看书，或坐上几个小时，往往可以得知不少书籍流通的信息。抗战时期，大家生活都极困难，北京书业萧条，孙殿起经济拮据，冬季甚至没有煤炉，平日有时夫妻二人几天断炊。陈垣虽也困难，但还是不断接济他，对他帮助不小。

陈垣藏书多为教书、写书的需要添置，因此他藏书部类多与其科研课题有关。研究天主教史时，存藏了大量基督教史书籍，研究伊斯兰教史，又购置了很多回教史书，佛教、道教资料也都大体完备，有整部的大藏经、续藏经、频伽藏。他也买过道藏，只因有一年为给家人治病，经济困难，不得不忍痛卖掉。

他的书中，有大量的元史、蒙古史、中西交通史、周边国家史地、边省史地，以及与中国古代文学、历史有关的典籍，如群经、诸子、学案、谱录、地志、会要、典章制度、金石书帖、碑刻、纪年、历法、史表、艺文志、各家书目、大家文集、名家全书，历代诗词赋、文钞、尺牍、随笔、日记，……等等，举凡读文、读史所需书籍全备。尤其是他藏有大批丛书，凭我记忆，就有90多种。清末民初的丛书，大都齐备。大部头的如《四部丛刊》初二三编凡千册，小的至《麓山精舍丛书》仅有六册，大小丛书较全。他主张如作学问买书，应多买丛书，可免去一种一部的买，各丛书选择的角度不同，内容也各有侧重，各有所专，各有所长，使用参考较广、方便。且因有不少丛书中所收的书没有单行本。

他常和我们说，他不是藏书家，更不是鉴赏家，不重在收藏宋、元等版本，也无力购买，虽也有几部珍本，但大部分是自己阅读、使用的书籍。他的书刊杂志也藏有不少，有些杂志都是自宣统年间起，连续不断十几年者，如《东方杂志》《圣教杂志》等，还有一部分日本的文史杂志，都是十分难得的。至于他藏的不少孤本、抄本，还有他自己的细批本、手批本，都可以算是稀世之珍、很有学术价值。

他逝世前已写好遗嘱，把他几万册藏书和两大箱珍贵文物都捐献给国家。现在他的书籍都交给北京图书馆收藏。他与北图的关系密切、深厚，还不仅是因为有半个多世纪交往，而且他为北图的建设、发展，作了不少工作，有过不少贡献；北图对他的教学、科研也有过很多帮助。他曾说过："我如鱼，书如水"，我们说"北图如海"。陪伴了他一生的、他异常珍爱的书籍，最后流汇入浩渺的大海之中，与大海中更多的书汇为一体，被国家图书馆珍藏，为学者服务，我想这是他一生积累的书籍最理想、最满意、最好的归宿，他作出的"捐献"的决定，是正确的，是明智的。

现在的北京图书馆，已飞跃进步，远非当年的北图可比。不但有宏伟的建筑，有科学设备的藏书库房，有与世界图书馆接轨联网的设备、有各种现代化的高科技手段。陈垣的藏书，虽然在个人说不能算少，但汇集在北图的广漠大海中，也不过是沧海中的一粟，只是汇入了涓涓细流，但纵然只是涓滴之水，沧海一粟，却也将与大海永存，永远为国内外学者服务。他的藏书去处，与那些存而复失，宝而不藏的藏书家相比，真是有天渊之别了。

徐坊藏书风流云散，而今安在；陈垣藏书永远由国家图书馆保藏，可供学人使用，轩轾高下，于斯可见。

六　弘扬励耘精神

(一)与蒋天枢

援菴前輩先生道席：

五六年夏赴京時，曾趨前晉謁，傾聆教誨，感念弗忘。時思能再往謁見，惜無赴京機會，迄難如願，時以為念！茲有事奉商如下：

(一)先生平生所收藏近代人著述手稿等，皆海內僅此孤本，可否分別編輯成書，付諸影印，以利學術界的需求。

(二)先生所著《舊五代史輯本發覆》一書，不識尚有存本否，如有，可否請劉廼和同志檢出一部，寄賜。

(三)先生生平著作已刊行者共凡若干種，出版者各若干處；未刊稿各若干種，各若干卷，以及昔年所著論文，各登載舊雜志中某書某卷，可否也請廼和同志寫一清理目錄。如能賜一副本，尤所[illegible]。

以上各項，如何之處，倘獲賜示，深所感盼！肅稟 敬請

道安！

後學蔣天樞敬上

七一年五月四日

刘乃和是陈垣的学生，蒋天枢是陈寅恪的学生，枢之弟天格，辅仁大学毕业。南北二陈友情甚笃，蒋刘之间，相互信任。在纪念刘乃和逝世十周年时，我写《刘乃和与蒋天枢》，专门谈蒋天枢指导刘先生编辑陈垣著述目录，撰写陈垣年谱，进而编辑陈垣全集。王明泽跟从刘乃和读硕士，所撰《陈垣事迹著作编年》，书名与蒋氏《陈寅恪先生编年事辑》相近，很可能受了蒋先生这些通信之影响，蒋先生材料未出，我们无从得见刘先生的回信。

王明泽说："我做毕业论文时，先生给了我几个题目，这是其中一个。"

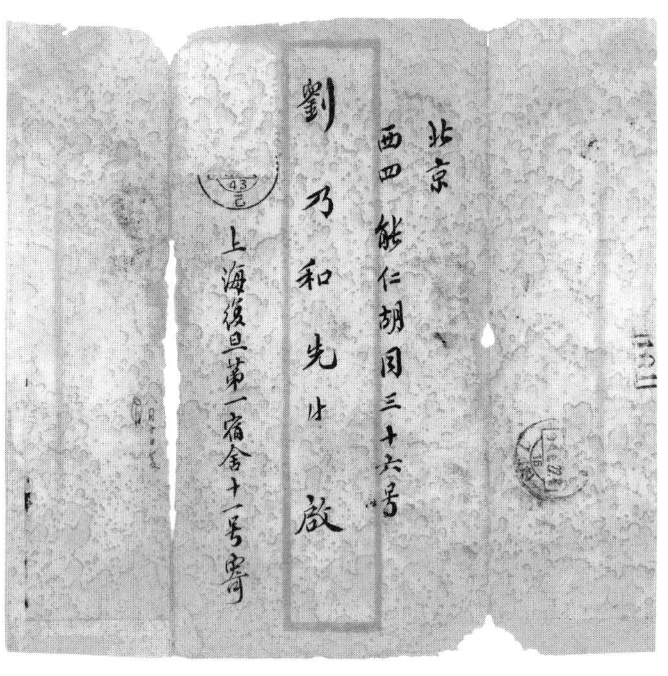

乃和先生左右：

廿五日接奉复信，当日下午即收到所寄《旧五代史輯本發覆》，十分感謝！其他事奉商如下：

（一）原意　援菴先生體力素康強，可能因年高，在家休養時間為多。不料已久卧病住院。既然主要是發燒，當有病因，想医師已查清病原所在。現既已數月發燒問題未解決，不識宜否改服中藥，別請一位北京最好的中医會診、処方？政府提倡中西医结合，想医院不至拒用這種方法。這一建議，或請示　援菴先生，或由家属主持，不識您意如何？我前幾年因病也在医院住過七八个月，出院後改服中藥，始痊好。所以因而想到這一問題。

（二）勵耘書屋所藏秘本及近代人著述手稿等，現僅記得有王念孫、段玉裁手稿等（及宝应劉家），其他秘本珍籍已記不起名稱。我也常忖度，援菴

1971年五月廿六日，蒋天枢致刘乃和信。

先生所藏将来會全部捐献政府。尔時，藏之珍籍書庫，不但一般人無机會看到，万一有意外損壞，即不再能使之「化身千万」。而且，交出後很不易有付印机會。所以想乘 先生健康之日，景印較有可能。（聞前些時曾在京開出版工作会议，準备大量出版書物）没想到 老前輩業已久病。將来向有關方面反映，固甚好，但恐實現為難。

（三）前所以想請您將 援菴先生往昔論文、序跋等編一詳目，並非僅希望抄录見示，主要意思想請您以您的名義，按年编次，輯為「陳援菴先生論學文稿」，待機付印。不識 您以為如何？

（四）援菴先生所著書，流播未廣，不識未刊本各書尚擬重印發售否？

有人想買部勵耘書屋叢刻八種及另一种木刻本，不識現在能買么？另外，据所知， 先生曾著《燉煌劫餘录》一書，不知有印本么？

匆匆寫以上各點，盼有暇時賜告。尤切盼能多知一些 援菴先生近来病體康復情况。即問

近安！

並恳代向 老前輩前候安

蒋天樞敬啓

五月廿六日晚

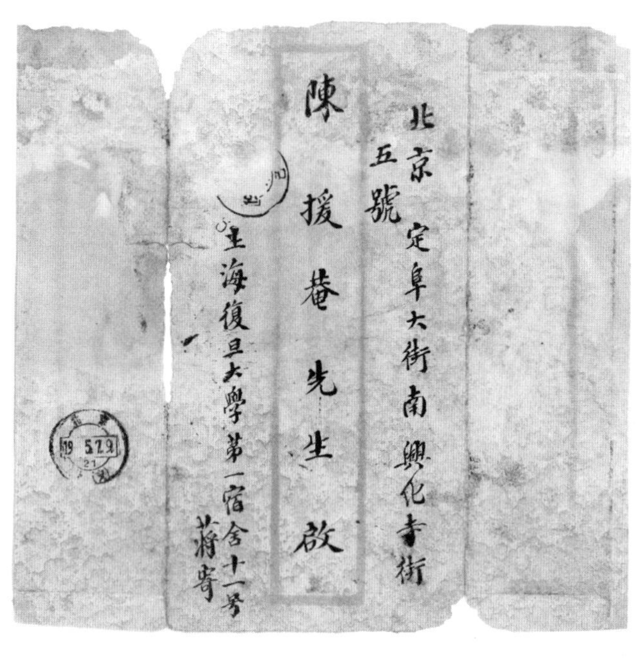

北京定阜大街南興化寺街五號
陳援菴先生啟
上海復旦大學第一宿舍十一號
蔣寄

乃和先生史席

接来信敬悉 援老病虽未完全康復 但燒漸退 體温血壓等都正常 至為欣慰 希能逐漸更有較大進步 尤所切盼 社會主義時代不少人壽百齡以上也

勵耘書屋叢刊等想板尚完好 稍後似可重印一些交書店代售 并將論文編輯付印 俾 援老著述能流布更廣

關於標點廿四史事亦有所聞 據說 周總理親抓此事 并指定顧頡剛負总責 將来把那些史分給上海尚無具體决定 如屆時人員不够 我可能也分担些工作 很希望您也参加 庶 政府交下的任务可早日完成 北京故宮博物院等单位如唐蘭等 下放干

1971年六月十八日蒋天枢致刘乃和信。刘先生家在能仁胡同,平房,潮湿,纸洇而腐。

校劳動鍛鍊已两年似也可调上来作文化工作要知有做文化工作能力的人大都七十以上能做學問的時間不多了有人認為標点史書工作並不難實際上各史都有它困難之点和其他問題標点要做到令任何人滿意是很困難的

當前國内真正研究歷史可称為史學專家或史學泰斗的人只有援老及陳寅恪先生两人不幸寅恪先生已於六九年十月去世援老為僅存的碩學泰斗尤盼能早日康復指導領袖羣倫寅恪先生在運動中受到不懂事不知学青年們一些气如將政府照顧老先人的两位看護一齊提掉並將他两位女兒皆下放不让隨侍身邊又強迫多年失明老人学習并施行考試

還強迫他让出住了廿餘年的住房 搬到一小房里 遂
一病不起 與陳師母亦相继去世 寅恪先生係 援老
多年老友 如不知此事 盼無告之
舍弟天極本仍在原單位工作 但從没结过婚 因受他
單位一个壞女人诈騙達十五年之久 六八夏憤恨服毒自
殺 实在太愚蠢了 這不但出於我的意外 恐 您听到也感
意外吧 他死的既愚蠢 而他單位里人又擬佔他[illegible]
書籍衣物用具存款住房（自頂的）等等 迄今霸佔着不交還家
屬 因恐家屬知道真象 連死者给我的遺札都隐瞞不
交家屬 經向公安局及其他方面调查 才了解真象 現該單
位員將自殺原因定為"由於資產階級惡劣觀念" 其霸佔遺物等
一些問題 尚未解決 承 您關及 故敢奉告
匆此 敬請
時安
蒋天樞 敬复 六月十八日
援老前代此名請安

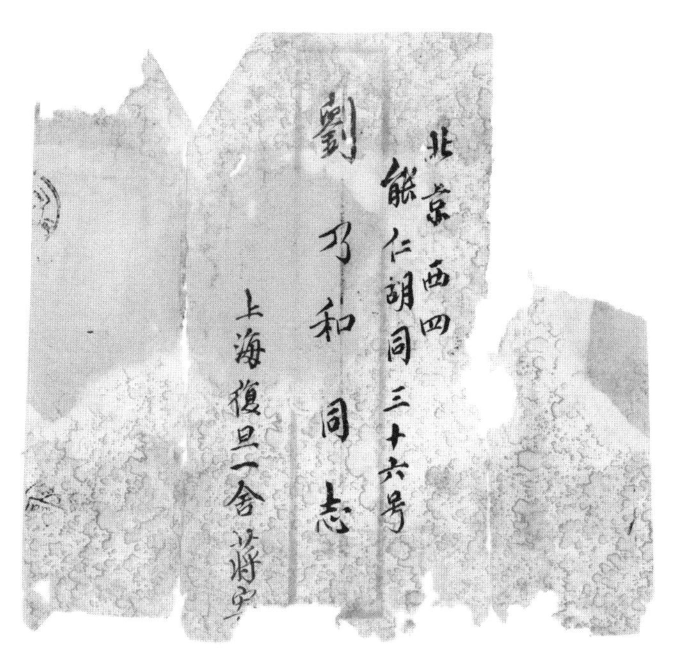

北京西四
熊仁胡同三十六号
劉乃和同志
上海復旦一舍蔣寄

乃和先生史席

方欣慶於 援老病情之好轉 今日下午在文滙報上突然看到 援老病逝消息 無任驚詫悼痛 真可說是「不慭遺一老」俾誘導史學界了海內史學工作者應同聲一哭 因噎電已趕不上告別儀式 謹函中微意

并盼

先生能抽暇為援老撰一年譜或一長篇傳記以告將来 匆此敬祝

時祺 并布節哀

蔣天樞敬啟 六月廿五日下午

1971 年六月廿五日，蒋天枢致刘乃和信。

劉乃和先生啟
北京
西四 能仁胡同三十六号
上海蔣寄

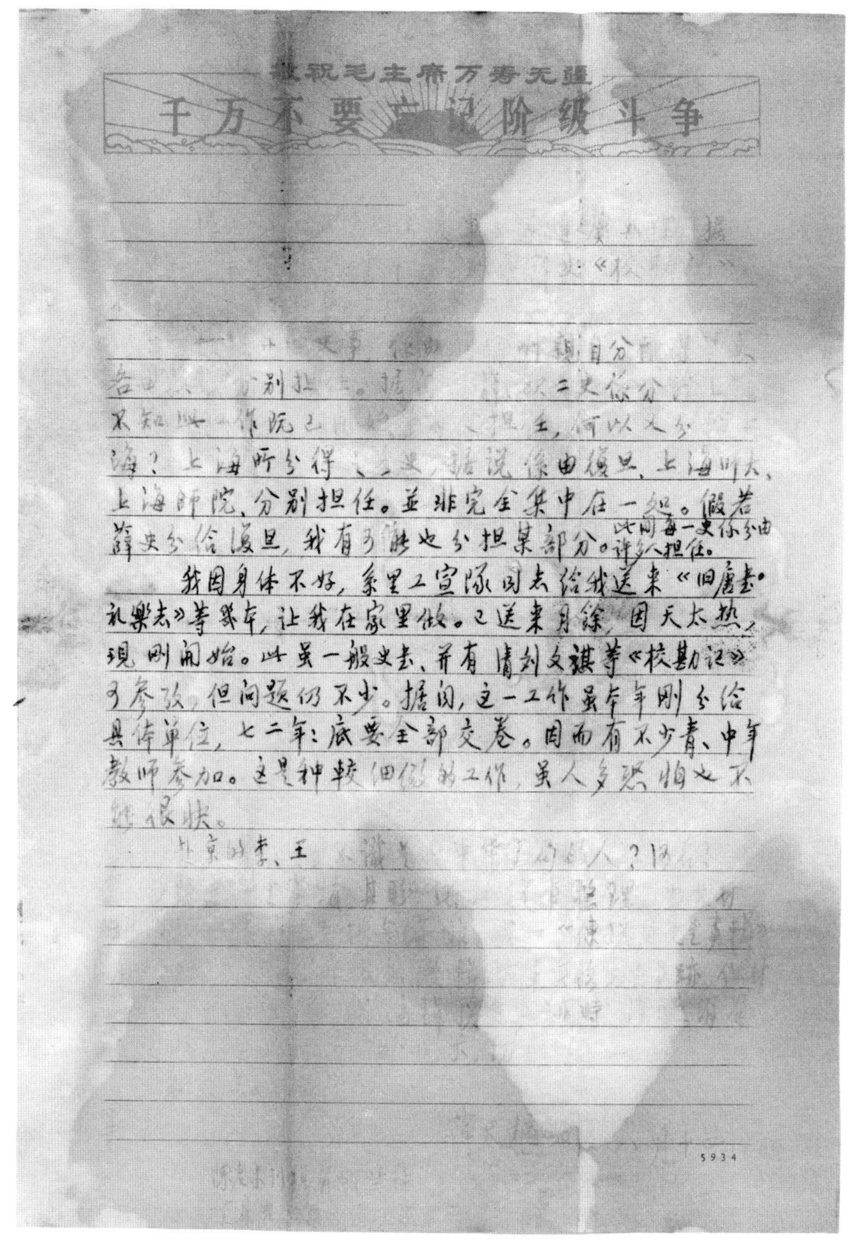
敬祝毛主席万寿无疆
千万不要忘记阶级斗争

[illegible]分别担[illegible]。据[illegible]二史系分[illegible]
不知此一作既已[illegible]担任，何以又分[illegible]
海？上海所分得[illegible]史，据说係由復旦、上海师大、上海师院，分别担任。並非完全集中在一処。假若薛史分给復旦，我有可能也分担某部分。此间每一史係分由许多人担任。

我因身体不好，系里工宣队同志给我送来《旧唐書·礼樂志》等几本，让我在家里做。已送来月余，因天太热，現刚開始。此虽一般史志，并有清刘文淇等《校勘记》可参考，但问题仍不少。据闻，这一工作虽本年刚分给具体单位，七二年底要全部交卷。因而有不少青、中年教师参加。这是种较细緻的工作，虽人多恐怕也不能很快。

北京的李、王[illegible]人？[illegible]

5934

时间不详，蒋天枢致刘乃和信。

钢笔字洇失色，有些靠笔划压痕猜字，恢复极难。

又有　参加□□的共

山东大学

北京参加

□近史的陈述

在民族学院。历史所[的]

[他]就不知道[了]。您知道□□□□是哪些人么？

其实，不专[门]历史的，[如]北大东方语文学系季羡

林、和文研所治外国文学的钱钟书，也皆可参加。

您当然更应当参加了。

又附及

两—→

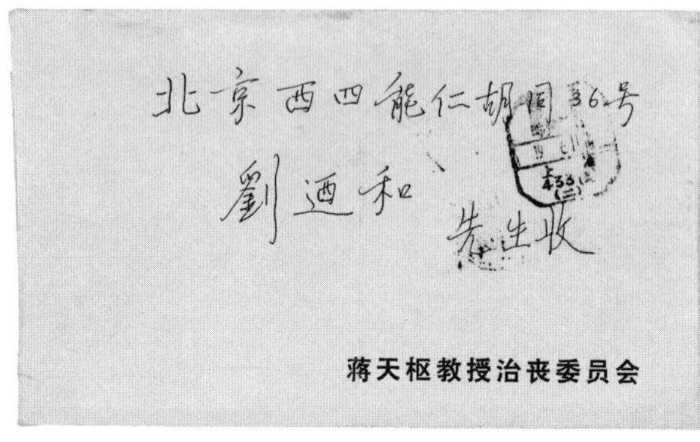

讣　告

复旦大学教授、我国著名的文史学家蒋天枢先生，因患脑溢血，于一九八八年六月九日上午十一时零五分逝世，享年八十六岁。

蒋天枢教授追悼会定于六月十六日下午三时在上海龙华殡仪馆举行。特此讣告。

蒋天枢教授治丧委员会

一九八八年六月十日

附告事项：

一、唁电、唁函请寄复旦大学古籍整理研究所蒋天枢教授治丧委员会。有关事务联系电话：484906转2303或2304

二、参加追悼会的同志请提前到场，以便签到和准时开会。

1988 年 6 月 10 日蒋天枢教授治丧委员会致刘乃和函。

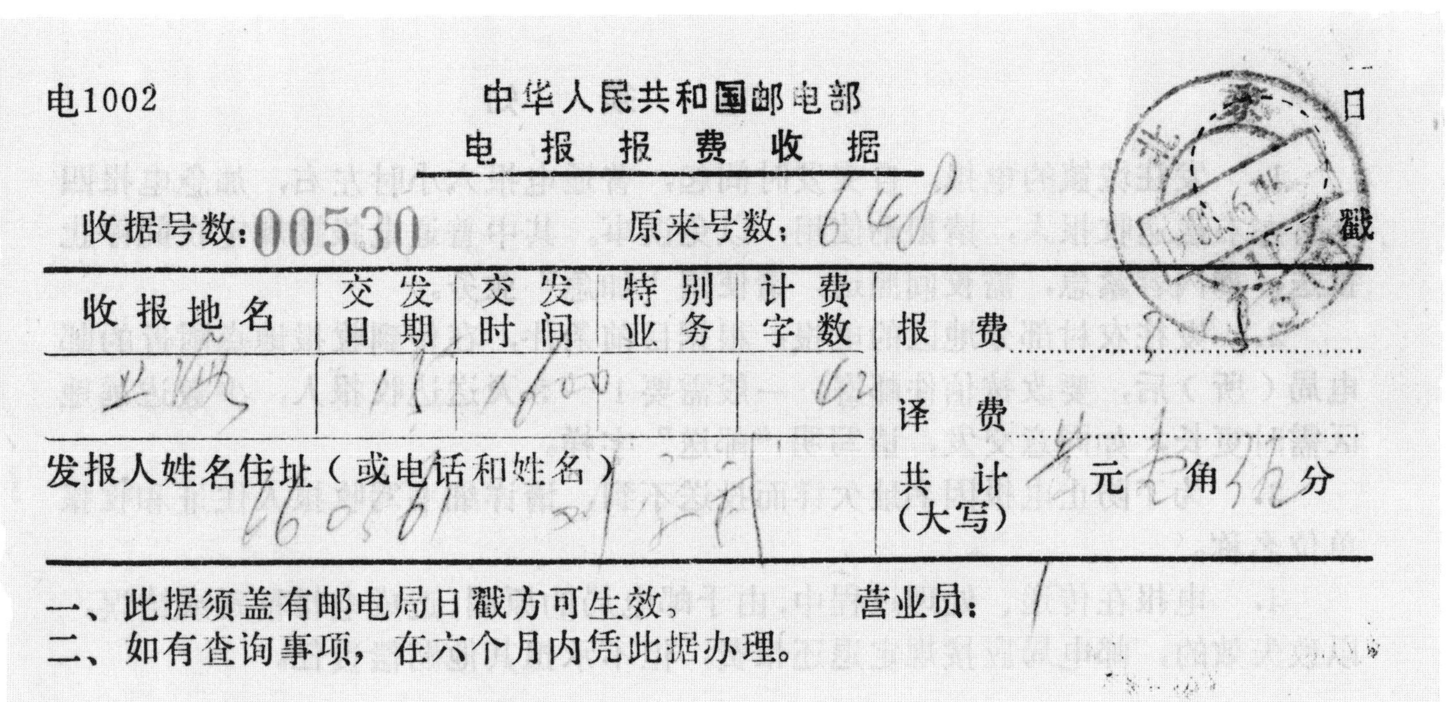

电1002

中华人民共和国邮电部

电报报费收据

收据号数：00530　　原来号数：648

收报地名	交发日期	交发时间	特别业务	计费字数	
上海	1	1600		62	报费
					译费

发报人姓名住址（或电话和姓名）　660561 刘宗武

共计（大写）　元　角　分

一、此据须盖有邮电局日戳方可生效。　营业员：

二、如有查询事项，在六个月内凭此据办理。

日戳

发报人刘宗武，是刘乃崇长子。

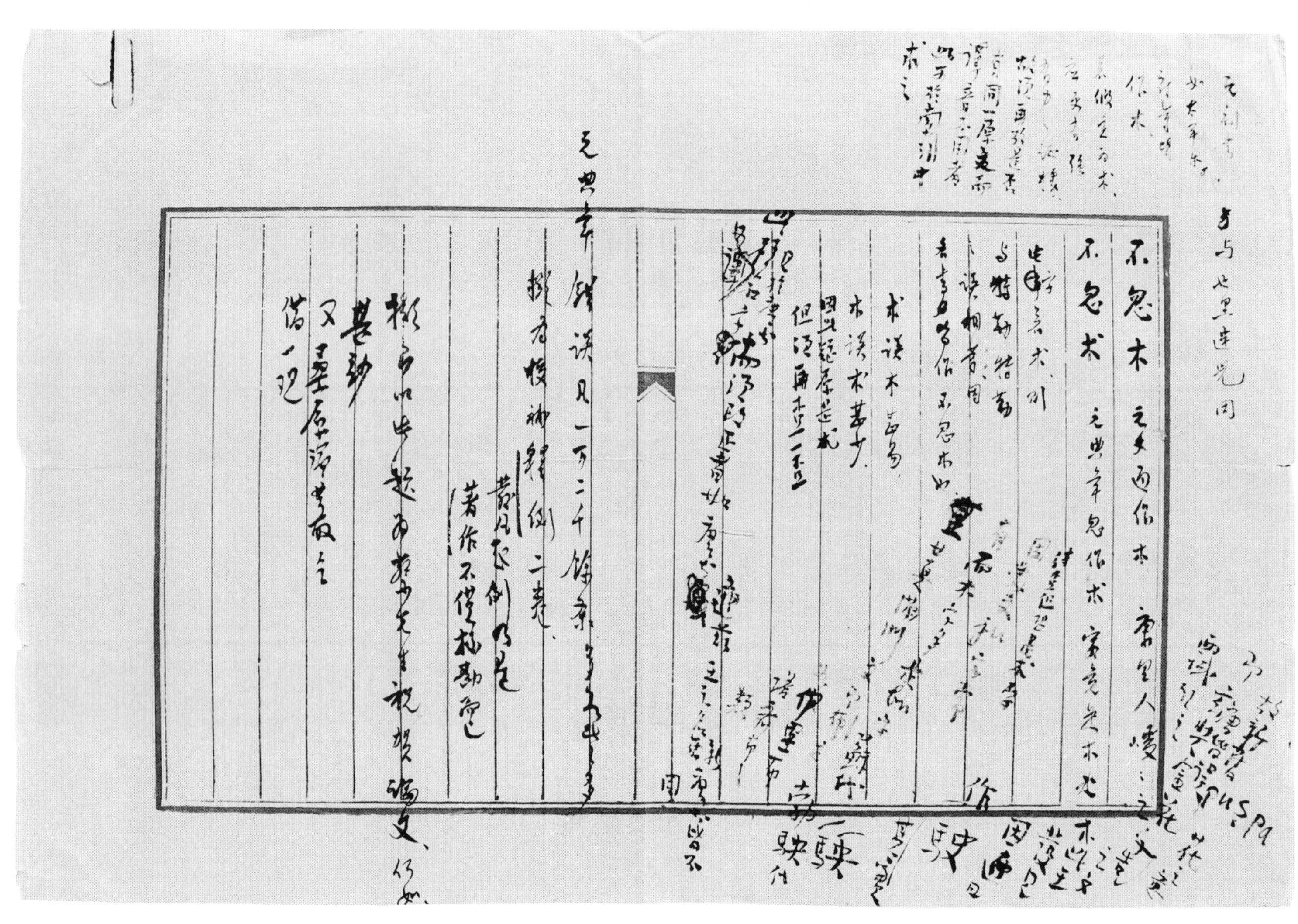

陈垣与陈寅恪笔谈。

中國史學叢書

何炳松主編

全謝山年譜

蔣天樞編

商務印書館發行

这是陈垣用过的书。蒋天枢知道陈垣如此细致地读过这本书，且做大量批注么？

有關係各家文集方志之屬，互相鉤稽，博采要刪，纂成今譜，使讀者對謝山人格及當時環境，有所認識，而先生在清代學術界之地位，亦可藉以考見焉。嘗以先生生平可略分四期：辛亥以前，殫志前修，殘明風節，得之耳濡目染，慨然以表章爲己任，此一時期也。由壬子至丁巳，家貧親老，勉狥微祿，曠志忤俗，大科見放，讒邪害能，翻然南歸，此又一時期也。由戊午迄丁卯，雙親繼歿，椎牛莫逮，碧血祕籍，紛綸間出，芳躅未遠，起桑梓敬恭之思，遺獻淪亡，感杞宋無徵之懼，董理舊聞，炳諸日月。復睠懷於證人之墜緒，顧黄之大業，補學案，校水經，期竭晚年精力，貢獻於學問，而飢來驅人，終歲僕僕於淮陽武林間，此又一時也。由戊辰迄乙亥，衰年多病，治學兀兀，憔悴心懷，乃思藉手陶植，廣闡素志，掌教於蕺山，掌教於粵東，以去短集長，和同受益，相詔語，講學未久，抱病遽歸。病楊沈綿，猶復窮思力索，探討水經之誤，愛子夭折，遂亦奄忽不起，中年凋謝，所蘊未申，此一時也。以先生之遭逢如彼，而所成就已如此，覽先生身世者，所爲慨然也。歿後數十年，遺箸始次第刊布，而糾紛層出，辯難相尋，水經注趙戴相因之爭，杭大宗私據鮚埼亭集之案，今各就收羅材料，別爲箸述考一卷，期於年譜互相發明，亦他日箸錄家之一助也。民國十九年六月識。

教之，幸甚幸甚。

姚江黃千人來京，以梨洲墓文爲屬，成梨洲先生神道碑，及鷓鴣先生神道表。（黃千人，字證孫，官泰安縣丞。箸有寧野堂詩草四卷。希希集二卷。饕秀集二卷。岱遊草□卷。）

案：梨洲子耒史曾以墓文屬之鄭高州梁，梁卒，不果作。既又屬之朱彝尊，亦未就。至是先生應千人之請爲之。此文後屢有修改，至癸未八月，勒爲定本。

編年文　與厲樊榭勸應制科書　與趙谷林兄弟書　與姚薏田書　謝御史再入諫院補題名記　廣陵相公傷逝記　毛詩初列學官考　答杭堇浦石經雜問八條　鈔永樂大典記　移明史館子六通　答沈東甫徵君文體雜問　新舊五代史本末寄趙谷林　五六天地之中合賦　葉徵士桐君哀詞　祁連山考　明初學校貢舉事宜記　高端叔春秋義宗序　曹放齋詩說序　荊公周禮新義題辭　公是先生文鈔序　二袁先生文鈔引　唐說齋文鈔序　梨洲先生神道碑　鷓鴣先生神道表　工科給事中前翰林院編修濟寰曹公行狀　諸葛氏義門銘　送沈萩林之蔚州引

春三月，續娶曹孺人於京師。董氏以娶曹孺人事系之甲寅，誤。茲依紫竹山房集訂正。

案：曹孺人滿洲學士春臺女，姓索佳氏，滿洲正黃旗人。熙朝雅頌集：春臺字錫祺，（法式善清祕述聞作字顧齋）康熙癸巳進士，累官翰林院侍讀學士。隨園詩話（九）予在都，沈永之觀察引見滿洲學士春臺，春自云：年三十時，目不識丁，從一禪師靜坐三月，頗以爲苦，一夕提刀欲殺禪師，舉頭見月，忽然有悟，賦詩便工。塞外云：野水吞人面，青山鬬馬聲。浮雲連帽起，殘雪帶鞭行。公愛永之輿枚，謂兩少年必貴，每至必留飲留宿，遺妾奉觴。又曾見春臺題畫詩！瀟湘新雁下汀洲，屋角青山水上浮，如此亭林如此客，捲簾消得數峯秋。又隨園詩話（八）：學士春臺典試福建，（康熙五十九年）過吳下，買婢方大英，貌美能詩，以南北地殊，服食不慣，雉經而亡。搜其遺稿有句云：戶閉新蛛網，梁空舊燕泥。

此事隨園詩話雪橋詩話均載之。惟袁氏謂謝山年三十六方娶滿洲學士春臺女，逾年生子云云殊謬。先生娶曹孺人事，不見集中，董譜亦不及其族系，惟先生所作非兒壙銘云：嘗有問之者，曰：『家中愛汝者誰也？得非曹孺人乎？』兒搖首曰：『非也。夫愛我者，非罷罷莫與歸矣。』罷罷者，關東人呼其父之稱也。

謀迎吟園公來京就養，不果。

先公墓石蓋文：不肖之續娶於京師也，本謀迎養而不果！

（二）与启功

要拥軍爱民，要抓革命促生产，促工作，促战备，把各方面的工作做得更好。　　毛澤东

8.19

与陈诚陈立夫之斗争。1945年冬，由陈诚二人在石驸马大街[illegible]

[illegible]，约各大学教授谈话。辅大：陈垣、余嘉锡、[illegible]等。燕大

陆志韦、陈[illegible]（次日陈垣说[illegible]）。陈诚先讲话，说我们三民主义[illegible]、

[illegible]（[illegible]）

陈立夫说我很想知道抗战八年北方学术界情况……　陈老站起说：抗战八年

我们来，你们来也未问我们这八年是怎么过了，多么艰苦，说我们情况，而

后问陈[illegible]（军政部、教部）不问情况，正说之际，把盘子一推，[illegible]——

声色俱厉。陈诚[illegible]。陆志韦也说：有个歌谣，[illegible]不[illegible]

[illegible]……人心所向，你们要注意。陈立夫说你们很[illegible]

[illegible]。陈垣说（不易懂）。次日陈垣在公园挨打。

1971-11-14 晚启功先生谈

第　　頁

第　页共　页

尊敬的刘先生：

真抱歉，那次电话里教我在下一个礼拜六去电话，我隔了一礼拜，竟给忘了。足证我的重视不够，思之深为负疚。不仅是忘了通电的事，还是见对于扫墓的事是如何的重视不够！我原来还想到八宝山看看我的姑姑的墓，也同样被我的"忘"字给抛之于九霄云外了。

接到来信并词典有关文件，看了几天，发现一些问题，已经写在原册上。我觉得注释的语言最困难，既要明白，又要简括，还要通俗，岂不难哉！这别无好法，只有多有几人过目，最好是起草的以外的"冷眼"。我们的标点，自己点完的，分明有错误，自己看第二遍、第三遍，还有时候看不出，因为自己在重看时，最易忽略，有时甚至厌烦，所以"痛定思痛"，错误仍看不出，是不是呢？

至于选词的单子，我实在提不出意见，因为"拟选的"为什么选这个的理由我不知道；"不选的"为什么不选的理由我也不知道。在我的想法，如果全选还未必敷用，但既要少而精，便不能

北京市电车公司印刷厂出品 七一·十一

稿纸（20×20＝400）　（1218）

1972 年 4 月 29 日启功致刘乃和信。

作为"牛鬼蛇神"的启功，此时突然进入革命队伍，其快意如何！这是他钢笔字中最漂亮的！可惜能仁胡同 36 号地湿伤纸。

全选，那只好按"拟选"的入选。因为我相信选词的标，在编者一定是有充足理由的。

"出处"一栏有"主、中、其"三字，我猜了半天想大概是这样："主"是主席著作，"中"是中国近"其"是其他。是吧？但在选中各件上，都没找到这三字的解释。

"有何新闻"四字，读之增感，昔每登励耘书屋之堂，每闻 老师问此句也。

陈璧子老师见面请 代致候！

功腹病仍不好，每天大约须上厕所三四次或四五次，不一定有大便，只是坠。乘车最麻烦，有时简直地像要"夺门而出"，但在车上毫无办法，及至下车如厕，却又"一无所有"，右腹侧还有疝气一般之毛病，走多、站久，都觉挛痛。总之，机器逐渐损错，此自然之法则也。

功现在出天文、时宪志，可笑不？真所"瞎子摸象"，我这个瞎子所摸不是大象，而是"
象"耳。

拟记没完，不写了，得空再谈。此致

敬礼！

功谨上 1972.4.29.晚

尊敬的乃和同志：

首先致敬意！近日写字较多，接二连三的大张纸，未能分出手来写信。司达毅同志的大文有许多人谈起，都说见解新而论点锐。我所赞许的尤其在那些参考书都是哪里来的？我记得咱们在　先师面前谈到：遇有一个问题，怎知就向那里找那个书？总该事先有无数的索引在腹中。今见司同志的著作，使我不禁想到这事。可见这位司同志确是学有本原！

贱疾仍然不太好，四日晚间又晕倒。连日不得动。在此以前，颇有好"气象"，每天上午不吃饭几乎一夏天，近时渐能正常吃午饭。不晓得怎么一下子又倒了。但一是不怕，二个斗争，我一定不向病魔屈伏！

现有一件心里话，想冒然一问，问错了，我想也会得到谅解，因为

祝贺启元白先生设立励耘奖学助学基金八绝句

刘乃和

一

弹指知交五十年，
同门何敢望颜渊。
博文约礼承师教，
更喜德才后世传。

二

恰似明珠土内埋，
育贤慧眼辨英才。
文诗书画惊同辈，
犹记恩师唤“小孩”。

三

当日师尊识俊英，
今朝彩笔显奇能。
既精三绝诗书画，
又学先生不辍耕。

四

问史执经卅九春，
慨捐奖助报陶甄。
开来继往为模楷，
桃李相承慰励耘。

五

直横撇捺寄寸诚，
一枝一叶见真情。
输将金帛传衣钵，
只愿青年更有成。

六

铁画银钩字字金，
一横一竖报知音。
挥毫但写尊师意，
留得学风护幼林。

七

肯为援师播爱心，
新苗成长得甘霖。
尊师重道高风在，
火种薪传直到今。

八

建馆设堂非我愿，
沾濡渥泽是吾心。
但求学子争向上，
此意拳拳可铄金。

1992 年刘乃和贺启元白先生设立励耘奖学助学基金诗。

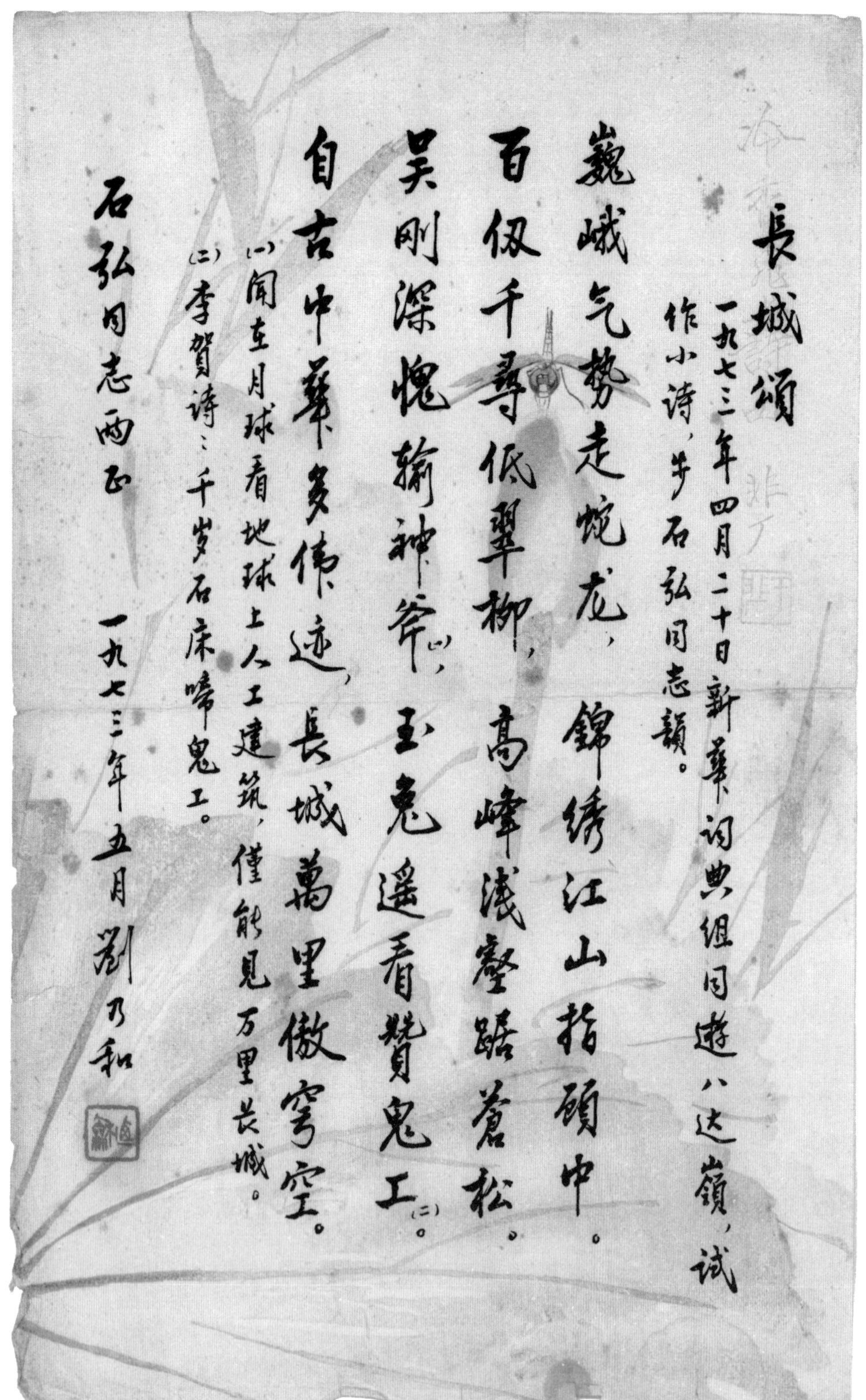
長城頌

一九七三年四月二十日新華詞典组同遊八达嶺，试作小诗，步石弘同志韻。

巍峨气势走蛇龙，錦綉江山指顧中。
百仞千尋低翠柳，高峰淺壑踞蒼松。
吴刚深愧输神斧(一)，玉兔遥看贊鬼工(二)。
自古中華多偉迹，長城萬里傲穹空。

(一)闻在月球看地球上人工建筑，僅能見万里長城。
(二)李賀诗：千岁石床啼鬼工。

石弘同志两正

一九七三年五月 劉乃和

1973 年 5 月刘乃和和石弘韵。

回環逼酒巵。人迹盡隨紅燭燄，客心長繫緑楊絲。如今西壓橋邊路，添得鏗然杖一枝。

痼疾（爲友人作書，忽然暈倒。）

一嬰痼疾幾經秋，腦似空瓢楦木球。看去天旋兼地轉，卧來幡動復橋流。隨時筆債償還有，未信吾生此便休。多少名醫相蹙頞，斯人大患在其頭。

題林散之先生太湖秋色圖二首

昔從湖畔望雲山，半面青螺卅六鬟。今日披圖如見戴，不須林屋叩瓊關。

吴生畫筆杜陵詩。紙上依稀兩見之。觸我飛騰江上夢，嘉陵

和友人游長城

何物奇長萬里龍，人民力量大無窮。女墻啓齒銜黄鵠，峻嶺彎腰負碧空。車軌并齊途八達，城關内外語同風。一家兩院分南北，堪笑秦皇見識庸。

踏莎行三首

造化無憑，人生易曉，請君試看鐘和表。每天八萬六千餘，不停不退針尖秒。已去難追，未來難找。留他不住跟他跑。百年一樣有仍無，誰能不自針尖老！

美譽流芳，臭名遺屁。千千萬萬書中記。張三李四是何人，一堆符號**A**加**B**。倘若當初，名非此字。流傳又或生歧異。問

提筆作書忽然暈倒，因成長句：

一嬰痼疾幾經秋，腦似空瓢撞大球。
看去天旋兼地轉，臥來牆動復樓流。
隨时筆債償還否，不信吾生此便休！
多少名醫相蹙額，斯人大患在其頭！

近作錄呈求
正！

三國志新印本已出，約一星期後，社內可發行，現在市面已見少量書，但一售即罄。已代訂一部，如已從書店購得，則此部可讓他人，因每書多求過於供也。

拙稿希校嚴格批判！（所謂拙稿，包括歪詩及聲律論稿也。）专此即致
敬禮！

迺龢同志座右　世小弟功謹上　五日

启功和刘乃和诗手稿，此时启功已入《清史稿》校点组。从刘乃和诗知在七月。

和元伯同志

生平苦读过辛勤，
积久伤神损脑筋。
头痛当能占勿药，
心宽还望倍欢欣。
早称三绝诗书画，
更擅多才史共文。
校字勤碑千万事，
待君康复树奇勋。

学诗呈
纰缪！

刘乃和 七月七日

刘乃和诗作。

我见过启功给刘乃和改的一首七律，真是学诗的最好模范。可惜未曾复印留存。

勵耘承學錄

启功给刘乃和题书签。

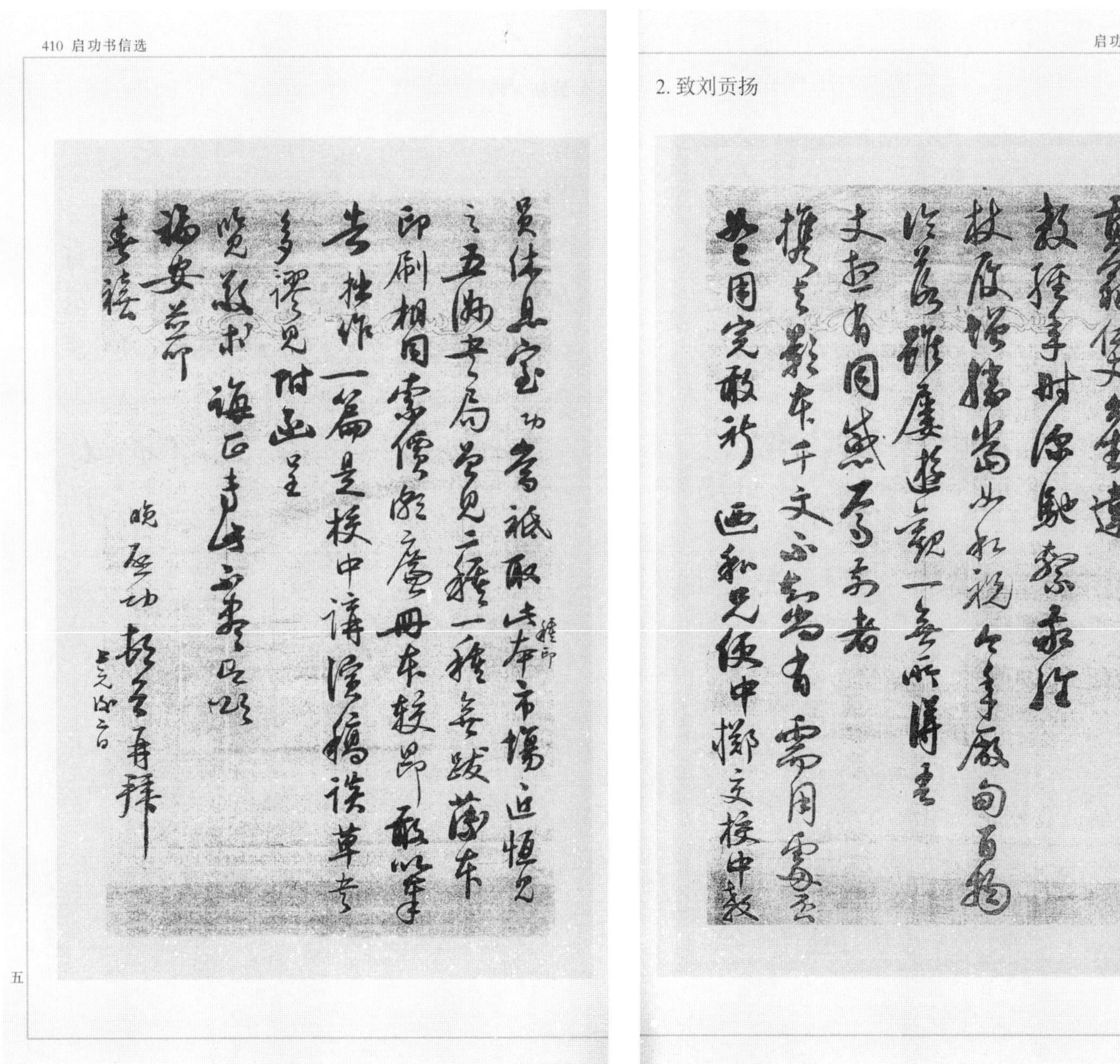
410 启功书信选

启功书信选 411

2. 致刘贡扬

五

四

启功致刘贡扬信中谈及刘乃和。

延龢同志千古
令譽流傳統戰辛勤人共仰
長眠論定平生業績自無私
啓功敬挽

李修生师撰联，启先生书丹。

悲風驟降緬懷奉椿萱友昆季堪稱
孝女賢姐妹

迺龢三姐妹 靄右

學人好教師
往事如煙回想治史獻培桃李不愧

兄 迺隆撰 蘭書
弟 迺中率妹 賢舒
迺元 廣契
率 兒孫 敬挽

遹和先生千古
遹和學姊千古

读《爱新觉罗启功教授评传》，有感《得遇陈垣》章，赋此呈刘乃和先生

星汉

古今巨眼总无殊，
又见欧阳识大苏。
中学居然教大学，
穷途由此辟征途。
真缘信有三生石，
大笔常挥五代史。
校书回头堪慰志，
万株桃李起荒芜。

一九九零年九月八日

1990年9月8日，王星汉致刘乃和信。

呈刘乃和先生，恭步先生《热烈庆祝建国四十周年》原韵

星汉

桃李勤浇波及我，
程门初立六年前①。
雨洗端阳诗影健②，
气凌长轴笔锋翩③。
天山雪覆思银发，
大野春回味锦篇。
先生来日临西域，
我捧瑶池供写天。

①六年前，余进修于北京师范大学中文系，见《师大周报》载先生怀念辅仁大学诗作，由是得谒先生于旧居能仁胡同。聆先生高谈竟夕，

20×15=300 《新疆师范大学学报》编辑部稿纸 第 页

1990年11月16日，王星汉致刘乃和。

亦平生快事也。

②一九八七年端阳节中华诗词学会在京成立日，余于会场得晤先生，并合影留念。先生指会议横标特令摄入。余甚宝此照。

③今岁余来京访学于北京师范大学古籍所，先生时主所中陈垣研究室。尝叩先生于20楼新居，见先生正书诗作应求。其书清健，余得读之。

一九九零年十一月十六日

于北京师范大学学11楼220室

春风化雨 永忆师恩

我尊敬的启功先生去世了，这是我们国家、人民的巨大损失。我这受过他老人家教育、恩泽的学生十分悲痛。怀念先生，往事历历涌上心头。虽所记非关恩师之学术、成就、道德、文章，却在微细中显出先生德行、情义，使我思之感情满怀，先生的音容笑貌，清晰明朗，能不悲痛！

远在五十多年前，我们班新生入学，中文系在辅仁二院礼堂(即恭王府内)迎新联欢，我第一次认识先生，先生问过我名字后，笑着说："我知道你。"原来先生与我姥姥家有亲戚关系，听老家人说起过。我当时是既惶恐又高兴，小时候就听家里人说起："启元白(先生)事母至孝"。早就产生过尊敬的感情。这时真正见到先生了，没想到先生如此亲切，平易近人。此后，我一直如初地尊敬先生，先生对我亦屡施恩惠，教我做人。1956 年，离京调至内蒙，不能侍坐聆教，平生恨事。偶尔回京必往拜先生，听他教诲。恨我不才，不能得先生之学一二发扬之，愧怍万分。

回忆各种如泉喷涌，竟不知该写什么！那么多的指点，那么多的教导，於此只能选记数事，以充小小之补白。

先生寓居小乘巷之时，南房三间，与师母同在。师母慈祥和蔼，待人亲切。听说启先生在老母去世脱孝时，第一个受他行礼的人就是师母，谢她孝母之情，侍奉之劳。师母去后，有一次我到先生家，时间较早，约在上午八、九点钟，先生刚起去后院如厕，我在院内站立等候，他从后院过来，笑往屋里让，我进屋后，惹我注意的是北窗下砚台盒上放着一杯刚沏好的热茶，从放的位置看，像是上供。我想大概是给师母沏的早茶，因先生自己尚未漱洗。从日后先生决意不肯续弦及常于文章中写到师母看，先生对师母感情之深重，于此可见一斑。至今我眼前常浮现那热气溢香的杯茶，它是心香一瓣，寄托先生之思的。先生对陈校长之师生情义已人所共知，无人不敬叹，孝母、敬妻，深于亲情，亦应晓知天下！先生既是性情中人，懿行更为世范。

先生对学生，也是教、护备至的。先生弟子以千万计，文学、书法……，入室者，私淑者，不可胜数，不论远近亲疏，每人均有受益。在此，我记下我受惠于先生之数事，虽是私恩，却表现出先生呵护学生，量其长短而援之的深厚师情。

在上世纪八十年代初，吴晓铃先生说文化部艺术研究院将成立曲艺研究所，由侯宝林先生主持；嘱我求启先生一荐。因我知先生平时骨鲠，不屑为之，有点不敢，但又极想事情能成，于是冒了犯先生之威的风险，转求师姐代达。时间还很紧，我立即往北京打去电话相托。师姐一求，就承先生慨然允诺，荐书一挥而就。因先生知我素爱鼓曲及讲唱文学，稍可敷用；又知我想回北京之愿，故而为此以援。此事，后未果行，因当时未建立曲研所，遂做罢。但先生于我之恩永远铭心。

又 1984 年(或 83?)先生有内蒙之行，内蒙师大宴请先生席间，系内主事者向先生说："这次评职称，我本来想把爱冬评上，但没办到。"意在向先生解释。先生当即回答："没关系，她不在乎这个。"这一语真是掷地有声。先生之言，似漫不经意一说，实是知我护我的答辩，使我闻之感动。先生自己淡泊名利，而对尊敬他老人家的学生也知之若此，怎不叫我涕零！且此一语在当时来说，适时恰切，出语平淡，却对时风如石破天惊之斥。

先生曾令我研究子弟书，可是我却没能够做好，只浮光掠影地做些探讨，愧对先生之教导。先生说子弟书是清代满族(应以京旗为主)八旗子弟们创出的，它反映出满汉民族间文化互相影响交融的情况，它可是一代的独创性的文艺。它因为曲调问题而退出歌场，但它的文字很通俗、新鲜，应该从文学角度去再研究。又说我这里还有一些子弟书百本张之类的抄本，压在床下书箱里，等以后找出给你看。过了一年多，先生在《文史》上发表了《创造性的新诗子弟书》一文，对子弟书评价很高，对它的来源、形式都讲的很是透彻，而且有不少独到的见解。先生之谈子弟书，不是仅从文献、资料中研究所得，而是赶上过亲耳听唱，所以先生指出它之从歌坛被沙汰，是因其曲腔太沉闷(亦有节奏过缓之弊)所致，一语点破某一文艺品种走向衰落灭亡有自身原因。先生并举《忆真妃》为例，说明子弟书词的创作在章节、结构、文笔技巧上都显示出深受八股文作法影响，亦可当八股之优秀者“清真雅正”之赞。我拜读之后，十分叹服先生治学思路深广，时有别辟蹊径，发他人所未发的探索。我认为这正是因为先生于此实为“有之”，故而道来凿凿。后来，我只写成一篇《诗的情韵 文的包容 一代新声》论文在我校学报发表，及若干短篇赏析，并没有走出先生研究成果之外，有负先生之教。

我听过先生讲的课有《红楼梦》、戏曲、元诗。先生讲课极为自然平淡，娓娓而谈，但是仔细听来，含有许多知识，这是我后来在听他讲元诗时才有的认识，可惜悟道太晚了。记得先生指导我写晚明小品文的文章时，他曾给我写了一封信，就如何认识晚明小品价值和我交上的文章之结构问题做出了具体指导，用毛笔写了两三页，我将它珍存。

每逢先生出版一本新书，只要我从内蒙来赶上，他必送我一本，那本《启功书画留影集》实在宝贵，先生已给我一本且题了名字。隔了几个月后，我再一次去看他，他进里屋又取出一本，笑吟吟地递给我。(兹颜顿现脑际，难抑悲伤)我不敢欺骗先生，连忙说：

“您已赏过一本了。”没敢领重份儿。后来，我买了此书5、6本，以之做为高雅礼物送人，得者皆十分高兴珍视。

记得1978年，内蒙师大的同志托我向先生讨要墨宝，彼时，我真的不知天高地厚，竟然在去他家时向他提出，他当时没时间写，取出一个老式蓝皮大方账本，让我把索求者的名字写上。没多久，先生竟给寄到内蒙一捲大约有6、7张，我们都没想到会有这样的收获，大家都视为至宝，将其装裱好，悬挂室中。给我写的一首卢綸的《塞下曲》，字有2.5寸方圆大小，雄劲俊美，满室生辉。先生对我之求，总是应允。我感谢先生，尊敬先生之情，我确实无法形容于笔墨。

后来，先生社会活动日繁，年事已高，我每自内蒙来，总是十分想看看他老人家，但又怕打扰他，有时只在楼下窗外，行礼鞠躬，表示我的请安祝福。后由我师姐转告，先生嘱我可以去看他。

要写的事还有很多很多，如他因曹家祺先生病故例，告诫我万不可服用激素治疗，我一直谨记。又如1984年，我在师大进修，住西南楼，先生有一次去找我，要请我吃涮羊肉，可惜我的福薄，不在。那时他住在教工十一楼。

最后一次见先生是2004年10月，校庆时我班聚会，大家去看先生，拜见恩师。他亲切地和我们谈为他祝寿会上的情况，并允我们“随便照”，与他合影。我们分组侍立先生椅后，拍了3张，先生的面容留在众生环侍中，谁知那一面竟是永诀。

先生病重时，我们只能随时打听先生病况，无法见面，听说了情况为之心痛、焦急，这样煎熬了几近半年之久，先生终于走了，追悼会那天，我又一次站到先生前，但听不见温和的、娓娓而谈的谈话声，看不到先生的亲切笑容……。站在先生遗体前，在悲痛笼罩的肃穆氛围中，想到先生的学术成就，先生的品格情操，先生留给世人的宝贵知识财富，想到一代大师就这样离开了我们，我的泪已盈眶。我此刻的感情不只是悲伤，更多的是永不泯灭的尊敬的情，先生所拟的“学为人师，行为世范”的校训，正是先生的写照，是学生们的标的，永远激励着我们向前。

先生永远活在我们心中。

五〇届辅仁入学的学生　李爱冬

2005年9月

[沁园春]——悼念老师张中行先生

先生德高，寿近期颐，乘鹤西去。留一生磊落，威仪师表；博通经典，著作身齐。哲理融和，恬淡顺生，安适宠辱境界一。至耄耋，多厚积而发，举世惊奇。

岂肯随波自屈，思辨力，能烛隐探微．持分明爱憎，情悉委曲，笔底温馨，文涌珠玑，直面正视，敬业无欺，仁爱化雨三春晖，憶恩教，后生怎抑悲？悼贤泪飞。

自贝满女中受教，上世纪八十年代重拜恩师，又复追随聆教20年，先生亲蔼容貌，训教之言，在心在目，永难忘记。临危往视，先生尚记爱冬数事，虽语微力弱，关切之情使我泪下心悲。先生于诸弟子，施教育，洒爱心，待之如友。诚挚长辈，可敬品德，永留学生心上。

（《贝满人语》已登）

[声声慢]——纪念刘迺和先生逝世十周年

辅仁初识，如坐春风，师弟一生相从。书史淹博，曲诗雅好兼通。侍随夫子不辍，为传学问献平生。严信诺，我中华史界，永誌厥

功。　曾记病床探视，回天无力，惧行色匆匆；更忆遮天素幛，再拜慈容，启翁长联痛悼，写尽志趣哀先生。何憾矣，普天友众记令名。

先生已逝十年矣；哀思未尽，旧迹重重。忆先生一生业绩，怀师生终世之情，谨此悼念，先生永生。

六十年弟子　李爱冬　零八年九月

《新华词典》工作人员名单

			政治面目	借来单位	原来职务	现任职务
游歆	女	53	党员	北京市教育局	~~总支付书记~~	代理书记
曹先擢	男	42	〃	北京大学中文系	总支付书记	付书记
尹德新	〃	54	〃	北京师大教育系	付系主任	〃
陈文武	〃	49	〃	北京市教育局	干部	〃
曹乃木	〃	〃	〃	北京市第一师范学校	校长	支委
王维新	〃	35	〃	北京市语言学院外语系	教研室组长	〃
石弘	女	49	〃	北京师大中文系	教师	语文组组长
李秀兰	〃	35	〃	〃	〃	〃
陆宗达	男	70	群众	〃	〃	编辑
张俊垣	〃	48	党员	北京师大政教系	教研室主任	政史组组长
刘乃和	女	55	〃	北京师大历史系	教师	编辑
张辰元	〃	46	〃	北京师大生物系	教研室主任	〃
万方祥	男	67	群众	北京师大地理系	教师	〃
王树琪	〃	39	党员	北京师大图书	管理员	管理员
刘玉梅	女	37	群众	北京师大政教系	资料员	资料员
陈兆年	男	67	党员	北京师院中文系	教研室主任	编辑
陈章焕	〃	43	〃	〃	教师	语文组组长
马奇	〃	53	〃	〃	总支付书记	编辑
蔡钟祥	〃	43	群众	〃	教师	〃
谢自立	〃	40	〃	〃	〃	〃
[illegible]	〃	46	党员	〃 政教系	总支付书记	〃
[illegible]	女	36	〃	〃 历史系	教师	〃
[illegible]	男	70	群众	〃 〃	〃	〃
[illegible]	[illegible]	[illegible]	党员	西北农学院农学系	教研室付主任	科技组组长

刘天齐	男	48	党员	北京工业大学化工系	教研室副主任	编辑
于淑华	女	41	〃	北京化工学院一系	教师	〃
吴根林	男	42	〃	北京市第五中学	〃	〃
潘达本	〃	59	〃	北京市第二中学	副校长	〃
罗宗政	〃	56	〃	北京市第二师范学校	教研室组长	语文组长
王兆荣	〃	48	〃	北京市宣武区教育局	干部	编辑
孙美德	女	41	〃	北京市石景山区教育局	教师	科技组长
项若愚	男	68	〃	北京丰台街道办事处	副司长	编辑
门宗宝	〃	42	〃	北京大学法律系	教师	〃
周玲	女	54	群众	商务印书馆	编辑	〃
吴泽炎	男	62	〃	〃	编辑室主任	〃
张桂生	女	35	〃	教育局教材组	打字员	打字员

1. 全组共有工作人员36人，男25人，女11人。
2. 体弱多病或年老多病者5人，长期半休2人，长期全休1人。
3. 35岁至40岁的7人；41岁至50岁的15人；51至60岁的8人；61至70岁的6人。
4. 本单位借调到外单位工作的2人（这两人未算在此名单内）。

1971年秋末，刘乃和参加了《新华词典》的编撰。11月，这部书更名为《汉语词典》。刘乃和保存了一百多页工作记录。启功信中也谈到过它。此书可能没有出版。王宁教授说："乃和先生和颖民师（训诂学家陆宗达，字颖民——编者注）同在辅仁大学任过教，'文革'期间又一起编过《新华词典》。（见《光明日报》2018年4月6日《谋道不谋食 忧道不忧贫——纪念刘乃和先生逝世20周年》）启功进入《清史稿》点校组，对他们个人来说，具有重要的政治意义。

《汉语词典》选词原则

（征求意见稿）

根据广大工农兵的要求和领导的决定，这本《汉语词典》是供相当初中文化程度的工农兵和革命干部、中小学教师、中学生学习马列的书、学习毛主席著作，以及掌握文化科学知识的需要而编纂的。计划收字八九千个，收词二至三万条。为使这本词典能够做到突出马列主义、毛泽东思想，紧密结合三大革命实践，反映无产阶级文化大革命的胜利成果，初步确定选词的原则如下：

一、中央规定学习的马列的书和"毛泽东选集"以及毛主席解放后公开发表的著作，是我们这部词典选词的基础。在这基础上再适当增加一些日常常用的词。

二、哲学社会科学方面，为了学习和宣传马列主义、毛泽东思想，因此在选词上必须抓住马列和毛主席著作中的基本观点，不使遗漏。

三、为把无产阶级文化大革命进行到底，深入开展革命大批判，对封、资、修的反动思想、观点，要抓住要害，选收一些词汇，肃清流毒。

四、对三大革命实践，应选收代表各科最新成就的词汇。这种成就，应是经过检验，为群众所肯定的。

五、各科选词都应注意首先选与本科有关的毛主席指示和党的方针、政策。

六、各科应该补收的一些基本词汇，应该是掌握和应用这门学科的关键性的词，与革命实践密切联系的词，不能按照这门学科原来的体系，求全责备。

七、语文词条以帮助阅读、写作为主，对生活上的普通〃话，一般不收。属于古汉语的字词，只收今天常用的。报刊上偶而一见的词，而群众并不使用，也不提倡使用的，不收。

八、为人民做过一些好事，值得群众纪念而学习的人物，要选进来，发扬他们的革命精神。对那些为历史所唾弃、人民所不齿的败类，则只收其首要者，以便从反面使我们受到教育。

九、对各科过去的一些学说、著作，以及重大变革等，可择其在历史发展上有深刻影响，对今天仍有现实意义的，酌收一些。

十、在全部词条中，计划语文占60%左右，其他各科共占40%左右，关于其他各科间的比例，应从本词典的要求出发，考虑各科常用词的实际情况，然后根据初选的结果研究确定。

以上十条，只是个初步意见。各组讨论收词的原则时，可结合起来提出修改意见，希望经过几次反复研究讨论，逐步修改成一个共同的原则，然后再送请领导批示。

1971-11-15

《汉语词典》选词原则　1971.12月稿

这部《汉语词典》是为相当初中文化程度的工农兵和革命干部、中小学教师、中学生学习马列的书和毛主席著作，以及学习文化科学知识的需要而编纂的。计划收字八九千个，收词二至三万条。为使这部词典能够做到宣传马列主义、毛泽东思想，紧密结合三大革命实践，反映无产阶级文化大革命的胜利成果，初步拟订选词的原则如下：

一、以中央规定学习的马列的书和毛主席著作，以及"九大"以来两报一刊中的重要社论和文章，作为选词的主要来源，并适当增加一些常识性的词汇。

二、马列主义、毛泽东思想基本观点的词，无产阶级革命路线、方针、政策的词，应首先注意选收。

三、反映无产阶级文化大革命胜利成果和三大革命实践最新成就的词，应该选收那些肯定的和有代表性的。

四、常用的、与革命实践密切联系的基本词汇，要收，但不按学科体系，求全责备。易懂和过于专门的都不收。没有特殊需要的派生词或词组，也不收。

五、语词以帮助阅读和写作为主，文化大革命以来的新词，多收，生活上的普通口语，一般不收。地方用语和古汉语的字词、成语都只收今天常用的。

六、为肃清封资修的流毒，对他们的反动路线和思想、观点，应抓其要害，选收一些词条，进行批判。

七、对人物，收值得群众纪念和学习的，还有人们常常提到的。对反动派则只收其首要分子，作为批判的反面教员。

八、过去的一些学说、著作、制度、事件等，本照厚今薄古、外为中用的原则，只选其在历史上有重大影响，对今天仍有现实意义的。

九、根据当前国际形势的发展，应按照毛主席的革命外交路线，适当选收一些群众需要的国际知识方面的词。

十、在全部词条中，计划语文占60%左右，其他专业占40%左右。各专业词条之间的比例，宜按本词典的要求和上列的原则，先行试选，把初步选出的词条按类排队，分出哪些是必选的，哪些是可以考虑的。经过各类之间的平衡比较，然后再行确定。

1971-12-9日稿

71-11-17

国务院科教组王建中同志对词典组工作的指示

科教组极力提倡极力主张搞词典，把任务给了北京市，由李芳、韩作黎同志负责。

一、现已搞了一个多月，正在搞词条。词典搞多大规模，搞时有个初步设想，规模不要搞大的，主要使用对象是一般干部学习毛泽东思想，政治学习工作中常遇到的问题和一般中小学教师常遇到的问题，想起这样的作用，达到这样目的。即常用的，学习中常用的，四卷的及已经发表的。一般干部中写作常遇到的或一般常识性的问题。不是供研究用的，而是一般干部，中小学教师常用的。一般字典解决不了的。专门研究人员用的不收，太古的、生僻的不选。不象辞海、辞源收的那么多，不象字典光收字，而词少。农民中文盲，半文盲占50%以上。

不要大，搞的大，时间长，很厚，价钱贵，一般干部用不合适。文化革命后社会主义建设需要的。生僻的、古的不选。报章常见，四卷有的选，不常见的不选。专用的、大学、科研部门用的，不属于常识性的不选。

有些属于党的路线，近百年史方面的要敢选，当然最后定稿时不要出政治上的错误。这方面目前学习需要，不要躲避，多费些时间，多找些人座谈，修改。

有些很通俗，一般常说常写的通俗的，有成语小词典，不一定选在这里。问：准备选多少？答：20000—30000。

词的注释是个硬仗，第一步是选，选出来要不要去征求意见？选出来打印一下去开各种座谈会征求意见，不一定记的意见多。每种类型开两三个座谈会。争取年底完成这，定下来征求意见，词条定下来再注。根据群众意见去增减。

二、对词典大家有非常严肃认真的态度，参加编写的都是在某一方面比较精的、丰富的。这词典大家应有信心拿出去是高质量。　他要宣传毛泽东思想，宣传毛主席革命路线，政治上不能出错误。

选词和注词在这方面都要下功夫，要非常严肃非常认真，一丝不苟，对词、字的解释要注释得很恰当，不要对一个词轻率的定下来，可有可无的不要上。

资产阶级学者，表现个人才华的作风应避免。另一方面要防止左的思想，有实事求是的态度，左的词句、内容不要。

引用语录要慎重，要恰当，不要牵强附会，硬拉上主席语录不好，应用时再用。

词典对政治、历史等一些名词解释都应注意。

文化大革命后有这种倾向，加上点左的以表现革命，不是实事求是。（本质：形式主义）。要有认真的态度才行。随意也不好。

三、要随时进行路线学习，开展大批判，遇到问题时就按毛主席的教导进行学习，分析、批判，不断提高路线[illegible]水平。

词典是新编的，和旧的重印不一样，所以在这方面批旧的东西、修正主义的东西，资本主义的东西，怎样在词典上反映（？），这里有写作水平。一批删样不用不行，在这解

《汉语词典》征求意见参考提纲

一、根据这部詞典的要求和服务对象，您看我們的选詞原則（或說明）是否合适？怎样修改更好？

二、为了便于征求意見，我們把所收的詞条分为两部分：一部分是准备选的；一部分是不准备选的。对我們准备选的詞条，您同意的，不用作記号；不同意，認为应該去掉的，就請在那个詞条前的空格內打“×”号。对我們不准备选，而您認为应該选的詞条，請在那个詞条前的空格內打“√”号。

(三)与柴德赓

柴德赓(1908—1970)。

蘇州 江苏师范学院
歷史系 柴德賡主任收

北京師大劉乃和 十二月卅一日

輔仁大學
校址定阜大街
電話西局

青峰
璧子 吾师：您最近给老夫子信已收到。多日无信，大家都很惦念，望常来信。

今天报告您们一个好消息，昨天下午在党支部大会上通过我入党。多年以来，承您们的教导和帮助，这对我是有很大影响的。今天我能争取作一个光荣的共产党员，我想您们能够到，其高兴的心情，是异于别人的。老师：我应当首先接受您们的祝贺。可惜您们远在千里，您们多年所关心的事情，

1957 年 12 月 30 日致柴德赓信。

有了消息，我们不能一起大说大笑、大闹要一番。

在会前几天，我非常紧张，在会后，又非常兴奋，前思后想，百感交集，恨不得见着您们畅谈。

今后惟有更加努力，担负起更多更重的任务，以不负党对我的培养和期望，并望您们不断指教。

今天下午系里联欢，我也去了，见到很多人，有些新消息，改日心情平静下来再写，今天谨先报告此事。寒假是否来京再谈。敬祝

新年快乐！

谢谢屡次来信，

并祝俪安。垣。

迺秋 三十晚匆匆

这很可能是刘先生一滴泪。粘二稿时落下，湿透纸背。此为一稿。二稿用旧台历纸背面写，粘在一稿之上。庚申年五月十七日辛酉，即 1920 年 7 月 2 日。

二稿颔联第二句改动较大。“别来三载”指 1966 年 6 月 14 日，柴德赓被电令回校参加运动，到 1970 年 1 月 23 日逝世。

柴德赓逝世十周年挽诗

刘乃和
北京师范大学古籍所教授

從此人天隔死生
哭君涕泣不成聲
別來三載音容在
風雨橫摧吳郡城
良師益友卅餘年
回首前塵話萬千
知否勵耘深繫念
忍將無恙告師前

一九八〇年一月書十年前舊作

青峰吾師逝世十周年 劉乃和

师法励耘治学专
博求广考得真传
苦心教我知文史
赤胆助人渡险难
已是暮年仍奋起
惨遭不幸竟凋残
自惭无力承遗志
空对西风哭大贤

刘乃和这首诗从内容看,亦为纪念柴德赓。第四句讲:1948年8月19日,进步学生刘乃崇为躲避抓捕到柴家借住20多天。字有励耘风格。见《百年青峰》147页。

92-2-13交邦衍

《青峰学记》

序言

我与柴德赓先生相识在半个多世纪以前，与他交往共二十七年之久。在这二十七年中，听他讲授，向他学习，钻研学术，探讨工作，一起读书写字，一起听援庵老师讲课，一起给同学讲过一门课程，共同编写《辛亥革命》资料，共同协助援庵老师点校《新、旧五代史》，工作上有困难曾商谈解决办法，学术上有所得也曾共同享受收获后的喜悦。与师母更是不分彼此，苦乐同担，和他家祖孙四代深交，相互关照帮助。我们不是一般的同门学友，也不是普通的师生情谊。

1966年，他自江苏师范学院暂调北京，我们正在点校《新、旧五代史》的时候，文化大革命开始了。记得那天收到江苏师院电报，让他立即回苏州参加运动，当时我们的点校工作尚未完成。他离京前拜别援庵老师时，老师嘱咐他，希望他能象过去多年响应号召一样，积极参加运动，运动结束后马上回京，继续工作，

北京市电车公司印刷厂出品 九〇·一

(1458) 20×20=400

刘乃和为《青峰学记》作序手稿。柴德赓别号青峰。

第 2 页

以期将点校工作完成。援师让我送他们到车站，分手时，我们都以为不会很久，他们即能回京，不想從此一去竟成永诀。这是万万没有想到的事情。

1971年1月24日晚，忽得柴先生子女长途电话，说先生已于前一天突然逝世，当时我真有些不相信自己的耳朵，不敢相信这是真事。因为他身体一直健壮，又因为我刚刚在前几天接到柴师母自苏州来信，告我说柴先生处境已稍有好转，她自己近日即来北京。没想到当师母正在京苏火车上行驶时，忽听到列车上广播找她，说柴先生已逝世，让她急速转回苏州。

援庵师那年已九十高龄，因连年不胜"文革"干扰，体力渐衰颓。我得柴先生逝世的长途电话后，怕他难禁悲痛，未敢告他这个突然来的噩耗。当年十二月，援师也住进医院，次年六月逝世，因此援庵师终不知他非常得意的学生却早已先他而逝了。回想起这些往事，都是令人非常怀想、非常伤心的。

后来由于情况变化，《五代史》的点校工

作我也未能继续。自然这也使我时感遗憾。所幸者，先生逝世后，他的几种著作能陆续出版，我对这些著作也都能稍尽绵薄之力。《史籍举要》柴师母最初是嘱我整理，但刚刚那时我另有任务，不能马上动手，柴先生手书讲稿，在我这里放置太久，为了尽快整理出版，我和师母商议，改由许大龄师弟领衔整理，只是其中有多处许师弟和我曾交换过意见。其余几本书：《史学丛考》《资治通鉴介绍》二书，是由我纂辑、编订。《柴德赓教授纪念册》一书，从计划到成书，则是邦衡兄妹等四人和我商谈计议，并为之将原诗稿行书译释，二诗存由衡择去取，《墨缘录》而注，繁简字体转换，最后审核定稿。对以上三书，我也都写了序文。这些著作我能一一经手，才使得我心情上的悬念有所减轻，也是可以告慰于柴先生和柴师母的。

这本《青峰学记》，是以1988年先生八十诞辰座谈会上发言为基础，又增加报刊杂志对先生学术的评述文章，并有邦衡兄妹四人约写的稿件共几十篇，作者有柴先生的同志、挚友、

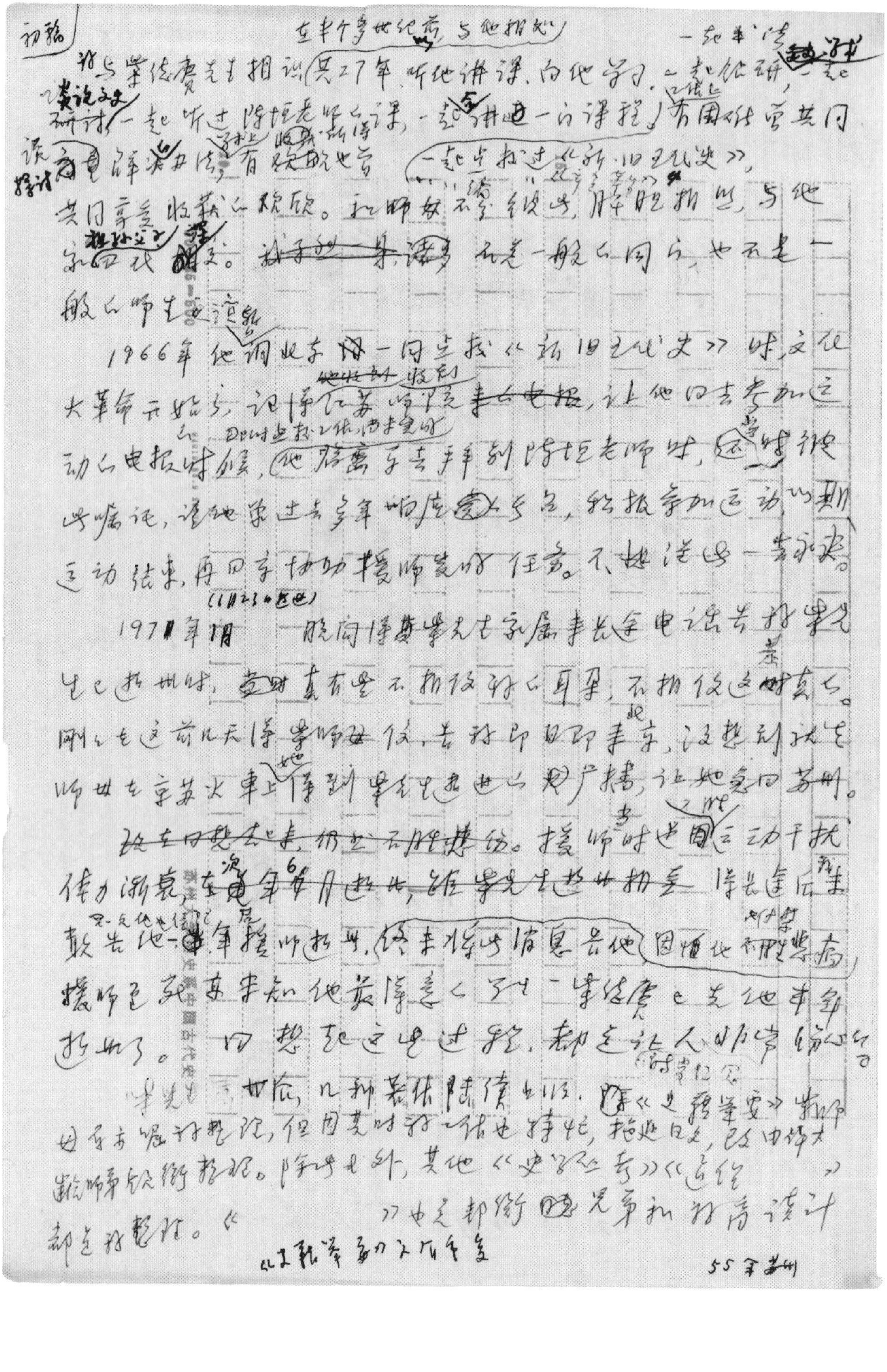

刘乃和《青峰学记》序言初稿。

议，尤其陈先生诗稿，都是用行书十分[illegible]兄弟及他们的子女都[illegible]，未能认识，香港印刷都用繁体，他们译为繁体，还要一一查对字典，用心甚多。我也替他们审核，定稿。

办的柴德赓同志纪念座谈会上的发言记录稿整理而成（个别文句由编者作了校正）

这本纪念集，是以1988年柴先生80诞辰座谈会的发言为基础，又加他的弟子后代诸篇。

[illegible]方方面面，有同事、有朋友、有学生，有同事[illegible]

他一生的各个时期的各方面，都包括在内。篇篇文章都是真情实意，友情师谊，感情至深，有些文章读后令人激动，令人感叹，真是如见其人，如面故人，如见老友，恳切真实，情真意切。

这是师生、亲友的回忆，是反映了柴德赓先生的道德、学问、精神面貌，看到他为人、处事、待人接物，看到他讲求实[illegible]的[illegible]，[illegible]讲课，看到他[illegible]，[illegible]不绝的对话，[illegible]，他的[illegible]，他的生活，也如亲临其境。

看到[illegible]了解[illegible]

[illegible]

[illegible]

丁 1991 1939 52

[illegible]老师的[illegible]

二稿　　1992.2

一

我与柴德赓先生相识在1939年，已是半个多世纪以前。他1956年调离北京，与他来往共27年。在这27年中，听他讲课，作他学生，一起研讨学术，一起探讨工作，一起读书，一起论字，一起听援庵老师讲课，一起给学生讲过一门课程，共同编写《辛亥革命》资料，共同协助援庵老师点校《新、旧五代史》，工作上有困难共同商讨解决办法，学术上有心得共同享受收获后的喜悦。我们亦师亦友，互相切磋，互相帮助。我们不是一般的同事，也不是一般的师生情谊。

1966年他自江苏师范学院暂调北京，我们再一起协助援庵老师点校《新、旧五代史》的时候，文化大革命开始了。记得那天接到江苏师院电报，让他回苏州参加运动，当时我们的点校工作尚未完成，他临离京前拜别援庵老师时，老师嘱咐他，希望他能象过去多年的历次运动一样，积极参加运动，运动结束后马上回京，继续工作，以期早校完成。援师让我送他们到车站，在车站分手时，以为不会很久，他们即能回京，不想竟成永诀。这是万万没想到的事情。

1971年1月24日晚，得柴先生子女长途电话，说柴先生已于前天突然去世，当时我真有些不相信这个事实，

刘乃和《青峰学记》序言二稿。

不相信这是真的。因为刚刚在前几天接到柴师母的信，告诉我她近日来北京。说柴先生的处境已稍有好转。没想到当柴师母还在南京火车上，听到列车上广播找她，说柴先生已逝世，让她急速转回苏州。

援师那年已90岁高龄，因连年不胜"文革"干扰，体力渐衰，……不敢告诉他这个突然的消息，怕他难过，……后来援师……年12月住院，次年6月逝世，……

回想起这些往事，都是令人时常怀念、非常伤心的。……使我时刻遗憾。所幸者，柴先生逝世后，他的几种著作陆续出版。《史籍举要》柴师母曾嘱我整理，但因当时我……改由许大龄师弟领衔整理，……其中有几处许师弟曾和我交换过意见。《史学丛考》《资治通鉴介绍》则是我为之编订；《柴德赓教授纪念册》则是邦衡兄妹等四人和我商谈计议，……诗稿行书译释，繁体字……审核定稿。……

这本《学记》是以1988年柴先生八十诞辰座谈会上发言为基础，又增加报刊杂志对先生学术的评述文章，邦衡兄妹四人约写的稿件共几十篇，……的挚友、同事、同学、学生，……有记事、有论学，……师友遍及各地，时间则涉及先生一生的各个阶段。

第二稿

第 2 页共 页

《青峰学记》目录

——柴德赓教授纪念文集

周谷城题字

雷洁琼题字

柴先生照片及书法

序 刘乃和 1900

目录

柴德赓先生传略 何荣昌 张承宗 9000

民进中央葛志成副主席在纪念会上讲话 1200

苏州大学沈雷洪副校长在纪念会上讲话 1500

尊师重友 真诚待人 启功 2000

讨论会

学识渊博 追求进步 刘乃和 4500

柴德赓先生的治学道路和方法 龚书铎 李秋媛 3300

天荒地老忆青峰 舒芜 8500

深切怀念柴青峰兄 葛信益 2800

春蚕丝不尽 倾吐自缠绵 金家瑞 4000

现代著名历史学家柴德赓 俞履德 14700

怀念青峰兄 商任道 5200

深切怀念柴德赓、陈璧子两位好老师 朱彤 4000

柴德赓与他的老师陈垣 张承宗 4560

第一部分

北京市电车公司印刷厂出品 九〇

(1458) 20×20=400

刘乃和《青峰学记》目录手稿。

節槩見生平業廣三餘衆裏推
君才學識
青峯先生千古
我畫書詩
弟啟功敬挽
切磋真死友心傷永訣夢中索

启功致柴德赓挽联手稿。

柴德赓追悼会挽联

启功

北京师范大学中文系教授

節槩見生平業廣三餘衆裏推君才學識

我輩書詩切磋真死友心傷永訣夢中索

青峯先生千古

弟啓功敬挽

北师大历史系党总支：

刘乃和同志1977年3月借调来我系担任中外史进修班（中外同学合班上课）的古代史教学工作。一年来，刘乃和同志对工作认真负责，精益求精。为了不断提高教学水平，她除了认真备课之外，还能坚持听课，虚心向其他老师学习。在做留学生工作方面，能够认真贯彻执行毛主席的革命外交路线，能够主动地向留学生宣传毛泽东思想和社会主义的优越性，对学习有困难的同学，能加以辅导，认真帮助，同学们反映比较好。同时刘乃和同志比较关心国内外大事，积极参加学校的政治运动，组织观念较强，同本系关系很好，平易近人。最后，希望刘乃和同志回去之后，能继续努力，对党的教育事业做出更大的贡献。

此致

敬礼！

北京大学历史系党总支

78-3.21

1978年3月21日北京大学历史系党总支对刘乃和工作评价。

课程名称	讲授时间	周数	每周时数	备注
中国历史基础知识	1979.3—7	18	2	北京大学历史系，包括考古专业，历史系助教进修教师，中文系，哲学系等。教室越换越大，最后改在北大东门外物理大楼200人教室。
同上	1979.3—7	18	2	北京师大历史系1978级学生，并有中华书局故宫的同志。 （以上两校所讲为1978—1979一学年课。为半新课，要部分重写讲稿，因内容较多超出，但上一学年所讲为54学时讲完，这次改为一学年的课，共72学时）。
同上	1979.8—12月	7次	每次4小时	北京教育学院组织的中学历史教师，每次发票800张。6个专题压缩为7次讲完。这是教研室同意去的。
同上	1979—1980	7次	每次4小时	北京师大第二分校历史系 6个专题压缩为7次讲完。
同上	1980年内	7次	每次4小时	天津市教育局组织中学历史教师，每次发票几百张。共去津二次，6个专题7次讲完。教研室同意的。 （在津期间为南开大学历史系讲目录学一次，为天津师院历史系及在津部分辅仁大学[illegible]

北京市电车公司印刷厂出品 八一·二

				校友讲陈垣刻苦治学的精神两讲。皆临时约请的。
同上	1980.7—11	12周	每周3学时	北京师大历史系夜大学
当代史学家评议	1981年	2次	每次3时	北京师大历史系
陈垣的史学成就	1981年	2次	每次3时	北京师大分校、历史系、中文系
陈垣勤奋的一生	1981年	1次	3时	曲阜师院历史系
历史知识和陈垣史学等	1980、1981	9次	每次3—4时	为武汉华中师院、内蒙集宁师专、杭州师院、宿县师专、徐州师院（皆开会时，临时约请）
又		8次	每次3—4时	北大中文系古典文献专业、北大分校、北京师大中文系、北京师院、北京师院分院等校讲。

刘乃和 1982年5月9日

北京市电车公司印刷厂出品 八一·二

(1458) 20×20=400

《中国历史基础知识》原讲稿。1978年上半年，先给北京师范大学历史系七七届学生试讲。1979年3月，同时在北京大学、北京师范大学历史系正式开讲。

“这个课的内容虽然都是基础的知识性的问题，但因过去没人这样讲过……不过从反映上看，大家听了此课，还有些收获，对学习中国古代史有些帮助。1979年暑假后，北大希望再讲一年，其他学校也来联系……”刘先生说得谦虚了。这门课把陈垣史学方法几乎都讲到了。举例适合学生的水准，有今典，有古典，由浅入深。它不仅仅针对史学专业，文科类学生都需要知道。这是她跟随陈垣学习之精华所在，再加上举例精彩，表述活泼严谨，北大邓广铭，华中师院张舜徽、云南大学方国瑜纷纷邀请开课。中国历史博物馆、教师进修学校等，请求讲座。曹永年教授说：“在当时，已经很少有人能够像她把这么多知识串起来讲了。所以邓广铭先生请她。”

第 页共 页

《中国历史基础知识》授课记录

（此记录用小字写在讲稿天头，磨损严重，字迹漫患不清，故抄录如下。）

79-10-20(六) 上午 8:00-10:15 师大中文研究生(讲前半)

10-27(六) " " " " "(讲后半)

81-5-13(三) 上午 8:00 (定州师专

80-4-2(三) 下午 2:30 北京师( )历史系三个年级

1-17(二) 中文系古

4-24(三) " " "

78-?-14 上午10:00-12:10 北大分校历史系(前半)

11-21(三) " " " " " (后半)

11-27 下午2:00-4:45 北师院分校 历史系

北京市电车公司印刷厂出品 九一·八

(1158) 20×20=400

刘乃和讲授《中国历史基础知识》，写在讲稿第一页天头的授课单位和时间记录抄件。

~~解这类常识~~，甚至可能造成一些错误理解。

这个课的下面一段，就是要简单的介绍有关这类问题的常识和简单的典章制度，帮助大家解决一些查找、阅读历史资料时可能遇到的问题，扫清读史书时的某些障碍。

这个课主要讲六个部分：

一、历法纪年　二、地理沿革　三、姓氏名号

四、科举制度　五、历代官制　六、史部书籍

这几个问题，每个问题都有它自己发展的过程，都可以作为一个专门问题来研究探讨，如中国官制史、科举制度史、历史地理等，内容都很多，很丰富，也很复杂，我们不是对每个问题作专题研究，每一部分只讲一个轮廓、一个概要，只讲每一个问题中简单的、一般的常遇到的常知识性的内容。

讲到学期末，时间还是很紧迫的，也不可能讲很详细的内容。

今天讲第一个题目：历法纪年。~~以后也不一定按以上的次序讲。~~

三[illegible]

第 1 页共 页

日 ~~历法纪年~~ 干支纪日、时、月、年

(一) 干支纪年

历法就是推算岁时节候的方法。纪年就是记年数和计算年份的方法，这一年是什么年，用什么来表示。

我们这里讲历史上纪年、纪月、纪日、纪时的方法。~~古时~~我国历史上一般是用干支纪年、月、日、时。

干支就是天干、地支。

天干十个——甲、乙、丙、丁、戊、己、庚、辛、壬、癸。

地支十二个——子、丑、寅、卯、辰、巳、午、未、申、酉、戌、亥。

古人把十个天干、十二个地支（即十干、十二支）依次排列组合，成为六十个单位，六十是一次循环，即六十次轮一遍（即10和12的最小公倍），癸和亥完了又接甲子，因甲居十干首位，子居十二支首位，所以称为六十甲子。其中干支名称，错综参差，故称“花甲子”。后称年满六十为“花甲”，（年过花甲）“花甲之庆”，就是从这里演变来的。

(1130) 20×20=400

其排列办法即（天干十、十二支作为固定顺序）：

(1) 天干顺序的单数（奇数）配地支顺序的单数，天干顺序的双数（偶数）配地支顺序的双数，（单数对单数，双数对双数）

(1131) 20×20=400

第一页，印了两次。

第 1 页共 页

即历法的历史，即历史上常在何种方法，用过何种纪年

日 干支记日、时、月、年

（一）干支纪年

历法就是推算岁时（节候）的方法。纪年就是记年（数和计算）的方法，这一年是什么年，用什么来表示。

我们这里讲历史上（是历史上的历法纪年，即）纪年、纪月、纪日、纪时的方法。（因）我们历史上一般（的方法并附带讲一下）是用干支纪年、月、日、时。

甲子	乙丑	丙寅	丁卯	戊辰	己巳	庚午	辛未	壬申	癸酉
甲戌	乙亥	丙子	丁丑	戊寅	己卯	庚辰	辛巳	壬午	癸未
甲申	乙酉	丙戌	丁亥	戊子	己丑	庚寅	辛卯	壬辰	癸巳
甲午	乙未	丙申	丁酉	戊戌	己亥	庚子	辛丑	壬寅	癸卯
甲辰	乙巳	丙午	丁未	戊申	己酉	庚戌	辛亥	壬子	癸丑
甲寅	乙卯	丙辰	丁巳	戊午	己未	庚申	辛酉	壬戌	癸亥

1997 丁丑

其排列方法（把十干、十二支依为固定顺序）：

（1）天干顺序的单数（奇数）配地支顺序的单数；天干顺序的双数（偶数）配地支顺序的双数，（单数对单数，双数对双数）

北京市电车公司印刷厂出品 七五·一

(1331) 20×20=400

刘乃和手稿上贴了很多浮条，扫描时，为保存原貌，一页扫若干次，以保证浮条完备。

则成为甲子、乙丑、丙寅等，永远不会有甲丑、乙寅、丙卯等的排列。

（2）推算十年以前的干支，是本年天干和本年地支加2，十年以后的干支，是本年天干配本年地支减2。即天干不变，前十年地支加2，后十年地支减2。

如今年是辛酉（1981），十年前1971年即为〔辛＋（酉＋2）〕即辛亥。十年后1991年为〔辛＋（酉－2）〕，为辛未。

1988戊辰，前十年为戊＋（辰＋2）＝戊午1978，后十年为戊＋（辰－2）＝戊寅1998

1997丁丑，十年前1987为丁＋（丑＋2）＝丁卯

1990庚午
1991辛未
1992壬申
1993癸酉
94甲戌
95乙亥
96丙子
97丁丑
98戊寅

如今年是庚申（1980），十年前1970年为〔庚＋（申＋2）〕，即庚戌；十年后1990年为〔庚＋（申－2）〕，即庚午。2000年＝〔庚＋（午－2）〕，即庚辰。

古人用干支最初是记日，每一个单位代表一天，假如今天是甲子，明天即乙丑，后天为丙寅；昨天是癸亥，前天是壬戌。（算推以前的日子，即自今天起按顺序逆推。这种记日办法，称为干支记日法。

具体到今天1980年7月18日（即农历六月初七）〔9月17日（即农历八月初九日）〕干支是什么，可查《朔闰表》，1980年阳历六月栏内六月丙戌是初一，是阳历7月12日，则六月初七，是7月18日，是壬辰。

（修改：八月乙酉；9月19；八；九）

1997年3月12（农二月初四），二月初一为3月9日，二月初四为3月12日癸丑

历史上自汉高祖元年（即西历前206年）以后，任何一天的干支记日都可以查出。

《朔闰表》
《日历》

第2页，印了五次，是因为此页上面贴满了条子，为了反映修补的内容，故重复扫描。

年地支加2，即：~~本年天干和~~（n+2）；十年以后的干支，是本年天干和本年地支减2，即（n－2）。

天干不变，前十年地支加2，后十年今年地支减2。

如今年是戊午（1978），十年前1968年即〔戊＋（午＋2）〕＝戊申；后十年，即1988年即〔戊＋（午－2）〕＝戊辰。

后20年1998即〔戊＋（辰－2）〕＝戊寅。2000年戊寅各加2即庚辰年。

①（干支）纪日

古人用干支最初是记日，每一个单位代表一天，假如今天是甲子，明天即乙丑，后天为丙寅；昨天是癸亥，前天是壬戌。（~~甲子~~算干支以前的日子，即自今天起按顺序逆推。）这种记日办法，我们叫它干支记日法。

9月17日（即农历八月初九日）

具体到今天1980年9月17日（即农历八月初九日），干支是什么，可查《朔闰表》，1980年八月栏内〔九 乙 9 酉〕，（即农历）八月乙酉初一，是阳历9月9日，则八月初九日，是阳历9月17日。

〔七 庚 14 午〕 初十八日 丁巳

乙酉为初一日，则初九日癸巳。

具体到今天1981年3月29日（即农历二月廿四），干支是什么？可查《朔闰表》1981年（辛酉年）栏内二月〔三 癸 6 未〕，即农历二月癸未为初一，是阳历3月6日，则二月廿四，为3月29日。癸未是二月初一日，廿九日为辛亥。

则成为甲子、乙丑、丙寅等，永远不会有甲丑、乙寅、丙卯等的排列。

(2) 推算十年以前的干支，是本年天干和本年地支加2，十年以后的干支，是本年天干配本年地支减2。即天干不变，前十年地支加2，后十年地支减2。

如今年是辛酉(1981)，十年前1971年即为[辛+(酉+2)]即辛亥。十年后1991年为[辛+(酉-2)]，为辛未。

1988戊辰，前十年为戊+(辰+2)=戊午1978，后十年为戊+(辰-2)=戊寅1998

1997丁丑，十年前1987为丁+(丑+2)=丁卯

1990庚午
1991辛未
1992壬申
1993癸酉
94甲戌
95乙亥
96丙子
97丁丑
98戊寅

如今年是庚申(1980)，十年前1970年为[庚+(申+2)]，即庚戌；十年后1990年为[庚+(申-2)]，即庚午。2000年＝[庚+(午-2)]，即庚辰。

具体到今天1980年4月2日(即农历二月十七日)干支是什么，可以查《二十史朔闰表》，1980年阴二月栏里查三17己丑，即阴历二月初一干支是己丑，则十七日为乙巳。

历史上自汉高祖元年(即西历前206年)以后，任何一天的干支纪日都可以查出。

陈垣《二十史朔闰表》、《中西回史日历》

则成为甲子、乙丑、丙寅等，永远不会有甲丑、乙寅、丙卯等的排列。

（2）推算十年以前的干支，是本年天干和本年地支加2，十年以后的干支，是本年天干配本年地支减2。即天干不变，前十年地支加2，后十年地支减2。

如今年是辛酉(1981)，十年前1971年为[辛+(酉+2)]即辛亥。十年后1991年为[辛+(酉-2)]，为辛未。

1988戊辰，前十年为戊+(辰+2)=戊午1978；后十年为戊+(辰-2)=戊寅1998

1997丁丑，十年前1987为丁+(丑+2)=丁卯

1990庚午
1991辛未
1992壬申
1993癸酉
94甲戌
95乙亥
96丙子
97丁丑
98戊寅

如今年是庚申（1980），十年前1970年为[庚+(申+2)]，即庚戌；十年后1990年为[庚+(申-2)]，即庚午。2000年=[庚+(午-2)]，即庚辰。

具体到今天1978年10月27日（即农历九月廿六日），干支是什么，可以查出（1978农历九月栏里有丁酉）九月初一是丁酉，（是公元(阳历)10月2日）。则九月廿六日是壬戌（因初一是丁酉，十一是丁未，廿一日是丁巳，廿六日是壬戌）。

具体到今天1978年10月31日（即农历九月廿日），干支是什么，可以查出（1978年农历九月栏里有丁酉），九月初一日是丁酉，（是阳历10月2日）。则九月廿日是丙寅（因初一是丁酉，十一是丁未，廿一日是丁巳，廿日是丙寅）。

历史上自汉高祖元年（即西历前206年）以后，任何一天的干支纪日都可以查出。

见陈垣《二十史朔闰表》，

今天是11月14日，阴历九月廿五日，九月初一日是辛酉，则可推知九月廿五日为乙酉，昨天为甲申，前天癸未，明天丙戌，后天丁亥。

则成为甲子、乙丑、丙寅等，永远不会有甲丑、乙寅、丙卯等的排列。

(2) 推算十年以前的干支，是本年天干和本年地支加2，十年以后的干支，是本年天干配本年地支减2。即天干不变，前十年地支加2，后十年地支减2。

如今年是辛酉(1981)，十年前1971年即为[辛+(酉+2)]即辛亥。十年后1991年为[辛+(酉-2)]，为辛未。

1988戊辰，前十年为戊+(辰+2)=戊午1978，后十年为戊+(辰-2)=戊寅1998

1997丁丑，十年前1987为丁+(丑+2)=丁卯

1990庚午
1991辛未
1992壬申
1993癸酉
94甲戌
95乙亥
96丙子
97丁丑
98戊寅

如今年是庚申(1980)，十年前1970年为[庚+(申+2)]，即庚戌；十年后1990年为[庚+(申-2)]，即庚午。2000年=[庚+(午-2)]，即庚辰。

干支记日很古就有，在甲骨文上，大的商朝即已有(现尚有全六十甲子全文)。钟鼎文更是常见，如西周孝王时曶鼎："唯王元年六月既望乙亥"，这里的乙亥就是记日（即谓元年六月十六日为乙亥）；周初矢鼎："唯四月辰在丁未"，"唯王十又二月，辰在甲申"。即四月丁未日，十二月甲申日。

每月十五为望，十六为既望。苏轼《前赤壁赋》"壬戌之秋，七月既望，苏子与客泛舟游于赤壁之下"。

曶鼎铭(音忽)即记载以奴隶价格的那个鼎，"我既卖汝五夫效父，用匹马束丝"。即五名奴隶只换得一匹马和一束丝。

今天起开始讲这个课的下一阶段，内容主要是讲中国历史上的一般的简单的常识性问题。

大家都知道，中国历史悠久，有文字记载的就有几千年。中国是一个历史很长、幅员广阔、优秀遗产很多的国家。

中国历史学也有长时期的发展历史，有它优良的传统。并保存极为丰富的典籍和资料，书籍很多，汗牛充栋。

毛主席一再教导我们要"学习我们的历史遗产，用马克思主义的方法给以批判的总结"。这样我们就要读历史书籍。

在读中国历史书时，除去文字是用古代汉语，用文言文写的，读起来有困难，我们必须掌握古代汉语这一工具以外，还有一些知识性的问题，如典章制度，如天文历法，如关于历史上纪年办法，历代地理的沿革变化、历史人物的称呼、科举考试制度、职官制度，和浩如烟海的历史书籍的概况等等，这些问题，历朝历代都有其不同，都有其特点和变化，情况复杂，头绪纷繁，即各种问题都有其发展历史。

20×20=400　　第 1 页

这两页内容，是前面手稿第一页的抄定本。贴了浮条的一页，大概需抄2—3页。

如典章制度、纪年、地理各朝都不一样。官制司马，秦汉是三公，《琵琶行》"江州司马青衫湿"，（两个"司马"的职务显然不一样。）

有时我们翻看历史资料时，由于不了解这类问题，往往会遇到不少困难，或者由于不了

20×20＝400　第 2 页

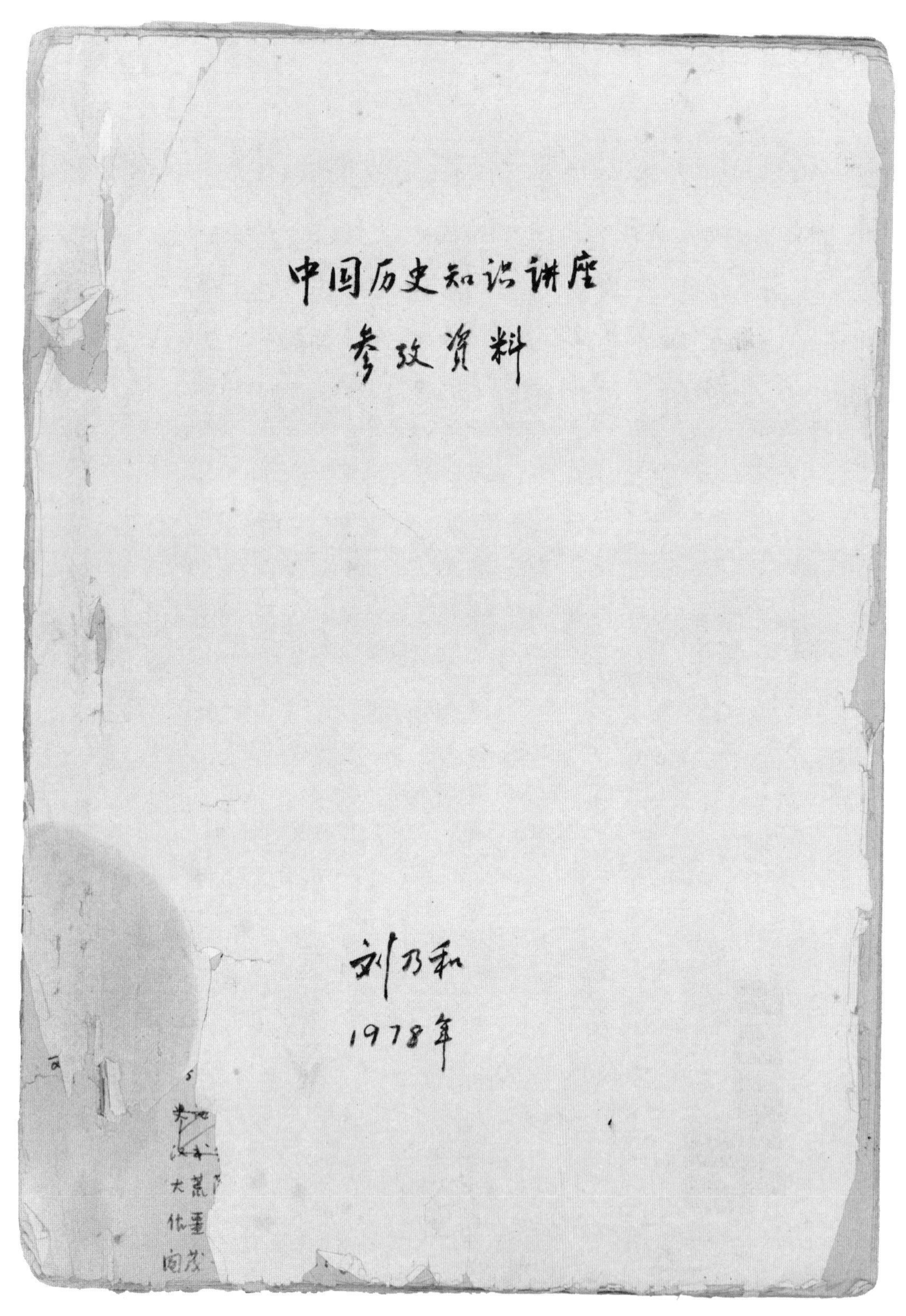

1978年，刘乃和《中国历史知识》讲座教辅材料。

中国历史知识讲座参考资料

六十甲子表：

甲子	乙丑	丙寅	丁卯	戊辰	己巳	庚午	辛未	壬申	癸酉
甲戌	乙亥	丙子	丁丑	戊寅	己卯	庚辰	辛巳	壬午	癸未
甲申	乙酉	丙戌	丁亥	戊子	己丑	庚寅	辛卯	壬辰	癸巳
甲午	乙未	丙申	丁酉	戊戌	己亥	庚子	辛丑	壬寅	癸卯
甲辰	乙巳	丙午	丁未	戊申	己酉	庚戌	辛亥	壬子	癸丑
甲寅	乙卯	丙辰	丁巳	戊午	己未	庚申	辛酉	壬戌	癸亥

岁阳、岁名与十干、十二支对照表：

岁阳	阏逢	旃蒙	柔光	強圉	著雍	屠维	上章	重光	玄黓	昭阳
十干	甲	乙	丙	丁	戊	己	庚	辛	壬	癸

岁名	摄提格	单阏	执徐	大荒落	敦牂	协洽	涒滩	作噩	阉茂	大渊献	困敦	赤奋若
十二支	寅	卯	辰	巳	午	未	申	酉	戌	亥	子	丑

此表是根据尔雅。史记（天官书、历书）、汉书（天文志）、淮南子天文训略有不同。如：

~~史记天官书——大荒落作“大荒骆”，协洽作“叶洽”。~~

~~汉书天文志——作噩作“作詻”。~~

大荒落——史记作大荒骆　　协洽——史记作叶洽

作噩——汉书作“作詻”，淮南子、史记作“作鄂”

阉茂——史记（历书）作淹茂，史记天官书作阉茂，汉书作掩茂

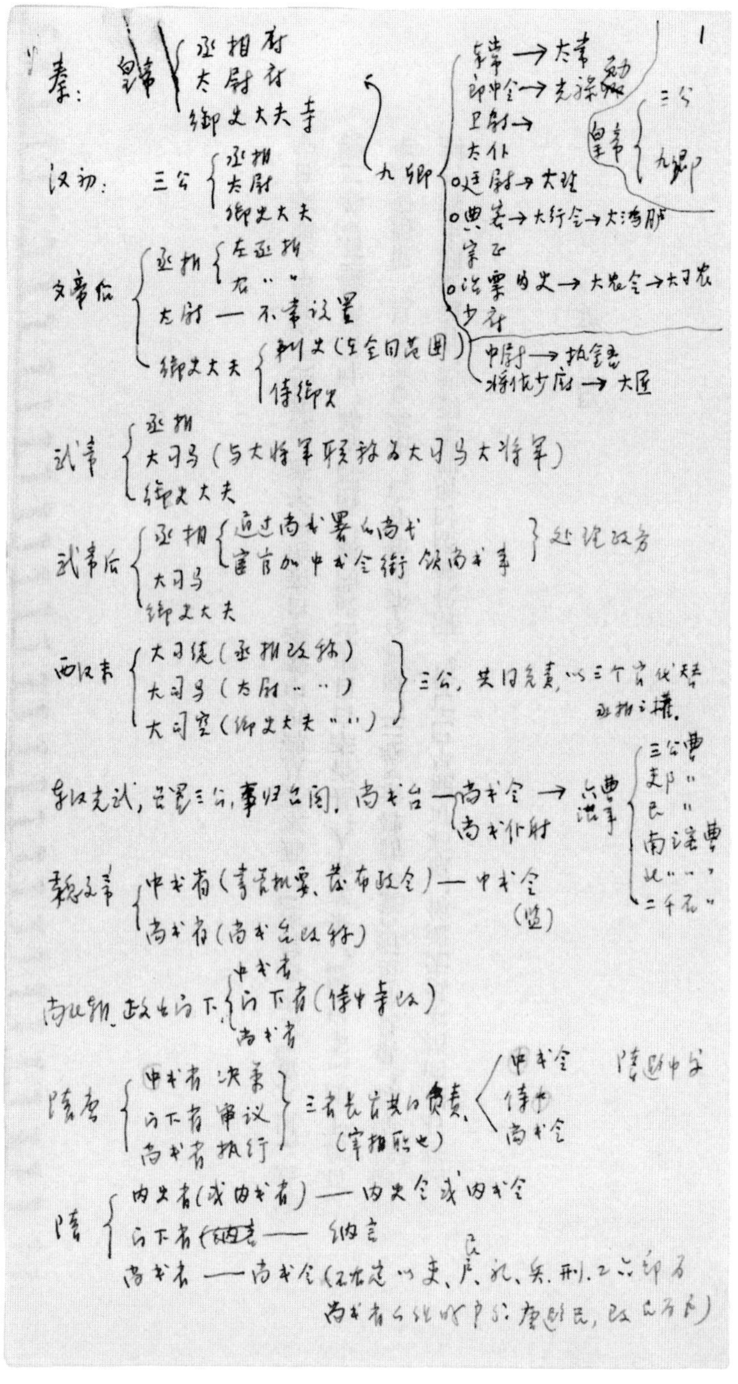

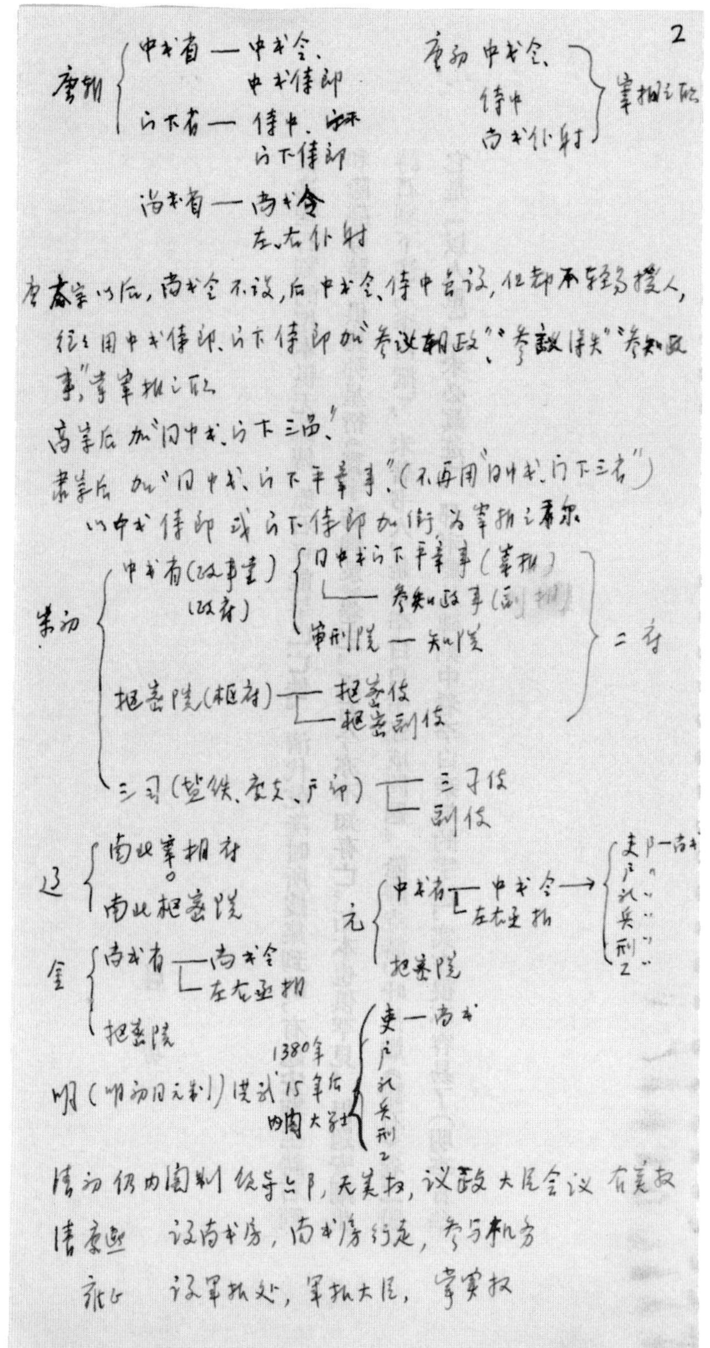

刘乃和的教辅材料，是她个人的总结，颇有特色，一目了然。结合讲解，是其教学魅力所在。讲稿和教辅材料未曾出版。

元

都

省（丞相）

道 宣慰使 掌军政、民政
廉访使 掌稽查、司法

州（知州）

府（府尹）

县（县尹）

明 行政 监察区

巡按某处监察御史（简称巡按）

省 布政使
按察使、司法
都指挥使

道 守道、理各种钱谷
巡道……刑名、司法

府（知府）

直隶州（知州）

县（知县）

散州 州（知州）

清

省（督、抚）

道（道台，即分巡道、分守道）

府（知府）

县（知县）

州（知州）

二十四史卷数、作者表

书名	卷数	作者		点校本册数	按点校本册数多少排列次序	按卷数多少排列次序
史记	130	西汉	司马迁	10	7	8
汉书	100	东汉	班固	12	6	12
后汉书	120	南朝宋	范晔	12	6	9
三国志	65	晋	陈寿	5	10	16
晋书	130	唐	房玄龄等	10	7	8
宋书	100	梁	沈约	8	8	12
南齐书	59	梁	萧子显	3	11	17
梁书	56	唐	姚思廉	3	11	18
陈书	36	唐	姚思廉	2	12	20
魏书	114	北齐	魏收	8	8	11
北齐书	50	唐	李百药	2	12	19
周书	50	唐	令狐德棻等	3	11	19
隋书	85	唐	魏徵等	6	9	13
南史	80	唐	李延寿	6	9	14
北史	100	唐	李延寿	10	7	12
旧唐书	200	后晋	刘昫等	16	4	5
新唐书	225	宋	欧阳修等	20	3	3
旧五代史	150	宋	薛居正等	6	9	6
新五代史	74	宋	欧阳修	3	11	15
宋史	496	元	脱脱等	40	1	1
辽史	116	元	脱脱等	5	10	~~12~~ 10
金史	135	元	脱脱等	8	8	7
元史	210	明	宋濂等	15	5	4
明史	332	清	张廷玉等	28	2	2
	~~3229~~ 3213			241		

后边三栏，人们不曾注意。

史记 司马迁 (前145—前86)
汉书 班固 (32—92)
后汉书 范晔 (398—445)
三国志 陈寿 (233—297)
晋书 房玄龄等 (578—648)
宋书 沈约 (441—513)
南齐书 肖子显 (489—537)
梁书 姚思廉 (557—637)
陈书 姚思廉
魏书 魏收 (506—572)
北齐书 李百药 (565—648)
周书 令狐德棻等 (583—666)
隋书 魏徵等 (580—643)
南史 李延寿
北史 李延寿
旧唐书 刘昫等 (887—946)
新唐书 欧阳修等 (1007—1072)
旧五代史 薛居正等 (912—981)
新五代史 欧阳修

宋史 脱脱等 (1314-1355)
辽史 脱脱等
金史 脱脱等
元史 宋濂等 (1310—1381)
明史 张廷玉等 (1672—1755)

西汉
东汉
三国
晋
宋
齐
梁
陈
北魏
北齐
北周
隋
唐
后梁
后唐
后晋
后汉
后周
宋
辽
金
元
明
清

二十四史与成书朝代。

各朝修撰二十四史情况表

朝代	部数	修撰何史
西汉	1	史记
东汉	1	汉书
晋	1	三国志
刘宋	1	后汉书
梁	2	宋书、南齐书
北齐	1	魏书
唐	8	晋书、梁书、陈书、北齐书、周书、隋书、南史、北史
后晋	1	旧唐书
宋	3	新唐书、旧五代史、新五代史
元	3	宋史、辽史、金史
明	1	元史
清	1	明史

修撰者署名共19人：

司马迁 班固 范晔 陈寿 房玄龄
沈约 萧子显 姚思廉 魏收 李百药
令狐德棻 魏徵 李延寿 刘昫 欧阳修
薛居正 脱脱 宋濂 张廷玉

其中撰二部者三人：

姚思廉 李延寿 欧阳脩

撰三部者一人：

脱脱

二十四史成书前后情况表（按成书时代排列）

书名	成书时代
史记	约汉武帝征和二年（前91年）完成
汉书	后汉和帝永元四年（公元92年）完成　是年班固死于狱
三国志	约晋惠帝元康七年（297）完成　是年陈寿死　三国志记载到晋武帝太康元年（280）
后汉书	约宋文帝元嘉九年（432）开始修
宋书	南齐武帝永明五年（487）开始，约齐明帝建武元年（494）以后完成
南齐书	约在《宋书》成书稍后完成
魏书	北齐文宣帝天保五年（554）11月完成
梁书	隋文帝开皇九年（589）开始，唐太宗贞观十年（636）完成
陈书	唐太宗贞观十年（636）完成
北齐书	唐太宗贞观三年（629）开始　贞观十年（636）完成
周书	唐太宗贞观三年（629）开始　贞观十年（636）完成
隋书	唐太宗贞观三年（629）开始　贞观十年（636）完成
晋书	唐太宗贞观二十年（646）开始　贞观二十二年（648）完成
南史	唐高宗显庆四年（659）完成
北史	唐高宗显庆四年（659）完成
旧唐书	后晋高祖天福六年（941）开始　后晋出帝开运二年（945）完成
旧五代史	宋太祖开宝六年（973）开始　开宝七年（974）完成
新唐书	宋仁宗庆历四年（1044）开始　宋仁宗嘉祐五年（1060）完成
新五代史	宋仁宗景祐三年（1036）开始　宋仁宗皇祐五年（1053）完成
辽史	元顺帝至正四年（1344）3月完成
金史	元顺帝至正四年（1344）11月完成
宋史	元顺帝至正五年（1345）完成
元史	明太祖洪武二年（1369）开始　洪武三年（1370）完成
明史	清康熙十八年（1679）开始　雍正十三年（1735）定稿　乾隆四年（1739）刊行

4

1)

按卷数多少排列次序表																								
次第	1	2	3	4	5	6	7	8		9	10	11	12			13	14	15	16	17	18	19		20
书名	宋史	明史	新唐书	元史	旧唐书	旧五代史	金史	史记	晋书	后汉书	辽史	魏书	汉书	宋书	北史	隋书	南史	新五代史	三国志	南齐书	梁书	北齐书	周书	陈书
卷数	496	332	225	210	200	150	135	130	130	120	116	114	100	100	100	85	80	74	65	59	56	50	50	36

2)

按点校本册数多少排列次序表																								
次第	1	2	3	4	5	6		7			8			9			10		11				12	
书名	宋史	明史	新唐书	旧唐书	元史	汉书	後汉书	史记	晋书	北史	宋书	魏书	金史	隋书	南史	旧五代史	三国志	辽史	南齐书	梁书	周书	新五代史	陈书	北齐书
册数	40	28	20	16	15	12	12	10	10	10	8	8	8	6	6	6	5	5	3	3	3	3	2	2

(1) 二十四史卷数多少次第表

(2) 二十四史点校本册数多少次第表

二十四史卷数排列表

1	宋史	496卷
2	明史	332
3	新唐书	225
4	元史	210
5	旧唐书	200
6	旧五代史	150
7	金史	135
8	史记 晋书	130
9	后汉书	120
10	辽史	116
11	魏书	114
12	汉书 宋书 北史	100
13	隋书	85
14	南史	80
15	新五代史	74
16	三国志	65
17	南齐书	59
18	梁书	56
19	北齐书 周书	50
20	陈书	36

二十四史点校本册数排列表

1	宋史	40册
2	明史	28
3	新唐书	20
4	旧唐书	16
5	元史	15
6	汉书 后汉书	12
7	史记 晋书 北史	10
8	宋书 魏书 金史	8
9	隋书 南史 旧五代史	6
10	三国志 辽史	5
11	南齐书 梁书 周书 新五代史	3
12	陈书 北齐书	2

查我例上

第 页共 页

绪论

(1458) 20×20=400

北京市电车公司印刷厂出品 八〇·八

《中国史学名著评论》目录。

北京市电车公司印刷厂出品 八〇·八

(1458) 20×20=400

第 1 页共 页

《中国史学名著评论》绪论

这个课的名称是"中国史学名著评论"，是个新课，是"文革"后第一次开。解放前后，用这个课名开课，在我们师大也是第一次开。

一、关于这个课名的发展情况：

解放前，陈垣校长在二十年代时，为北京的各大学，设置了两门新课，名"史学名著选读"和"史学名著评论"。这两个课的设置是根据当时大学历史系学生情况和大学生的程度而设置的。因为二十年代以前，即二十世纪初期，青年学中文课都是用古文，作文也用文言，所以对古书史籍的古文，在幼年时就已解决。（1911年辛亥革命。）"选读"即选读历史有名著作的文章，主要解决学生的古文字关，为的是使同学掌握古汉语，可以自己阅读古史书。"评论"是介绍历代著名的、重要的史书，为的是使同学了解历史上史学著作的情况，便于同学自己查找资料。这时是一年级和二年级的必修课程。不用在大学课堂上再讲古文，讲文言。再往前1898年京师大学堂开始建校，那时课程设置为

北京市电车公司印刷厂出品 八〇·八

(1458) 20×20=400

《中国史学名著评论》课讲稿。

无定制，课程设置定下后，也是大半学习西方学校。两年后就是二十世纪的（一九一x），二十年代，陈垣教授在北京各大学设置了此课，他自己在北大、师大、燕大、辅大都教过。我们师大是旧师大和辅大的合併，所以我校早就有此课的传统。他讲此课，是隔年开，一直讲到解放前，即四十年代。 192?

解放后，咱们师大最初只有"中国历史文选"课，1953年高等师范会议后，1954年4月，教育部制订"师范学院暂行教学计划"，改为"中国历史要籍介绍及选读"（讲两年）。有的学校就是将此课分用两年教完，办法是讲一种"历史要籍"后，在此书中选几篇文章讲，这样就将两个内容混在一起；也有的学校，一年级讲"选读"，二年级讲"介绍"，也讲两年，而是分着讲。按学分着讲，似乎效果较好些。

这两个课，实际就是陈教授早年开创的"史学名著选读"和"史学名著评论"。

师大1954年柴德赓先生讲过一年，1955年赵光贤先生讲过年。以后这个课继续开。

北京市电车公司印刷厂出品 八〇·八

(一)《史记》130卷 西汉司马迁撰

1. 书名和作者

《汉书·艺文志》(卷30)著录有"太史公百三十篇"(当时用竹简,故称篇)

《史记》名是后来起的,最初名《太史公》。据钱大昕说《史记》名称是到魏晋时才有。

最初名《太史公》,是因司马迁曾继其父职,作太史令,他自称为太史公,因以名书,后书又被称为《太史公书》,又曾称《太史公记》,后称《史记》。

司马迁,字子长,夏阳(今陕西韩城南)人。是西汉的史学家、文学家、思想家。

他父亲司马谈(?—前110),也是西汉史学家、思想家。官至太史令。他的《论六家之要指》,(推崇汉初黄老之学)评论当时流行的阴阳、儒、墨、名、法、道等先秦各派学说,提出各家优缺点,并提出自己的看法,认为道家最能综合各派所长。(见《史记·太史公自序》卷130)。他想根据很多文献,撰写史籍,未完,死后由其子司马迁继续写,就是《史记》。司马谈对其子迁影响很大。

司马迁的事迹详《史记·太史公自序》。(约前145或前135—?)

2130
1985
145

《汉书》62有传。

司马迁生卒年有二说：

①唐张守节《史记正义》认为他生汉景帝中5年（前145）。王国维《观堂集林·太史公行年考》同意此说。

今年我们纪念他，是同意此说

②唐司马贞《史记索隐》认为他生于汉武帝建元六年（前135）。郭沫若《太史公行年考有问题》（《历史研究》1955年第6期）赞成此说。

他早年曾游览南北各地，考察风俗，采集资料。后来继其父职作太史令。太史令是掌管天文历法，保管图书的史官，所以他可以读到很多外面看不到的图书档案，是他撰写《史记》的方便条件。后来因为替李陵投降匈奴辩解，武帝将他下狱，受宫刑。

李陵是李广名将的孙子（李广《史记》109，《汉书》54有传）。武帝天汉二年（前99），李广利伐匈奴，汉武帝命李陵率五千步卒出战，战败，投降。司马迁曾为之辩解，因得罪。

但他被治罪的根本原因并不单单因为李陵的事，还有其他（内部的）原因，而这个原因又不好直

北京市电车公司印刷厂出品 八〇·八

说出来。

《史记·太史公自序》刘宋裴骃集解：“卫宏《汉书旧仪注》曰：司马迁作《景帝本纪》，极言其短及武帝过，武帝怒而削去之。后坐举李陵，陵降匈奴，故下迁蚕室。”

《三国志·王肃传》(《魏志》十三《王朗传》附传)：(魏明)帝问：“司马迁以受刑之故，内怀隐切，著《史记》非贬孝武，令人切齿。”(肃)对曰：“司马迁记事，不虚美，不隐恶。刘向、扬雄服其善叙事，有良史之才，谓之实录。汉武帝闻其述《史记》，取孝景及己本纪览之，于是大怒，削而投之。于今此两纪有录(有目录)无书。后遭李陵事，遂下迁蚕室。此为隐切在孝武帝，而不在于史迁也。”

从这两书的记载，可以看出，李陵事不过是武帝找的一个借口，主要还是因《史记》里记载了景帝和武帝的过错。司马迁写史“不虚美，不隐恶”，所记载的都是实录。他揭发了武帝父子的阴私，武帝怎能不忌恨，所以找个机会给他治了罪。

1982年

担任现职务以来从事过的主要业务工作：

一、教课

1979年上半年　北大历史系、师大历史系（78级）讲"中国历史基础知识"（都是1978年下半年课的继续）

1979年—1981　北京教育学院培训中学教师、天津教育局培训中学教师、师大历史系夜大学讲"中国历史基础知识"

为北大中文系、北大分校、师大分校、北京师院、曲阜、华大、南宁、杭州、徐州、嘉兴等师院师生讲基础知识（史料）及陈垣同志治学等专题。

1981年下半年　北京师大历史系讲"中国史学名著评议"

二、发表文章

1. 我国清代女科学家——王贞仪　中

中国妇女　1979年第1期。中国妇女英文版及新华半月刊转载

2. 中国的第一个女史学家——班昭

中国妇女英文版　1980年第4期

3. 陈垣同志已刊论著目录系年

史学史资料　1979年第5期　《纪念陈垣校长诞生一百周年纪念文集》、《励耘书屋问学记》转载　香港大东图书公司印行（80年10月出版）

4. 陈垣同志编著的年代历法工具书

北京图书馆《文献》丛刊　1979年第二辑（

第　页共　页

5. 纪念陈垣校长诞辰一百周年

用"纪念陈垣校长百年诞辰筹委会"署名。载《陈垣校长诞生百年纪念文集》1980年11月

6. "书屋而今号励耘"——学习陈援庵老师的刻苦治学精神

《陈垣校长诞生百年纪念文集》1980年11月　北京师大学报转载　1980年第6期（用副标题）

7. 柴德赓《我的老师陈垣先生》跋

北京图书馆《文献》丛刊　1980年第2辑

8. 试论陈垣同志的史学研究

北京图书馆《文献》丛刊　1980年第3辑　陈垣《史学论文集》转载

9. 学而不厌，诲人不倦——向陈垣老师学习

历史教学　1981年第3期

10. "励耘书屋"和陈垣治学

北京日报　1981年3月6日

11. 陈垣和孙中山宋庆龄1912年合影照片——纪念辛亥革命七十周年

文史通讯　1981年第4期　全国政协文史办公室《文史通讯》编辑部编

12. 关于古籍整理的笔谈——我的一些想法

北京图书馆《文献》1982年总第10期

13. 考史必备的工具书《二十史朔闰表》

文史知识　1982年第2期

14. 辅仁校史（写开头至抗战胜利。统稿、修改全稿，[illegible]）

北京市电车公司印刷厂出品　八一·二
（1458）20×20＝400

第　　页共　　页

三、其他编辑主编或参加编辑（校）工作

1. ~~编辑联系、约请、校集~~

编辑《陈垣校长诞生百年纪念文集》（包括约稿、送稿、审稿、校对、编排等工作），北京师大印刷，395352字，其中我校对118500字。

2. 参加编辑《陈垣史学论文集》第一集 ~~（后因故转校后决定退出编辑）~~ 中华书局1980年6月出版　319000字　394352字，校对118500

3. 参加编辑《史学论文集》纪念陈垣诞辰百周年，北京师大出版社出版，1981年9月

4. 编辑、编排、校对《励耘书屋问学记》（三联书店印出，已经二校）。十三万八千字

5. 主编、看过清样 柴德赓《史学丛考》，并写"序言"（中华印出版，已经二校、看过清样）。35万

6. 主编柴德赓《通鉴及其他》，并写"序言"（中央党校出版社，即求真出版社即出版（已经二校、看过清样）。十万字

7. 主编《册府元龟论集》，并写"序言"，16000字　154460字，印交河南人民出版社。为中国历史文献研究会编。

四、审稿

为中华书局审查胡道静《册府元龟版本及校勘》　126000字

为北京出版社审查许涤云《读史入门》　360000

为北京师大中文系古典文献专业研究生审查《官制》论稿　20000字

北京市电车公司印刷厂出品　八一·二

（1458）20×20＝400

第　　页共　　页

为北京图书馆《文献》丛刊审查孙钦善《古文献学概述》 25000字
共538000字

五、其他

指导77级毕业生[illegible]《从新五代史论看欧阳修的政治主张》

参加研究生答辩二人。

筹备纪念陈垣校长百周年之际，包括图片展览、著作展览、开纪念会、编辑文集等工作。（未能印刷）

辅仁大学校史（撰：写开头至抗日胜利。统稿，修改全稿，自开头至院系调整）

北京市电车公司印刷厂出品　八一·二

(1458) 20×20=400

抽

1970年开始在陈垣教授处，

任陈垣教授的学生和助手三十余年。解放后他所发表的文章，多经我执笔，共几百篇，其中学术性文章30余篇，并协助审稿、代阅外来书稿、核实史书。

文章如《影印明本册府元龟序》《北京双塔寺海云碑》等《给胡适之一封公开信》，分别刊载在文物、文史、历史研究、光明日报、人民日报等报刊。整理、点校或协助修改陈垣专著十种，如《史讳举例》《通鉴胡注表微》等（陈垣都在后记中提到）。

参加点校廿四史中《新、旧五代史》。

1979年以来发表文章20余篇。1979年担任陈研所主——

工作成就：

三十年来，也很难说有何成就。过去按照党的需要，调到陈垣老身边，他的工作从政治到生活，从学术到写稿，全面担负下来，甘当助手、人梯，不争名利。解放后，陈老积极跟党走，努力改造思想，在老知识分子中影响较大，1959年他以79岁高龄入党，在他身上体现了党的知识分子政策的正确。他的进步，应该说我也尽了一份力量。前述三集仍本着过去任劳任怨的精神去做。

我自1939年入辅仁读书，直接与陈老一起学习、工作了三十年，一方面做了他的工作，一方面也学到了些他的学业，因此在继承学术传统上，也多少做了些工作，有了些成绩。过去协助整理他的著作书稿，帮他写了解放后的全部文章。（几百篇）

自1947年开始在大学教课，中间停了一段，1977年又走上教学岗位，借调到北京大学的教课程，受到同学欢迎，过去的教的学生，在上海、山东、西安、徐州、内蒙、宁夏等地教课，反应很好。各大学都请讲学（专题讲座）。

解放前只发表过两篇文章，解放后写了几十篇文章，对史料学、历史文献学、陈垣史学等方面，有所阐述。

四年中开了两个新课。

日	一	二	三	四	五	六
	1 初三	2 初四	3 初五	4 初六	5 初七	6 小寒
7 初九	8 初十	9 十一	10 十二	11 十三	12 十四	13 十五
14 十六	15 十七	16 十八	17 十九	18 二十	19 廿一	20 廿二
21 大寒	22 廿四	23 廿五	24 廿六	25 廿七	26 廿八	27 廿九
28 正月	29 初二	30 初三	31 初四			

日	一	二	三	四	五	六
				1 初五	2 初六	3 初七
4 立春	5 初九	6 初十	7 十一	8 十二	9 十三	10 十四
11 十五	12 十六	13 十七	14 十八	15 十九	16 二十	17 廿一
18 廿二	19 雨水	20 廿四	21 廿五	22 廿六	23 廿七	24 廿八
25 廿九	26 三十	27 二月	28 初二			

日	一	二	三	四	五	六
				1 初三	2 初四	3 初五
4 初六	5 初七	6 惊蛰	7 初九	8 初十	9 十一	10 十二
11 十三	12 十四	13 十五	14 十六	15 十七	16 十八	17 十九
18 二十	19 廿一	20 廿二	21 春分	22 廿四	23 廿五	24 廿六
25 廿七	26 廿八	27 廿九	28 三月	29 初二	30 初三	31 初四

日	一	二	三	四	五	六
1 初五	2 初六	3 初七	4 初八	5 清明	6 初十	7 十一
8 十二	9 十三	10 十四	11 十五	12 十六	13 十七	14 十八
15 十九	16 二十	17 廿一	18 廿二	19 廿三	20 廿四	21 谷雨
22 廿六	23 廿七	24 廿八	25 廿九	26 四月	27 初二	28 初三
29 初四	30 初五					

日	一	二	三	四	五	六
		1 初六	2 初七	3 初八	4 初九	5 初十
6 立夏	7 十二	8 十三	9 十四	10 十五	11 十六	12 十七
13 十八	14 十九	15 二十	16 廿一	17 廿二	18 廿三	19 廿四
20 廿五	21 小满	22 廿七	23 廿八	24 廿九	25 三十	26 五月
27 初二	28 初三	29 初四	30 初五	31 初六		

日	一	二	三	四	五	六
					1 初七	2 初八
3 初九	4 初十	5 十一	6 芒种	7 十三	8 十四	9 十五
10 十六	11 十七	12 十八	13 十九	14 二十	15 廿一	16 廿二
17 廿三	18 廿四	19 廿五	20 廿六	21 廿七	22 夏至	23 廿九
24 六月	25 初二	26 初三	27 初四	28 初五	29 初六	30 初七

日	一	二	三	四	五	六
1 初八	2 初九	3 初十	4 十一	5 十二	6 十三	7 十四
8 小暑	9 十六	10 十七	11 十八	12 十九	13 二十	14 廿一
15 廿二	16 廿三	17 廿四	18 廿五	19 廿六	20 廿七	21 廿八
22 廿九	23 大暑	24 闰六月	25 初二	26 初三	27 初四	28 初五
29 初六	30 初七	31 初八				

日	一	二	三	四	五	六
			1 初九	2 初十	3 十一	4 十二
5 十三	6 十四	7 十五	8 立秋	9 十七	10 十八	11 十九
12 二十	13 廿一	14 廿二	15 廿三	16 廿四	17 廿五	18 廿六
19 廿七	20 廿八	21 廿九	22 三十	23 七月	24 处暑	25 初三
26 初四	27 初五	28 初六	29 初七	30 初八	31 初九	

日	一	二	三	四	五	六
						1 初十
2 十一	3 十二	4 十三	5 十四	6 十五	7 十六	8 白露
9 十八	10 十九	11 二十	12 廿一	13 廿二	14 廿三	15 廿四
16 廿五	17 廿六	18 廿七	19 廿八	20 廿九	21 八月	22 初二
23 秋分	24 初四	25 初五	26 初六	27 初七	28 初八	29 初九
30 初十						

日	一	二	三	四	五	六
	1 十一	2 十二	3 十三	4 十四	5 十五	6 十六
7 十七	8 十八	9 寒露	10 二十	11 廿一	12 廿二	13 廿三
14 廿四	15 廿五	16 廿六	17 廿七	18 廿八	19 廿九	20 三十
21 九月	22 初二	23 初三	24 霜降	25 初五	26 初六	27 初七
28 初八	29 初九	30 初十	31 十一			

日	一	二	三	四	五	六
				1 十二	2 十三	3 十四
4 十五	5 十六	6 十七	7 十八	8 立冬	9 二十	10 廿一
11 廿二	12 廿三	13 廿四	14 廿五	15 廿六	16 廿七	17 廿八
18 廿九	19 三十	20 十月	21 初二	22 初三	23 小雪	24 初五
25 初六	26 初七	27 初八	28 初九	29 初十	30 十一	

日	一	二	三	四	五	六
						1 十二
2 十三	3 十四	4 十五	5 十六	6 十七	7 十八	8 大雪
9 二十	10 廿一	11 廿二	12 廿三	13 廿四	14 廿五	15 廿六
16 廿七	17 廿八	18 廿九	19 十一月	20 初二	21 初三	22 冬至
23 初五	24 初六	25 初七	26 初八	27 初九	28 初十	29 十一
30 十二	31 十三					

教学年历。

北京师范大学1978—1979学年上学期校历

1978年8月28日 开学上课
1978年10月20日下午—21日 秋季运动会
1978年1月8日—1月13日 机动一周
1979年1月15日—1月20日 学期考试一周
1979年1月22日(一)—2月3日(六) 寒假二周
共13天

月份	9月				10月					11月				12月					79年1月			2月	
周次	1	2	3	4	5	6	7	8	9	10	11	12	13	14	15	16	17	18	19	20	21	22	23
星期一	28	4	11	18	25	2	9	16	23	30	6	13	20	27	4	11	18	25	1	8	15	22	29
二	29	5	12	19	26	3	10	17	24	31	7	14	21	28	5	12	19	26	2	9	16	23	30
三	30	6	13	20	27	4	11	18	25	1	8	15	22	29	6	13	20	27	3	10	17	24	31
四	31	7	14	21	28	5	12	19	26	2	9	16	23	30	7	14	21	28	4	11	18	25	1
五	1	8	15	22	29	6	13	20	27	3	10	17	24	1	8	15	22	29	5	12	19	26	2
六	2	9	16	23	30	7	14	21	28	4	11	18	25	2	9	16	23	30	6	13	20	27	3
日	3	10	17	24	1	8	15	22	29	5	12	19	26	3	10	17	24	31	7	14	21	28	4

寒假二周，暑假五周

1978—1979学年下学期校历

月份	2月			3月				4月					5月				6月				7月					8月			
周次																													
星期一	5	12	19	26	5	12	19	26	2	9	16	23	30	7	14	21	28	4	11	18	25	2	9	16	23	30	6	13	20
二	6	13	20	27	6	13	20	27	3	10	17	24	1	8	15	22	29	5	12	19	26	3	10	17	24	31	7	14	21
三	7	14	21	28	7	14	21	28	4	11	18	25	2	9	16	23	30	6	13	20	27	4	11	18	25	1	8	15	22
四	8	15	22	1	8	15	22	29	5	12	19	26	3	10	17	24	31	7	14	21	28	5	12	19	26	2	9	16	23
五	9	16	23	2	9	16	23	30	6	13	20	27	4	11	18	25	1	8	15	22	29	6	13	20	27	3	10	17	24
六	10	17	24	3	10	17	24	31	7	14	21	28	5	12	19	26	2	9	16	23	30	7	14	21	28	4	11	18	25
日	11	18	25	4	11	18	25	1	8	15	22	29	6	13	20	27	3	10	17	24	1	8	15	22	29	5	12	19	26

北京大学1978—1979学年第一学期校历表

周数＼月日＼星期	日	一	二	三	四	五	六	备注
一	8/20	21	22	23	24	25	26	8月20日报到，8月23日至9月13日76届学军三周。8月21日开学至79年1月20日学期结束共二十二周。
二	27	28	29	30	31	9/1	2	
三	3	4	5	6	7	8	9	
四	10	11	12	13	14	15	16	
五	17	18	19	20	21	22	23	
六	24	25	26	27	28	29	30	
七	10/1	2	3	4	5	6	7	国庆节放假二天
八	8	9	10	11	12	13	14	
九	15	16	17	18	19	20	21	
十	24	23	24	25	26	27	28	
十一	29	30	31	11/1	2	3	4	
十二	5	6	7	8	9	10	11	
十三	12	13	14	15	16	17	18	
十四	19	20	21	22	23	24	25	
十五	26	27	28	29	30	12/1	2	
十六	3	4	5	6	7	8	9	
十七	10	11	12	13	14	15	16	共13次
十八	17	18	19	20	21	22	23	
十九	24	25	26	27	28	29	30	
二十	31	1/1	2	3	4	5	6	79年元旦放假一天
二十一	7	8	9	10	11	12	13	
二十二	14	15	16	17	18	19	20	

注：1.寒假由1月21日到2月6日共17天（包括春节3天）。
2.理科、外语75级毕业班12月30日上课结束，考试二周、毕业教育（鉴定）一周。于79年1月22日派遣。

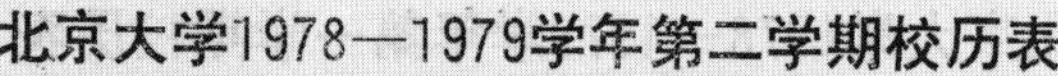

北京大学1978—1979学年第二学期校历表

周数＼月日＼星期	日	一	二	三	四	五	六	备注
一	2/4	5	6	7	8	9	10	2月6日报到。2月7日开学到7月28日学期结束共二十四周半。
二	11	12	13	14	15	16	17	
三	18	19	20	21	22	23	24	
四	25	26	27	28	3/1	2	3	
五	4	5	6	7	8	9	10	
六	11	12	13	14	15	16	17	
七	18	19	20	21	22	23	24	
八	25	26	27	28	29	30	31	
九	4/1	2	3	4	5	6	7	
十	8	9	10	11	12	13	14	
十一	15	16	17	18	19	20	21	
十二	22	23	24	25	26	27	28	
十三	29	30	5/1	2	3	4	5	五一国际劳动节假放假一天。
十四	6	7	8	9	10	11	12	
十五	13	14	15	16	17	18	19	
十六	20	21	22	23	24	25	26	
十七	27	28	29	30	31	6/1	2	
十八	3	4	5	6	7	8	9	
十九	10	11	12	13	14	15	16	
二十	17	18	19	20	21	22	23	
二十一	24	25	26	27	28	29	30	
二十二	7/1	2	3	4	5	6	7	
二十三	8	9	10	11	12	13	14	
二十四	15	16	17	18	19	20	21	
二十五	22	23	24	25	26	27	28	

注：暑假由7月29日到8月28日共四周半

北京師範大學

1978—1979学年下学期

校　　历

1979年2月8日	开学上课	
1979年4月20日（下午）～21日	春季运动会	
1979年6月11日～6月16日	三夏劳动	一周
1979年7月2日～7月7日	机　动	一周
1979年7月9日～7月21日	学年考试	二周
1979年7月23日～8月25日	暑　假	五周

月份	2月			3月					4月				5月					6月				7月				8月			
周次	1	2	3	4	5	6	7	8	9	10	11	12	13	14	15	16	17	18	19	20	21	22	23	24	25	26	27	28	29
星期一	5	12	19	26	5	12	19	26	2	9	16	23	30	7	14	21	28	4	11	18	25	2	9	16	23	30	6	13	20
二	6	13	20	27	6	13	20	27	3	10	17	24	1	8	15	22	29	5	12	19	26	3	10	17	24	31	7	14	21
三	7	14	21	28	7	14	21	28	4	11	18	25	2	9	16	23	30	6	13	20	27	4	11	18	25	1	8	15	22
四	8	15	22	1	8	15	22	29	5	12	19	26	3	10	17	24	31	7	14	21	28	5	12	19	26	2	9	16	23
五	9	16	23	2	9	16	23	30	6	13	20	27	4	11	18	25	1	8	15	22	29	6	13	20	27	3	10	17	24
六	10	17	24	3	10	17	24	31	7	14	21	28	5	12	19	26	2	9	16	23	30	7	14	21	28	4	11	18	25
日	11	18	25	4	11	18	25	1	8	15	22	29	6	13	20	27	3	10	17	24	1	8	15	22	29	5	12	19	26

内容	年级						
内容	三年级	教学活	三夏劳动	动	机动	考试	毕业分配	暑假
	二年级	教学活		动	机动	学年考试		
	一年级	教学活		动				

杭州大学古籍研究生班的课程安排

1. 公共课

政治　3　3

外语　6　6

2. 专业课

文献学　2（参《通志》二十略、廿四史志书）

文字学　2（读《说文解字》以1/3时间甲骨金文

声韵学　2（读《广韵》以1/3时间讲古韵学

训诂学　2（读《尔雅义疏》）

目录学　2（参《汉书·艺文志》《隋书经籍志》《通志·艺文略》《四库全书总目提要》）

版本学　2

校勘学　2（参《通志·校雠略》《校雠通义》）

古代要籍研读　18（包括《尚书》《诗经》《左传》《庄子》、荀子、韩非子、吕氏春秋、史记、资治通鉴等编著）

古籍整理研究实践

毕业论文

系领导同志：

20×15=300　　云南大学历史系　　第　页

前曾做历史文献研究生学术调查计划，已送交系领导。目前根据情况的变化，对调查地点作了调整，一因研究生论文题有改变，如点校《隆平集》改为《两朝纲目备要》等；二因对论文拟整理的古籍，现经过两个多月的探索，对其内容有了更多的了解，并结合古籍内容所牵涉到的问题，重新考虑了调查地点，将计划作了更动。现计划去五个地方考察、访问。

1. 西安——查访古碑刻。与陕西师大、西北大学古籍所座谈，交流经验。访问古籍所负责人史念海同志。

2. 成都——了解宋代印刷、宋版书刻，借阅四川省图书馆古籍，访四川大学徐中舒先生。

3. 武汉——武汉为中国历史文献研究会所

1

刘乃和致系领导信。

20×15=300　　云南大学历史系　　第　页

东地，便于了解历史文献研究情况。与张舜徽先生所负责的古文献研究班座谈，访问张舜徽先生。参观、借阅武汉图书馆古籍。

4、上海——参观、借阅上海图书馆古籍。与华东师大、上海师院等院古籍所同志座谈，听取点校古籍经验介绍。

5、宁波——参观、借阅天一阁古籍。

时间共用一个月，约五月上旬动身。

如何之处，请研究。有何意见，请电告。

needs 此，即致

敬礼！

刘乃和　4月25日

文献班　文14、史6

20×15=300　云南大学历史系　学时　学分　第　页

文字学　曹述敬　郭力丽　51—3

音韵〃　许嘉璐　谢纪锋

训诂〃　〃〃〃　陈绂

历史文献基础知识　刘乃和

〃〃〃〃学　〃〃〃

古典文献学史修读

古代要籍研读

诗经　辛智贤

尚书　曹述敬

楚辞　聂石樵

史记　韩兆琦

文心雕龙　黄安桢　讲师

专史研究

中国古代美学史　钟子翱

训诂学史　许嘉璐

古代小说理论　龚兆吉　讲

古籍整理研究选读　曹述敬等　58-4

历史文献学必修课

古代要籍研读

诗经 辛志贤

尚书 曹述敬

史记 韩兆琦

文选 李秋媛

学史研究

史学史 瞿林东

历史编纂学史 朱仲玉

续清文献选读 陈桂英

史学名著评论 刘乃和

古籍整理研究文献 李秋媛 李[illegible]

史纲讲座 白寿彝

启功

郭预衡

刘先生：

您好！听说您明早启程赴武汉，特来拜望。

这次家父去世，承您和父亲诸老友多予关照，不胜感激。请您代向金家各位致谢。

送上一点纪念品，请笑纳。 再见，

祝您

旅途平安，身体健康。

方运祥、方福祺

1984年3月28日晚8时

刘先生：

您此次来昆授课，我们得益非浅，我们衷心感谢您。

得知您明日启程，特来看望您，不巧您外出了。由于明早我们有课，不能为您送行，非常抱歉。欢迎您再到昆明来。

祝您

一路顺风

吴晓亮

陆韧

3月28日晚8:30

第　　页

20×15=300 云南大学历史系 第 页

杨 涛 文明新村二幢203号

潘 镛 三家巷宿舍三幢205号

方露祺 云大微生物研究所 长女

方福祺 云南民族学院历史系 次女

方应祥 昆明市二轻局 子

徐兴祥 云南民族学院 次女婿

陈芸华

方国瑜教授子女。

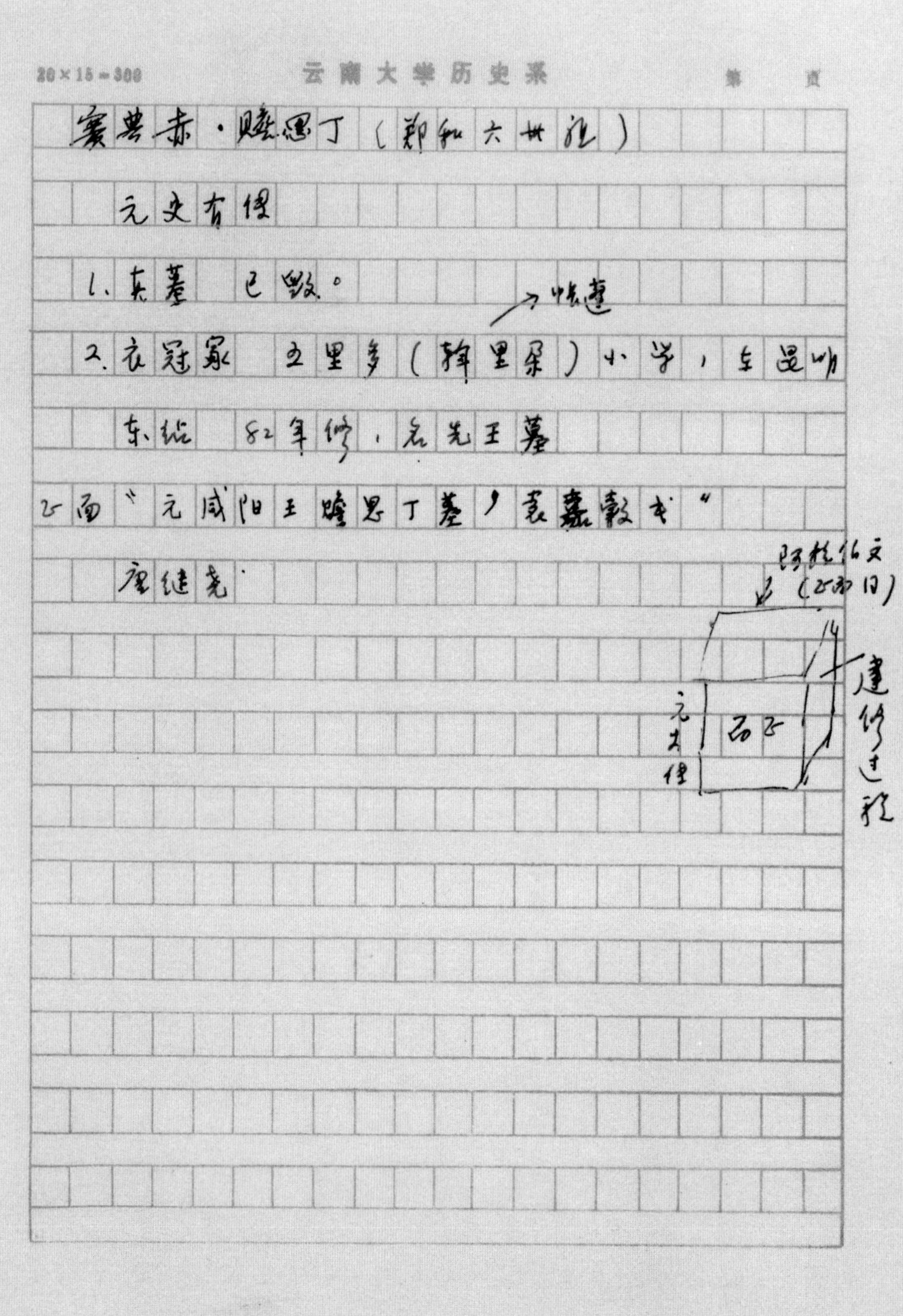

20×15=300　　云南大学历史系　　第　页

赛典赤·赡思丁（郑和六世祖）

元史有传

1. 其墓　已毁。

2. 衣冠冢　五里多（韩里采）小学，在昆明东郊　82年修，名先王墓（↗帐篷）

正面"元咸阳王赡思丁墓，袁嘉谷书"

唐继尧

刘教授：

拜托一事：听本图书馆李孝友老师说，北京古籍校点整理请方友石著《诗经原始》。

方是广南县人，为保存地方文献，请为北京出书，请给一信。

祝

安

广南县志办戴啟舟　上
1984.5.9.

0·13·5—83·8　第　页

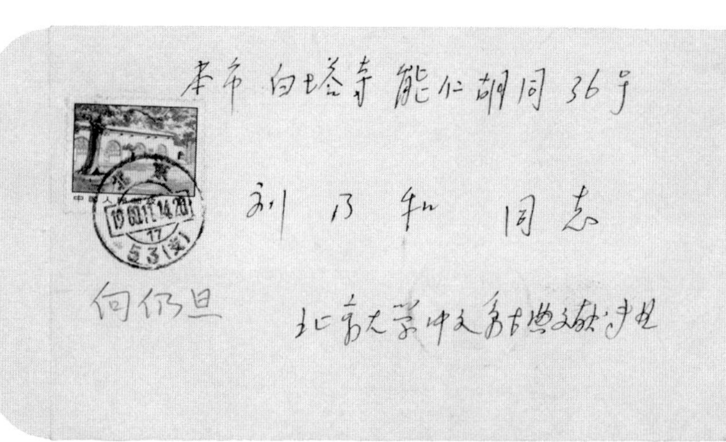
本市 白塔寺 能仁胡同36号

刘乃和 同志

向仍旦

北京大学中文系古典文献专业

第　　页

乃和老师：

接到您的信后没有即时回信，请原谅。

我把同学的听课反映转告给您。他们认为您把问题讲得比较明白，举例能说明问题。由于同学的情况不同，有的上过工具书课，听您的讲解加深印象。有的同学接触这方面的材料不多，感到生疏一些。他们希望能在讲课前发个提纲，听课效果会好一些。

阴先生还没有出院，病情有好转。请放心。

致

敬礼

向仍旦 11.10.

1980年 在北大讲课的反响

（15行×20字=300字）　　北京大学教育革命部

1980 年 11 月 10 日向仍旦致刘乃和信。

28×15=300　　云南大学历史系　　第　页

江先生在研究生

姐姐．云大历史系．　方慧　．常红．

哥哥．　云大马列主义教研室（退休）方铁　昆明红十会医院手术室．

．昆明师范学院函授处．　方钢．

常杰．．西南林学院．教务处．

舅舅．北师大．校医室．于德春．

舅母．北师大．保卫处．王　莲．

方龄贵教授子女。

郭钧侯　云南省玉溪地区地方志（编纂委员）办公室主任

梁耀武　玉溪市地方志办公室付……

陰吉德　昭通地区图书馆

王应仙（女）　〃〃〃〃〃〃〃

刘诗立（女）　〃〃〃〃〃〃〃

姜华清　昭通市图书馆

胡兴文　文山州麻栗坡县志办公室

蔡毅林　文山州广南县志办公室

黄亮光　云南（文山州）麻栗坡县志办公室

邓宗杨　保山地区地方志办公室

周景文　贵州省社会科学院（图书资料室）

朱磊（女）　個舊市图书馆

李许　文山邱北县县志办公室

张宗学　楚雄彝族文化研究所

李立新　丽江地区宁蒗彝族自治县语委会

朱琚元　楚雄彝族文化研究所

杨丰　建水地方志办公室（个旧西北、铁路线上）

上午十时，李埏来拜访迺和教授致候。

杜玉亭付院长
28226
28225

2-17

20×15=300　　云南大学历史系　　第 1 页

3月26日

贾：年代、避讳两方面好。职官四人听过，讲较细，讲得粗，地理粗。

华建玲

李：所讲各方面都好。科举细则，没听过

陆：年代学有帮助。史以书差纵近清楚。避讳懂了。科举细则。职官地理粗

：年代、避讳，唐元宋。职官听过两次，所以太简。地理太多。科举过去讲的序度不够。较勤。

程：打了基础史，学好了方法。陈老知识渊博，励精求是刻苦进。方先生重视四把钥匙，我们不重视。听课后觉讲两组条统。年代重要。元在中亚、俄罗斯纪传用年代。日本讲古籍，对中日文献更应加深。对史学史则知几个，有教益。陈老自日本入手，

观点　原始材料　笔记小说　文集、族系

旁征博引

广度深度结合自己经验看是否。如把史是传，

这方面参考书应介绍。

张：古书与经学史，不能离开文献。如何利用

来搞好。有些人论著者。有人故意观点代替

史料，不能专门宣传学派。将来要求结合文

李：对历史文献如何掌握很少。批林批孔时已

如此，不完全是凭材料，进行研究。不只如

是看目录，或胡说八道。这是最好的时期，

要懂得利用还要会用它。要用史料去证实。

刘先生大大进了一步。

陆：要先用分列，但与古理论则是空洞的。历

史文献与当时现实有一定程度出入。且由于

历史条件记载，故古不同。前人所用的（过程度）结用，古

今书本都了清楚，引用了旧东西。

：关系密切，理论资料则空洞，但不能全然没有。

史料有不同欠之。政务资料，官书证户量几
少，一户二四○。“从清明上河图看宋代经济
与繁荣”，请欧材料欠之。
程：百史文献，史记汉书三书，史记取舍材料
材料有帮助，这些考虑，首先认识这条文

董：回把不清楚，书其年代，时代特征。基本功先是

方：收集一个月，论文学生有写到，可把楼方面

来讲，令读者多了。太多了。时间短，能否

抽动来讲讲。看时间到□题讲，去讲了不够

刘小兵：基本功太重要。全面文字应看。

过去只是背。

尹：学生说不去。

董：只介绍几本书，应讲版本目录。

年代题讲最好。

苏：收获很大。

龙：应呼吁基础知识重要

倪：谈询之结。年代学讲不少

邢：学生书。中国历史简编，史源学实习。

郑：指历史要查清文献，方先生讲要看目录学、

文化了年代学。文献很重要。希化之又简编

信附过用得上

20×16=300　　云南大学历史系　　第 2 页

写过年，有的刻档不出。古籍整理方面。文献学是重要基础。前人写史只是文献学。文献不好不易写出云南通史。

刘董：目录讲得很多。

刘：应讲学习方法，如何读书。写，如何使用目录学

邢：版本应有。学习方法

龙：题词.

尹：搞理论系统学．说音韵书给资料．

龙：学了就要用．象蜡烛照亮别人。个体难重

昆明 云南大学 历史系

林超民同志收转

刘乃和先生 启

中国历史文献研究会

地址：武昌华中师范学院历史系 张诚

华中师范学院

乃和同志：

昨日下午，自广州归，抵家后，读 手书，知在云南讲学，为多士所欢迎，诲人不倦，剧念贤劳。从悉 精神充裕，故能举重若轻也。尊恙就痊，至为欣慰。

我此次赴穗，往返兼旬，为中山、暨南、华南师大、民族学院诸校所羁絷，文史诸系师生约请作学术讲演，亦甚劳瘁，幸勉强能支持耳。昨归家后，始觉如卸重负，一身轻松矣。

此间讲习班学员及研究生，均已赴两广湖南参观实习，约在月底方能返校。 大驾于四月初来此，便可登坛讲授。至于讲授内容，可由 主讲者自定，归来结合时间之安排，再行斟酌损益。春来虽久，有时仍寒，诸惟 起居珍重，并祝 旅安！

张舜徽 3.17.

地址：武昌桂子山 电话总机：72631

1984年3月17日张舜徽致刘乃和信。请刘乃和给“讲习班学员及研究生”讲《中国历史基础知识》。这班学生王澧华等到北京师范大学古籍所做她的访问学者。

20×15=300　　云南大学历史系　　第　页

郑志惠同志，听"中国历史文献基础知识"课，每周6小时，共34学时，做到：仔细听讲，
深入领会、记录　　　　整理
认真记录。考试成绩优秀，对古籍文献的基本
能力
情况能够理解、掌握，有些方面能初步运用。
今后能胜任古籍整理或这方面的其他工作。

考试成绩：优

讲课教师：刘乃和

1984年3月28日

(四)讲　学

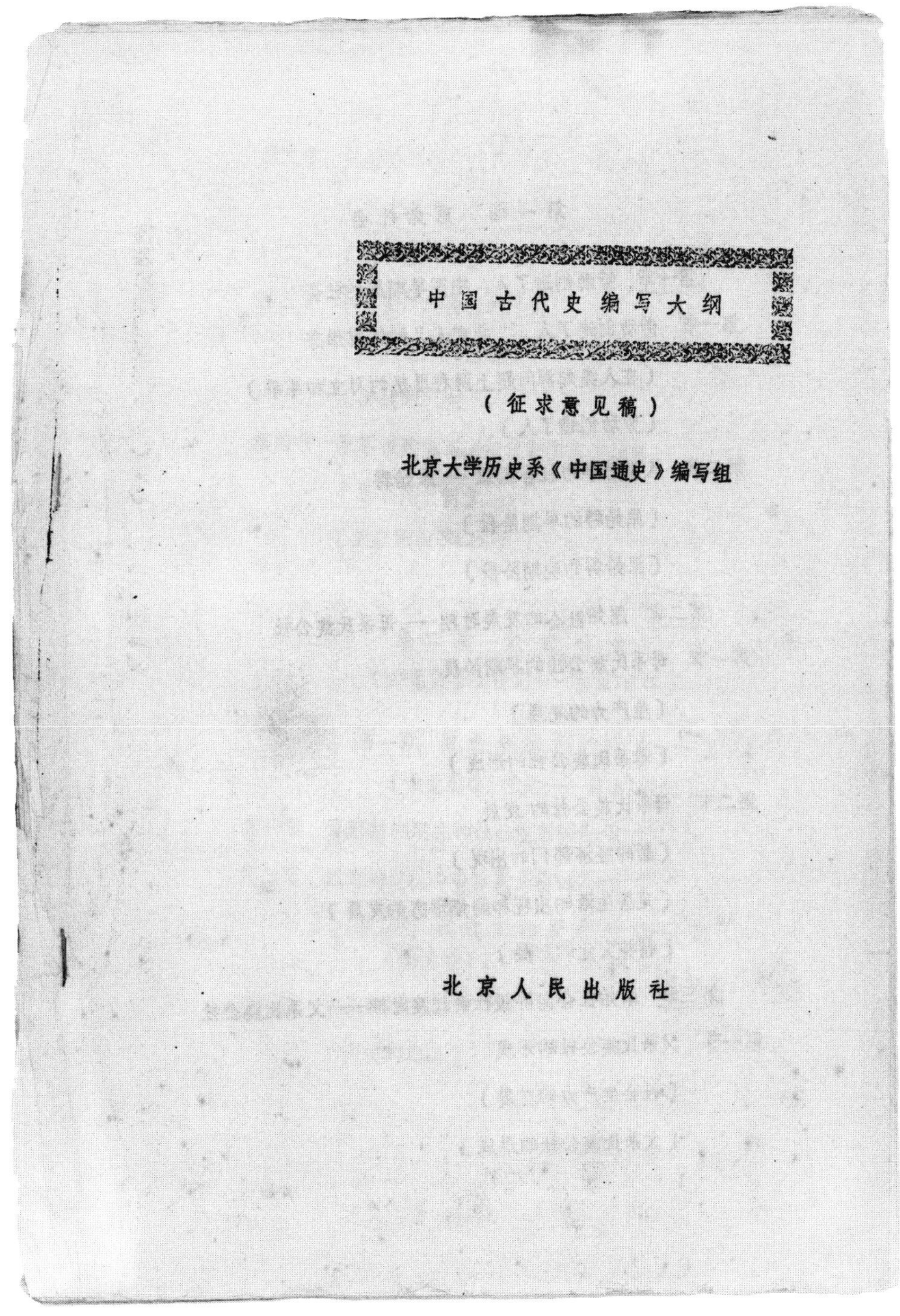
中国古代史编写大纲

(征求意见稿)

北京大学历史系《中国通史》编写组

北京人民出版社

刘乃和参编的《中国古代史编写大纲》。

第一编　原始社会

第一章　劳动创造了人。中国早期原始社会

第一节　劳动创造了人。“北京人”的体质形态

〔在人类起源问题上两种思想的对立和斗争〕

〔劳动创造了人〕

第二节　人类最早的社会组织——原始群

〔原始群的早期阶段〕

〔原始群的晚期阶段〕

第二章　原始社会的发展时期——母系氏族公社

第一节　母系氏族公社的早期阶段

〔生产力的发展〕

〔母系氏族公社的形成〕

第二节　母系氏族公社的发展

〔新的经济部门的出现〕

〔定居生活的出现和婚姻形态的发展〕

〔精神文化的发展〕

第三章　原始社会向阶级社会过渡时期——父系氏族公社

第一节　父系氏族公社的形成

〔社会生产力的发展〕

〔父系氏族公社的形成〕

①

1976年—1977年

祝总斌讲·原始社会—唐(634)

刘乃和笔记

刘乃和记祝总斌的讲话，如此之细，如此认真，几乎只字不漏。笔记数量极大。

1976

9.21(二) 首会 导论 纪念 } 3次、导论

23(四) 导论

25(六) 考古电影讲座、石器时代

28(二) 奴隶社会

30(四)

10.2(六)

5(二) 商代

7(四) 〃〃文化

8(五) 参观周口店

9(六)

12(二)

14(四) 讨论题

16(六) 总结归纳"奴隶制、阶级、国家之起源是什么"

讨论。 西周开始

19(二) 西周经济制度。

21(四)

23(六) 西周文化

26(二) 〃〃各族人民友好

28(四)

30(六) 封建生产关系之产生

} 9次、奴隶

税务试讲

38人中10人　3-29（二）
上9:40

第三节 唐朝的中央集权的发展。

① 三省制　　　　唐在隋后、汉时

② 御史台—— 汉为了加强力量设此官，长御史大夫，
付为御史中丞，唐时下分三个院：

大夫 中丞 ｛ 台院 设侍御史，负责纠察中央官吏
察院 设监察御史 负责监察地方官。
殿院 以殿中侍御史 专在朝中于百官朝觐时监督

这是为加强君权，加强君主尊严而设的。监督官吏，加强统治能力、统治人民，以达官僚集统。当时一本记"一台管到朝廷里，朝廷管到天下"，反映封建制中御史台监督百官，可见其御史台之作用

③ 地方统治机构

设州、县两级。州不是汉代州，汉代州大，唐州相当与郡。

州长官州刺史　县一县令。

为维护其统一，与隋同吸取三国两晋南北朝时教训，削弱地方力量。隋取消了，不让掌军权，隋前可自己任用官吏，唐时州刺史无任官权。同时隋唐州面积小，实际比汉

第 2 页共 页

（与汉代征兵制、魏晋世兵制不同）

1. 主要从农民中征调来的。但不是汉代普通征兵制那样凡到年令即征，而是挑选一部分人为府兵，条件三个：

① 家境富裕的

② 劳动力即成丁的要多的

③ 身体要强壮。

∴富裕的中农被选为、部分小地主

第一方面，府兵制又与世兵制不同，不是父死子继为兵、世代为兵，就是挑选上的。只是21—60岁之间为府兵，60以上免府兵之务，且身份不似世兵即样比农民差

同时即保证军队的战斗力，同时劳动力多抽出一个的，家中仍有劳动力，且家中富裕，二者对世兵的较少、但后期有贫苦人参加了。

2. 另一方面，要自己准备衣服、粮食、弓箭，与世兵制要封建王朝供应不同了，北魏时隋唐府兵与西魏府兵也不同，西魏由王朝供应，不出力、种地，而隋开始让府兵种地，自带武器衣服，这制度对封建王朝非常有利。军种地可增加剥削外，且自有粮食，可减少王朝开支，但实行此制，首先要府兵有力量自己准备，隋唐之际

北京市电车公司印刷厂出品 七七·二

(1231) 20×20＝400

5

(四)
3/31 上7:30

第四节 唐朝与边疆各少数民族以及外国的关系

页

唐太宗时世界上都是很大的，在这基础上，唐王朝进一步巩固了多民族国家的疆域，密切了与边疆少数民族的关系，从而也加强了中国与外国经济的交流。

一、与少数民族的关系

1. 突厥——隋时突厥为北方少数民族，本来很强大，但后来受隋打击，内部分裂为东西突厥二部。东西的界限以新疆阿尔泰山为界。分裂后力量薄弱。而到隋末唐初，因隋末战争多，中原又各割据力量，未统一，突厥又强大。把东西两个[illegible]统治

①骚扰唐朝，掠夺财富和劳动力。甚至626年其军打到陕西泾阳附近，给唐王朝很大威胁。∴唐高祖曾想把首都长安搬迁到樊城，由于李世民反对未果。

② 支持隋末割据势力，破坏了唐初国家的统一

∴反击突厥，进行自卫战争，是正当的，是正义的。629年唐太宗是具备了以下两条件反击突厥

a. 主观条件。唐在军事上作了充分准备，建立了军队，加紧了训练，唐太宗亲自检查考试武艺。又储备了粮食。

b. (东)突厥统治者内部发生矛盾，特别是统治者及其统治下的其他少数民族发生矛盾。如薛延陀、回纥，纷纷反对他。如薛延陀就反对他。薛延陀唐利用矛盾，唐把薛延陀领袖封为可汗，扶植一个力量

至629年唐决定打突厥，派军事家李靖带兵十万，自陕西山西等地分头出兵打突厥，取得很大胜利。1年后把东突厥可汗抓住了，东突厥灭亡。

东突厥灭亡后，薛延陀自北方南下，以20万军占领东突厥地区，与唐朝又发生矛盾，646年唐派大将李勣出兵灭薛延陀。

这战争的作用：

(1)保护了北方人民生命财产安全和社会生产正常进行，也维护了国家的统一。

(2)把北方少数民族统治地区全部归属于多民族统一国家版图下。唐王朝专门设了机构，蒙古沙漠以北设瀚海都护府，统治管理这地区。后改安北都护府……，南建云中……，后改名单于都护府。二者都设大都护，各族首领，管理其地区的包括少数民族地区事务

(3)战争中俘虏的投降的突厥等少数民族，约十万户，唐王朝让他们住在长城附近。其中1万余住在长安，加强了突厥汉族的文化交流及民族融合。

2、西域——新疆一带

自汉后西域与汉关系时断时续。三国两晋南北朝内地分裂，不能多着些。隋统一后，与西域联系恢复，中亚与西域交通。当时40个国家表示归附隋朝。隋末西域又被西突厥所统治。

西突厥——隋末东突厥与西突厥以阿尔泰山为界。唐初统治地区有很大发展，包括新疆、葱岭中亚西亚很大地区。一直到　　该突厥阻碍了内地与新疆联系，也阻隔了新疆与外国的经济交流，唐王朝要恢复对西域的统治，必然要与西突厥战争。

639以后开始发动多次战争，取得很多胜利　657年唐军十万多人在今新疆伊犁河一带决战，唐朝大胜利，俘其可汗贺鲁，西突厥亡。自此以后新疆南北全归统一于唐朝

唐设立专门统治机构。新疆天山南部设安西都护府，新疆北部地区设北庭都护府，以统治之。

安西都护府设四镇，即军事据点，其中之一名碎叶，管辖的

第一编 原始社会

第一章 原始群时期

第一节 劳动创造了人

井田[illegible]

西[illegible]

[illegible]始[illegible]

第一节 母系氏族公社的形成

第二节 母系氏族公社的发展

第三章 原始社会向阶级社会过渡时期—父系氏族公社

第一节 父系氏族公社的形成

第二节 社会分工的发展和商品生产的出现

第三节 私有财产和阶级的产生

第四节 军事民主制和国家的形成

第二编 奴隶社会

第一章 奴隶制社会确立时期—夏(前21世纪—前16世纪)

第二章 奴隶社会的发展时期—商(前16—前11世纪)

第一节 商王朝的建立

第二节 奴隶们创造了灿烂的商代文化

第三节 奴隶反抗奴隶主贵族的斗争

第四节 商王朝的灭亡

1988年中医古籍進修班

中国文化史常識　每周一次，每次三小时。星期四上课。9月14(四)开始

第　页

9-15(四)年代学　至王莽改历

22(四)　至四、相同的年号

29(四)　(三)中历、西历。年代完。

10-6(四)　历代地理沿革　三国遗领　举3-例

13(四)　地理　唐迄

20(四)　地理　迄清完

27(四)　地理　应注意的讨论

11-3(四)　姓氏名字　至称地望

-10(四)　姓氏名字　完。最后有新总结。下次再谈一下起名的习惯”

补17日　16(三)　避讳。起源和方法。种类。(3)改官名完

补24日　29(二)　避讳完

17至25日去[illegible]开会。改16日、29日上课。

12-1(四)　科举　完

6(二)　补讲科举：八股文。博学鸿词科。官制开始（加一次）

8(四)　官制　中枢机构

15(四)　中央各部门

22(四)　地方官制、结束全部

29(四)　考试

1989-1-5

12

19

26

(15行×20字=300字)

1980年代，很多高校、学术机构争相邀请刘乃和讲课。她每讲必专门写讲稿。

此为1988年刘乃和“中医古籍进修班”讲稿。

1989年中国通古籍研修班第二期　　共17次、

1989年3月9日(四)　年代学：开始前言。甲(一)干支纪年、月、日、时。一、干支纪日
二、干支纪时。三、干支纪月。岁首累建开头、
16日(四) 自岁首建，有四次始。(二)干支纪年、月、日、时完。
23日(四) (三)年号纪年 (二)中历西历 至(三)纪元(完)
30日(四) 三、四、五、年号与政权，未完。差一点
4月 6日(四) 年代完。地理沿革。秦完、
13日(四) 汉、三国、西晋
20日(四) 东晋至结南北朝、隋唐、五代、宋、辽、
27日(四) 地理基本完、只[illegible]差些
5月 4日(四) 地理完。姓氏名字。讲到字多用次序字。字与要求相关不详。
11日(四) 姓氏名字、谥号、尊号：讲到谥号庙号、唐以前称谥号，以后多称庙号(因谥号字数多)。
18日(四) 仍讲、至避讳以科举完。
25日(四) 避讳完、科举、汉前选官制度
6月 1日(四) 科举等、岁考完
8日
15日 } 停课三周
22日
29日(四) 科举继续、此题讲完。
7月 1日(六) 官制开始。中枢机构完
11日(二) 中央各部行政机关、台谏、监察官和监官完
13日(四) 地方官制完、官职全完。

(15行×20字＝300字)

A　社会科学人物调查表　（三）

姓名	刘乃和	别名	＼	性别	女	民族	汉	出生年月	1918-4
籍贯	北京市	党派	中国共产党	工作单位	北京师范大学古籍研究所				
职务		职称	教授	学位	硕士	专业	中国历史文献学 陈垣史学研究		
懂何种外语	粗通英语	参加何种学术团体	中国历史文献研究会　中国史学会 中国妇女运动史编委会						
简历（包括主要学历、经历）	1939—1943 北京辅仁大学历史系　1943—1947 北京辅仁大学文学研究所史学部（历史系）助教 1947—1949 北京辅仁大学历史系助教 1949—1952 北京辅仁大学历史系讲师 1952—1979 北京师范大学历史系讲师（兼校长办公室主任秘书，兼陈垣校长秘书（至1971陈校长逝世）） 1979—1982 北京师范大学历史系副教授 1982—　〃　〃　教授（待批）								
目前研究课题	五代史记纂读（点校）、中国文献目录学（专著）　陈垣史学（论文专著）								
主要代表作或科研成果（何时、何处发表或出版）	试论陈垣的史学研究　北京古籍馆《文献》第3辑（丛刊） 学习陈援庵老师刻苦治学的精神　北京师范大学学报 80年第6期 陈垣已刊论著目录系年　香港大东图书公司出版　1981年 学而不厌，诲人不倦——向陈垣老师学习　历史教学 81年第3期 考史要籍的工具书《二十史朔闰表》　文史知识　82年第2期 《史学概论》第三章《历史文献学》　宁夏人民出版社出版（白寿彝主编） 陈垣勤奋的一生　《中国古代社会科学家》第4辑　北京古籍馆文献编辑部编 《册府元龟》的影印新探　刘乃和主编《册府元龟新探》　河南出版社出版 中国历史上的纪年（上、中、下）北京《文献》丛刊　第17、18、19辑连载								
参加过哪些国际及国内重大学术活动（说明时间、地点）	中国历史文献研究会第一二三四五次年会，在武汉、杭州、兰州、开封、长春。								

填表人：刘乃和　电话：66-0361

1985年5月1日填

1985 年 5 月 1 日刘乃和填社会科学人物调查表。

扬州请陈垣题字，亦为刘乃和代笔。

纪念中日和平友好条约签订一周年

顾　问	赵朴初	**编　剧**	齐致祥
	汪向荣		吴葆璋
艺术指导	赵　丹		雷恪生
			李　桦
			夏钧寅
		导　演	田成仁
		舞美设计	薛殿杰
			王培森
		作　曲	张定和
		武打设计	张春华
		舞蹈设计	安胜子
		助理导演	夏钧寅
			郑利锋

封面题字　赵朴初　　**封面图版**　《东征传》绘卷一部分

鉴真大和尚像

剧 情 简 介

一千二百年前，我国唐代高僧，杨州大明寺住持鉴真和尚，应日本国留学僧荣睿和普照之邀请，率领弟子、工匠等东渡传法。

弟子出于爱师之情，诬告阻拦，招致官府刑陷。后又历经风浪覆舟、义盗相助、天灾人祸、生离死别、积劳成疾、双目失明等种种人世间的磨难。但他志向不变，六次渡海，前后十二年，终使宏愿得偿。

在日本国，鉴真一行受到天皇、百姓、僧尼两众的隆重欢迎。但因教义不同，也曾发生过误会和磨擦，但在鉴真精神感召下，终于言归于好。数年后，又克服了弟子们因唐土安史之乱引起的波澜，坚持不懈地传播了盛唐文化，与日本国朝野僧俗结下了千古传颂的善缘。

场 序

第一场 大唐天宝元年（公元七四三年）春夜。扬州大明寺内。

第二场 距第一场几年后，夏。风雨海上。

（暗转后）翌日 触礁的船上。

第三场 大唐天宝七年（公元七四九年）夏末秋初的傍晚。广东，半山间来鹤亭旁。

第四场 大唐天宝十二年（公元七五四年），日本天平胜宝六年，初春。

日本国平城京（奈良）东大寺内。

第五场 几年后、盛夏傍晚。东大寺唐禅院鉴真的禅房。

第六场 大唐乾元二年（公元七五九年），日本天平宝字三年，秋。

日本国平城京（奈良）唐招提寺金堂外。

演 员 表

鉴真（唐代高僧）……………………吕复 雷恪生

思 托（鉴真弟子）………………李法曾
玄 能（鉴真弟子）………………牛世钧
慧 方（鉴真弟子，唐大工匠）…王怀文
荣 睿（日本留学僧）……赵德成 孙昭铭
普 照（日本留学僧）……………肖 鲁
慧 明（慧方之妹，雕刻工）……于西茜
真 如（中日混血儿）……………李蕴杰
慧 母（慧方之母）………………许还河
法 净（日本国东大寺住持）
……………………………………鲍 烈
殊 义（日本国亲王）……………李 桦
后 择（东大寺寺奴）……………王 鹰
荣 母（荣睿之母）……………澹台仁慧

俊 （荣睿之妹）………………张克境
王 二…………………………………董国光
船老大…………………………………郭家义
官 差…………………………………田学斌
村 姑…………………………………郑小川
芳 ……………………………………郑利锋
君 ……………………………………张小霞

配乐演奏 中央广播合唱团、管弦乐团、民乐团
指 挥 聂 中 明
领 唱 殷秀梅、孟长华、黄立明

《中华大典》办公室

刘乃和先生：

在新春佳节即将来临之际，仅向您表示节日的祝贺和慰问，并感谢您一年来对《中华大典》工作的关心和支持。

中华大典办公室
1996年1月16日

Ch001.28.92.6

1996 年 1 月 16 日《中华大典》办公室致刘乃和函。

《中華大典》編纂工作總則（草案）

一、編纂《中華大典》的必要性

1、編纂《中華大典》（以下簡稱《大典》），對中國五千年來的文化典籍進行資料性的總結，是繼承和弘揚祖國優秀傳統文化的需要，也是我们建設具有中國特色的社會主義這個偉大任務的需要。

2、編纂《大典》，是爲了給子孫後代留下一份珍貴的民族文化遺產，使之澤潤後人，嘉惠萬世。爲了對歷史和未來負責，我们當代人必須承擔這一項重大的歷史和時代的任務。

3、編纂《大典》，對於進一步加强我们和臺灣、港澳以及外國學者之間的文化學術交流，促進祖國和平統一大業，具有積極的意義。

4、編纂出版《大典》，將給國際上提供一套全面、系統和完整的中華傳統文化資料，對於擴大祖國文化在國際上的影響，促進國際文化交流，開拓外向型出版渠道，都具有深遠的意義。

5、通過纂修《大典》，在老一輩專家學者的指導下，培養一支宏大的研究我國傳統文化的專業隊伍，爲發展中華文化事業造就一批高質量、高水平的人才。

二、《中華大典》的性質及編纂工作方針

1、《大典》一是部包羅百科、內容廣博、規模空前、對中國古代文化典籍進行資料性整理的巨型類書。

2堅持"古爲今用"、"推陳出新"的原則，既不能抄襲古代類書的格局，又不能照搬西方文化的模式，必須在批判、繼承中國古代類書優良傳統的基礎上，取精用宏，創造新的格局。要求在內容和編排各方面都比歷代類書更完善，更全面，更加系統化。

3、堅持"百花齊放"、"百家爭鳴"的方針，對於傳統文化中的諸子百家學説，對於不同學派、不同觀點的資料，均應兼收併蓄，力求在資料輯録中做到客觀、完整和全面。

4、《大典》的編纂和出版工作，必須在黨中央、國務院的直接領導下，由中央宣傳部主持，組成工作委員會。凡遇重大原則問題，必須通過《大典》工作委員會作出決定，必要時經過工作委員會請示黨中央和國務院。

5、要充分調動各有關古籍出版社、各有關大專院校、科研機構以及各系統的圖書館這三支力量的積極性，同心協力，緊密配合，群策群力，奮力攻關。

6、《大典》是巨型文化工程，必須在《大典》工作委員會統一部署下，組織各有關系統和單位的專業研究人員，實行老中青三結合，組成精幹的編纂班子，在老專家的指

1

刘乃和对《中华大典》编纂工作草案提出的建议。

一、《中华大典》编纂工作总则（修订稿）P.1
二、《中华大典》的体例、结构及说明（修订稿）P.5
三、关于对《中华大典》收书种数和字数规定的说明（修订稿）P.9

《中華大典》編纂工作總則（修訂稿）

一、編纂《中華大典》的必要性

1、編纂《中華大典》（以下簡稱《大典》），對中國數千年來的文化典籍進行資料性的總結，是繼承和弘揚祖國優秀傳統文化的需要，也是我們建設具有中國特色的社會主義這個偉大任務的需要。

2、編纂《大典》，是爲了給子孫後代留下一份珍貴的民族文化遺產，使之澤潤後人，嘉惠萬世。爲了對歷史和未來負責，我們當代人必須承擔這一項重大的歷史和時代的任務。

3、編纂《大典》，對於進一步加强我們和臺灣、港澳以及外國學者之間的文化學術交流，促進祖國和平統一大業，具有積極的意義。

4、編纂出版《大典》，將給國際上提供一套全面、系統和完整的中華傳統文化資料，對於擴大祖國文化在國際上的影響，促進國際文化交流，開拓外向型出版渠道，都具有深遠的意義。

5、通過纂修《大典》，在老一輩專家學者的指導下，培養一支研究我國傳統文化的專業隊伍，爲發展中華文化事業造就一批高質量、高水平的人才。

二、《中華大典》的性質及編纂工作方針

1、《大典》是一部包羅百科、內容廣博、規模空前、對中國古代文化典籍進行資料性整理的新型類書。

2、堅持「古爲今用」、「推陳出新」的原則，既不能抄襲古代類書的格局，又不能照搬西方文化的模式，必須在批判、繼承中國古代類書優良傳統的基礎上，取精用宏，創造新的格局。要求在內容和編排各方面都比歷代類書更完善，更全面，更加系統化。

3、堅持「百花齊放」、「百家爭鳴」的方針，對於傳統文化中的諸子百家學說，對於不同學派、不同觀點的資料，均應兼收并蓄，力求在資料輯録中做到客觀、完整和全面。

4、《大典》的編纂和出版工作，必須在黨中央、國務院的直接領導下，由中央宣傳部主持，組成工作委員會（以下簡稱工委會）和編輯委員會（以下簡稱編委會）。凡遇重大原則問題，必須通過《大典》工委會或編委會作出決定，必要時請示黨中央和國務院。

5、要充分調動各有關古籍出版社、各有關大專院校、科研機構以及各系統圖書館這三支力量的積極性，同心協力，緊密配合，群策群力，奮力攻關。

6、《大典》是巨型文化工程，必須在《大典》工委會統一部署下，組織各有關系統和單位的專業研究人員，實行老中青三結合，組成精幹的編纂班子，在老專家的指導下，由中青年專業人員肩負實際的編纂重任。編纂隊伍必須實行優化組合，要組織

一、《中华大典》编纂及校点通则（修订稿）P.1
附：各类书籍引书出处的规定 P.6
地方志引书格式的样目 P.15
甲骨文和金文书名简称 P.19

《中華大典》編纂及校點通則（修訂稿）

一、編纂通則

1、目録：《中華大典》首册爲大典目録，列各典、分典、總部、部、分部目次。各典首册列所屬分典至部目次，各分典首册列各分典所屬總部、部目次。各總部之首列部及部以下經目以及各級緯目的目次。分册不破總部，一册中包含有幾總部的，在分册之首列總部級目次，各總部之首列部及部以下經目以及各級緯目的目次。

2、總序、序、説明及提要：大典首册之首列「總序」，每典之首列「序」，三千字左右；每分典之首列「説明」，二千字左右；每總部之首列「提要」，一般不超過一千字。部是否撰寫「提要」，由各部主編視情況决定。序、説明及提要簡介所屬典、分典及總部的基本内容及編纂特點。

3、正文：各級緯目的内容，一般以所收輯的原書爲單位，按時代順序排列。引文應注意首尾連貫，文意完整，不可割裂文句或斷章取義，一般以成段者爲宜。對不同學術流派、觀點和論見應兼收并蓄，不應以編纂者的主觀意見决定取捨。

4、書目：書目附於各分典之後，書目是收輯自先秦以來該分典有關的重要典籍及古籍整理、研究的學術著作。該項還包括該分典所摘引的論文資料目録。

書目内容：①書名，②作者，③時代，④版本，⑤備注。（十三經、先秦諸子及其它漢代以前的典籍，不填作者項和時代項。）

書目順序按年代排列。在時代項中，辛亥革命之前者標朝代，辛亥革命之後者不填時代項。

朝代名標注如下：

漢（不標西漢、東漢）、三國魏、三國蜀、三國吴、晉（不標西晉、東晉）、南朝宋、南朝齊、南朝梁、南朝陳。北魏、北齊、北周、隋、唐、五代（不標具體朝代名）、十國（分標南唐、吴越、前蜀、後蜀等）、宋（不標南宋、北宋）、遼、金、元（從一二七一年忽必烈定國號起）、明、清。太平天國作爲獨立朝代，另標。

標注書目時代應以成書時代爲準。成書時代不詳者，以作者主要活動時代爲準，并遵從歷史習慣。作者佚名者，標「佚名」（但碑刻作者佚名者不標）。作者爲二人者可標二人。凡作者在三人以上者只標一人，作「某某等」。作者署名如系僞託或不清楚者，注明「原題××著」或「不詳」。

書名有通行簡稱的用簡稱，同書異名的用通稱，古今書名不同的用今稱（此項亦適用於引書出處）。原書名冠有「大唐」、「大宋」、「大清」、「皇清」、「國朝」、「御纂」、「欽定」等字樣或夾有籍貫、官名等稱號者一般應删去。（書名簡稱須是公認的并一直沿用者，禁用冷僻的、已廢棄的，或易與他書

5

《中华大典》编纂及校点通则

（一九九二年一月十三日修订稿）

一、编纂通则

1、目录：《中华大典》首册为大典目录，列各典、分典、总部、部、分部目次。各典首册列所属分典至部的目次，各分典首册列各分典所属总部、部的目次。各总部之首列部及部以下经目以及各级纬目的目次。分册不破总部，一册中包含有几个总部的，在分册之首列总部级的目次，各总部之首列部及部以下经目以及各级纬目的目次。

2、总序、序、说明及提要：大典首册之首列“总序”；每典之首列“序”，三千字左右；每分典之首列“说明”，二千字左右；每总部之首列“提要”，一般不超过一千字。部是否撰写“提要”，由各部主编视情况决定。序、说明及提要简介所属典、分典及总部的基本内容及编纂特点。

3、正文：各级纬目的内容，一般以所收辑的原书为单位，按时代顺序排列。引文应注意首尾连贯，文意完整，不可割裂文句或断章取义，一般以成段者为宜。对不同学术流派、观点和论见应兼收并蓄，不应以编纂者的主观意见决定取舍。

4、书目：书目附于各分典之后，收入该分典所收之书，包括该分典所摘引的论文资料目录。

书目内容：①书名，②作者名，③时代，④版本（包括本分典所采用的版本及重要参考版本，所采用版本末字上

第　页共　页

复旦大学 历史地理所 葛剑雄
浙江图书馆古籍部主任 何槐昌
张克夫
夏锡元
（夏定域的儿子）
浙江省博物馆 陈克伦
杭州文三街 杭大宿舍
新一幢七号 孙如琦

北京市电车公司印刷厂出品 八一·十一
(154) 20×20=400

陈垣表扬刘乃和手勤。

刘乃和每听学术会议，或报告，必定仔细做记录。她的记录，可视为近50年，中国史学届一部分活动史。

她参加学术活动，必认真听讲，不以讲演者的年龄、学术地位为转移。

这使我想起蔡美彪。我和蔡先生相遇过几次学术会，蔡先生坐在前排，仔细地倾听演讲，专心致志，令我难忘。

第　页共　页

北京市电车公司印刷厂出品

20×20=400

这是听何槐昌讲“文澜阁《四库全书》散失”所做的笔记。

都不改。这就是四库本修改的地方。但也有用的，原本经四库修改后，

乙卯 史料价值高。这就无印本。　第二次补抄钱恂（三阁本）补抄不多。章学诚

子润书楼等处（浙省），书与陶瓷开一年多就当此事。又经过补抄200多册后

癸亥 乙卯补抄（在浙江图书馆，在上一册），补后的，计2万+册，约等八千多册。

　　张宗祥癸亥补抄，到北京文津阁为底本，从去京师图书馆。也在平湖

等地补抄，一般500大洋资助。　　丁抄无专本。乙卯、癸亥都有年款，一目了然。

乙卯抄 原是浏请名家抄，有描写，有的书抄（天文方面）四库。也有专讲，但也不同，行款都

一样。　共36100+册。　　目前也可使用，善本每用有人使用，能开放、换地

来找的书也，就不到的书（上海善本书也人能看），在此都可使用。

　　我们又要校对，又可补用

　　全馆古籍125万册，线装书10万+册，都到10+万册，其余来复100+万册，因有的版后后

印的，也收进。真正古装线装书不到100+册，不包括新出版的。今人说是前几

本的。　善本书15+册（其中，四部类5+万册），其余一部分公开使用的。而借阅的上册+。

余3+万不借出。有的都有付本，如这类不放，上海不放，清中叶的本也不放，朱师辙

　　藏书等万余十一开放。　有元刻本，有几本质量也不高，就一般。大量明刻本3270+

来 种，余为一般的抄本稿本，多少不等。大人有笑有说，吴士鉴的稿等，有一架，都未找过，40+册。

古山房稿之。明遗民，能作抗清，史传读书不去（手稿是否有），其手稿。查有诗文及上海

收藏，有未整，带1年人找回明代的，有1处传子孙，全几个存的抄本也没有完本的。

经子本大平御览。本传子孙是元刻（算为宋传），有十多余的，大平御览，清有留存

的。有人说是宋版，元代有一本，山东一本，是假的，上海本刻清。　①注：没有的可知。

②版本可能有倒字（初版绝无有，可能刻错）。③行格有上上下下，有笔划粗细，不

是一个人刻的，一个版面上不可能有不同风格。

1979年7月13日
下2时半

承德文物局座谈会

王士仁：（古代建筑）谈外八庙。我是搞工程的。谈谈喇嘛教与外八庙。八庙作为政治目的建筑，形式、风格，在18世纪代表文化最高形式，与当时文化相适应。 所以叫外八庙，先建普宁、普乐，到80+多年后，共建了11个。外的意思，即山庄以外之庙，按[illegible]记载有内9庙，先建在乾隆时，不全是佛教，还有道观（广元观）也有神庙（花神庙），对内9庙，有外8庙。又外是指对北京雍和宫说的，雍和宫原是王府，雍正为帝，以后为雍和宫，中有"喇嘛说"碑，喇嘛一定要头等升级，要[illegible]，雍和宫为最高管理机构，承德由雍和宫管理，故名。 在乾隆时建的九庙，普宁寺为一，有普佑寺，不算在内，即8庙。乾隆有"出山[illegible]以瞻礼之黄庙[illegible]"，诗中列了8庙名称。即此，八个喇嘛庙。

喇嘛教在文化上藏、内蒙和内地的依据：

普宁寺不仅在外8庙中，且在全国喇嘛庙中有特殊地位，乾隆有碑文，是仿西藏三摩耶庙，建于唐代宗时，后烧了，乾隆时又重建，又译桑耶庙。即译三阳，一译三样。三阳为易经泰卦，三阳开泰，吉祥也。西藏王[illegible]译为吉祥[illegible]。1960年[illegible]三[illegible]，779年始建三摩耶庙，四[illegible]三层楼，下层仿藏式，中层汉式，顶层印度。故名三样。都是自汉语译为藏语，又自藏语转译为汉语。

为何内地建此庙，仿藏庙？

喇嘛庙最[illegible]西藏，佛教在尼泊尔[illegible][illegible]一[illegible]。有很多派，有大乘小乘，小乘不适应，[illegible][illegible]（又名黄教）之[illegible][illegible]传，重传[illegible]仪式，吸收了[illegible][illegible]的[illegible]地仪式。密宗是[illegible]地宗教（原为西藏社会上[illegible][illegible][illegible]，[illegible][illegible][illegible][illegible][illegible]，[illegible][illegible][illegible]文化教义）原教[illegible]权力大，可代表上天，且可[illegible]，他可[illegible]上[illegible][illegible][illegible][illegible]地[illegible]。[illegible]王[illegible]权[illegible]大，[illegible]由大奴隶，大贵族[illegible]，[illegible]了与自王的[illegible]。原教

北京师范大学何兹全、刘乃和等老师到承德参观。承德文物局专人介绍避暑山庄历史。刘乃和速记讲话内容，总8页，又2散页，近7000字。

修建一楼费用多少，难以计算，不能对他多说：（原任）

佛香阁，乃他母亲做寿，九层，到八层时，又重建，即佛香阁。永宁寺修建了三次，最后一次是20多万两。

柱子都是内修料。

田马寺：园子破坏情况：咸丰以后，逐渐荒废，房子损坏。民国时，军阀，大部分为清佐霖，手下很多霖。1925年1928年，国民军占寺，闹了驻兵、土匪兵，不要饷，只要饭，房子都是钢梁，兵拆木，卖出卖。四楼八柱，每柱一群马，四边一跑，房子拆了。

围场大烟有名，围场驻兵，问玉林第四旅驻此人不多，又多贼盗（一连人）一遍，"天高三尺"，问多高哭，"挖地皮太多了"，兵拆房，他盗（文物）铜文物，偷经佛像金佛画像，与此寺商人，卖给美国了。此寺据纸上说了他盗去的，查不了账，后来他把金画拿回，乃作了一个假的，后假的也被盗了。

热河都统时盗走文物不少，房屋损坏不多，然盗的文物去北京送礼，作了交际。

日本人也烧了不少房，并把铜鼎盗走。日本人到那里专先烧一所房子。

国民党13军，把炮拖上山顶，把石条、砖等都用上，1949年北平进来时1300古松，现在只有……房子都倒塌了。52年以后，附近……来挖坟，古松外，其他树都无，又另（迁往）……种树，由各单位认定带树苗，什么树都有，果树、松树，每年都有松树苗。

1948年11月解放，不到50年来，山庄已经废墟。

有一户藏经，日本人盗走，指示银器铜狮子等，用汽车搬走，运动。

现存有二万件文物，有些分别都在热河博物馆。还已运往北京到了故宫。1956年又退换部分。

（五）关于妇女研究

我与妇女研究的发轫

刘乃和

我注意到妇女问题是1973年。说起来很偶然，那年“三八”妇女节的纪念会上，我发言谈到历史上的妇女如何反礼教，并举了几个妇女起义领袖的例子。这促使我想到：这些零散的东西能不能把它们系统起来呢？

接着开始了批林批孔，要求我们大学教师都应走上批判讲坛。我对这一影射周总理的活动很有看法，但又不能不讲。我想到了离政治较远的妇女课题，决定另辟蹊径，开设妇女反礼教的历史讲座。这样既扣住了批孔，又躲过了政治漩涡。未想到一发而不可收，我讲的课吸引了众多观众。我去了很多地方，讲了许多次。记得顺义县天竺公社的妇联主任对我说，这个课让她大开眼界，以前只知道妇女围着锅台转，现在才知道中国妇女在历史上还有这么伟大的作用。

1974年12月29日，应《人民日报》之邀，我发表了一万字的《我国历史上劳动妇女的反孔斗争》一文。当时知识分子是不允许署个人姓名的，故文章上署名为：郑州铁路局工人批判组、北京顺义县天竺公社妇女批判小组、北师大历史系批判小组。文章在当时引起不小的反响，转天，《南方日报》就转载了。1975年，学报上又刊出我的近代妇女的反封建斗争的文章，署名是“司达馥”，即师大妇女。文章很快引起《北京周报》的注意，1975年底，先后将其译成英、法、德、日、西班牙文转载。不可否认，历史上关于古代、近代妇女起义的资料并不多，为充实文章内容，其中有拔高、多加笔墨的地方。

恢复大学招生以后，讲课正规化，我开始较全面地研究历史上的妇女，不仅限于起义中的妇女领袖。越研究，越感到这片处女地很值得开垦，我向系里提出开设妇女通史课，系里考虑到教学力量不够，没有同意。当时我仍然坚持挖掘和研究妇女人物、事件。1984年10月3日，我应《光明日报》之邀，发表了《应重视妇女史的研究》一文，以唤起学术界对妇女问题的注意。

80年代初，研究妇女问题的人多了起来。有位人士要编一本关于妇女的辞典，据说在编委会的讨论会上，她特别提出要对我保密，怕我抢了这个题目。其实这是太不了解我了。当时，我已改变了研究方向。一是出于抢救古籍的紧急需要，各高校建立起古籍整理机构，我已将很大一部分精力投入到校古籍所的工作；二是不少高校要研究陈垣史学，而最熟悉陈垣的只我一人，建立陈垣学，我的任务很重。这样，我已经没有精力继续从事妇女史研究了。

这以后，我仍然关心妇女研究，乐于参加这类研讨会，衷心希望有更多的人来研究妇女问题，尽快地多出成果。有人在会上说我是研究妇女问题的先驱，我不敢当，我只是比别人较早地注意到妇女的历史。这大概因为，第一，我是研究历史的；第二，我是女性。我今年75岁，在女史学工作者中，我可能是年事最高的了。看到今天女性研究的繁荣局面，我很欣慰。

聘请
刘乃和同志为
中国妇女运动历史资料编纂
委员会委员

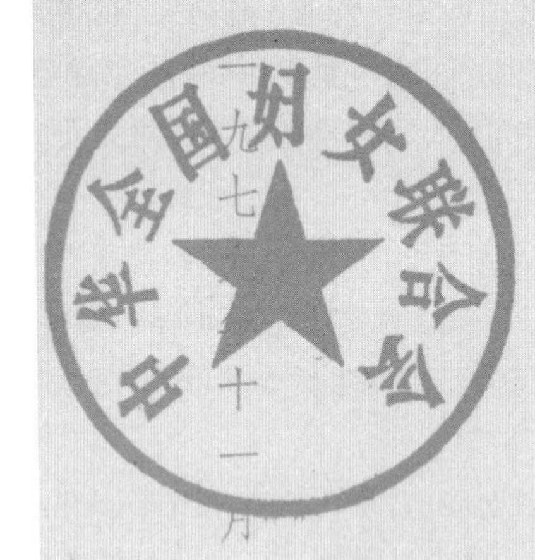

中华全国妇女联合会颁发给刘乃和的聘书。

1985-7-16号

第1页共　页

1、我国清代女科学家——王贞仪 1960字

中国妇女 1979年第1期（总245期）

新华文摘 1979年第　期

英文版《中国妇女》Women of China

1979年第5期

历代有才干的妇女 Departed But Not Forgotten

中国妇女丛书 英文《中国妇女》杂志社出版 中国国际书店贸易公司发行 1984年出版

2、陈垣同志解放前已刊论著目录系年 22762

史学史资料 第5期 1979年11月 北京师范大学史学研究所编

3、陈垣同志编著的年代历法工具书 9850

《文献》丛刊 1979年第2辑 北京图书馆《文献》丛刊编辑部编

4、女儿擎起半边天（七绝三首）

北京师大 第161期 1980年3月13日

5、中国最早的女史学家——班昭

英文版《中国妇女》Women of China

1980年第4期

北京市电车公司印厂出品 八四·六

(1458) 20×20＝400

邕被髡钳时46岁，卒年61。如文姬在邕46岁时生，则髡时20，被虏已36岁，在胡12年，则为48，归来，又嫁董祀。如髡时为10岁，则嫁董时为38，被虏为26

曹丕有《蔡伯喈女赋》，已失传。《太平御览》806尚存序文残文，自此赋可知赋为文姬归汉并已重嫁董祀后所做。

丁廙《蔡伯喈女赋》见《艺文类聚》30。（亦见孙星衍辑《续古文苑》二）

16岁嫁卫仲道

郭沫若说她汉献帝初平三年（192）嫁卫仲道，是年夫丧，其父为王允所杀。

刘：灵帝熹平六年（177）生，~~16岁嫁卫~~。光和元年（178）其父获罪，与家属髡钳，（后12年随父亡命江海，至初平元年（190）回）光和二年（179）父遇赦，16岁（初平三年）（192）嫁卫仲道，夫早丧，蔡邕为王允所杀。~~兴平元年~~可能次年（初平四年193）（第二、三、四年）（兴平元年二年194、195）归于仲道死，兴平三年（196）（即建安元年，年20）被匈奴人虏获，归汉是在建安12或13年（207—208），后嫁董祀，时年31或32岁

汉灵帝熹平六年（177）生，　一岁

				年岁
光和	元年	178	邕获罪，家属髡钳，亡命	2
	二年	179	遇赦。	3
	三	180		4
	四	181		5
	五	182		6
	六	183		7
	七	184		8
中平	二年	185	12年随父亡命江海	9
	三	186		10
	四	187		11
	五	188		12
	六	189		13
献帝初平	元年	190		14
	二年	191		15
	三年	192	春嫁卫仲道，~~夏邕为王允所杀~~	16岁
	四	193	可能卫仲道死在这三年中	17
兴平	元	194		18
	二	195		19
建安	元年	196	即兴平三年，被匈奴人虏获	20
		197	12年在匈奴	21
		198		22
		199		23
		200		24
		201		25
		202		26
		203		27
		204		28
		205		29
		206		30
		207		31
		208		32
		209	以后嫁董祀	33

邕年46

夏邕死，年61

刘乃和研究蔡文姬准备资料线索。

唐代女诗人鱼玄机

鱼玄机是唐朝后期的著名女诗人，她生在唐武宗李炎会昌四年（844）前后，约死于懿宗李漼咸通九年（868），仅活了约二十五岁左右。

她生在唐朝首都长安，字幼微，一字蕙兰，貌美聪慧，喜读书，善诗文，思路敏捷。及笄之年嫁与李亿补阙（官名）为妾。李亿是唐宣宗大中十二年（858）进士科的状元。

她对李亿也是无限深情，她的诗里反映出她对李亿的感情，现存的诗集中，有《寄情李子安补阙》诗中说有："饮冰食蘖志无功，晋水壶关在梦中。……书信茫茫何处问，持竿尽日碧江空"之句。又有《送别》其二，其中一首有"水柔逐器知难定，云出无心肯再归。惆怅春风楚江暮，鸳鸯一只失群飞。"其《寄子安》诗中有"醉别千卮不浣愁，离肠百结解无由。"

刘乃和研究鱼玄机初稿。

鱼玄机

11 全诗 11/804/9047

17 纪事 下/78/1125

18 才子 8/136 元辛文房《唐才子传》 上海古典文学出版社排印本 1957

28 直斋 19/29B 陈振孙 直斋书录解题

李亿

25 登科 22/35B 清徐松《唐登科记考》 南菁书院丛书本

唐女郎鱼玄机诗 辅仁大学 02947:7 083/8504-4/02947:7

刘乃和研究鱼玄机资料线索。

鱼玄机——唐长安女子，字幼微，一字蕙兰，喜读书，有才思，补阙李亿纳为妾，及爱衰，入咸宜观为女道士，后以笞杀女僮绿翘[illegible]事，为京兆尹温璋所戮，有诗一卷。

人名 P.1126

送李亿东归 六言

黄山远隔秦树，紫禁斜通渭城，别路青青柳弱，
前溪漠漠苔生，和风澹荡归客，落月殷勤早莺，
灞上金樽未饮，燕歌已有余声。

唐武宗李炎会昌四年 唐懿宗李漼，咸通十二年

鱼玄机（约844—约871）唐女诗人。字幼微，一字蕙兰，长安（今属陕西）人。本为李亿妾，咸通中，出家于长安咸宜观为女道士，与温庭筠等以诗篇相唱答。因笞杀侍婢绿翘，被京兆尹温璋处死。有《鱼玄机诗》。

辞海 2014

再生缘——长篇弹词。又名《华丽缘》、《孟丽君》。清代女作家陈端生、梁德绳作。20卷40回。流行者为侯芝改编的80回本。写孟丽君与皇甫少华的故事，宣扬女子才学，肯定妇女敢于挣脱某些封建礼教束缚的思想和行动。对后来戏剧、曲艺颇有影响。 53 辞海

653年唐高宗永徽四年。655年（永徽六年）高宗立武曌为皇后。 31年后，武氏掌权

684年武后（683高宗死）（中宗李显立，两个月后 于684年二月武后把他废掉，立李旦为名义上的皇帝（睿宗），由她独掌大政，690年自称皇帝，改国号为周，直到705年死前始被迫让位于中宗。她实际当政40年。

陈硕真（？—653）唐高宗时浙江农民起义女首领。睦州（治今浙江建德）人。永徽四年（653）与妹夫章叔胤在睦州组织农民起义。参加者数以万计。她称文佳皇帝，以叔胤为仆射。叔胤率军攻克桐庐（今属浙江），她率军二千人连克睦州、於潜（今浙江临安），直逼歙州（今安徽歙县）城下。另派童文宝率军四千人攻婺州（今浙江金华）。后起义军在婺州刺史崔义玄（贞）和扬州刺史房仁裕军的夹击下失败，她被俘牺牲。

旧唐 8/77/2688　唐[illegible] 1/30B
新〃 13/109/4095
〃〃宰相世系表 9/72下/2750
编辑 432

乾卅六　嘉庆元

陈端生（1751—约1796）清女文学家。浙江杭州人。祖父句山，在当时也颇有文名。丈夫范菼，因科场案被谪戍。其所撰弹词《再生缘》，文笔较为细腻。书20卷，她仅写至17卷，后三卷由女作家梁楚生（名德绳）续补，最后由女作家侯芝修改为80回本印行。另有《绘影阁　诗集》，已失传。432

（一）

妇女原为半边天，
谁云女子不如男。
国家兴亡天下事，
能与男儿肩并肩。

（二）

赣地光辉姓氏香，
同乡同传文天祥。
成仁取义轻生死，
与国存亡山水旁。

刘乃和关于妇女问题诗稿。

（二）

往日崎岖岁月过，
终逢晴暖幸安安。
催人鬓老同达数，
鬓因成雪，
喜致刘乃和。

依人廿载门达鼓
鬓星廿载
习达发鬓今
鬓所雪
美梁人鬓丝

（四）

廿年宿愿顷果成真，
姐妹联谊报好音。
多少课题多少事，
扬鞭起马趁良辰。

十一真
十四寒

（三）

回首星霜二十年，
艰辛往事付云烟。
逢今跳上平阳路，
妇女联谊别有天。

元仙华先

批林批孔　反修防修

农民起义中劳动妇女的战斗篇章

司达馥

自从人类进入阶级社会以来，随着生产资料私有制的产生，剥削阶级就以劳动妇女作为他们进行最残酷、最野蛮的压迫和剥削的对象。私有制和阶级压迫，是劳动妇女受压迫被奴役的社会阶级根源。因此，在人类历史上，不论是在奴隶社会、封建社会，还是资本主义社会，劳动妇女始终是处于最受压迫、最受剥削的悲惨地位。

在我国长期的封建社会中，地主阶级一贯宣扬孔丘“唯女子与小人为难养也”的谬论，压迫和歧视妇女。孔丘的徒子徒孙又炮制出“三纲五常”、“三从四德”等极其反动的伦理道德，用一整套精神枷锁，紧紧地套在妇女头上。毛主席指出：“**政权、族权、神权、夫权，代表了全部封建宗法的思想和制度，是束缚中国人民特别是农民的四条极大的绳索。**”广大劳动妇女就是在封建的“四条绳索”束缚下，被踩在社会的最底层，过着极为悲惨的生活。

“**地主阶级对于农民的残酷的经济剥削和政治压迫，迫使农民多次地举行起义，以反抗地主阶级的统治。**”在封建社会，农民起义连续不断，总计有大小数百次起义，历次起义中，最受剥削压迫的劳动妇女，也英勇地参加到起义和暴动的行列，她们克服了比男子更多的困难，冲破比男子更多的阻力，和自己的阶级兄弟并肩作战。农民起义不但在政治上和经济上打击了地主阶级，并且直接或间接地冲击和批判了巩固封建统治的孔孟之道。因此，历代参加农民起义的劳动妇女不仅是推动历史前进的重要力量，而且也是封建社会反孔斗争的革命先锋。地主资产阶级在党内的代理人刘少奇、林彪之流，出于反革命的需要，全盘继承了孔丘衣钵，大肆诬蔑劳动妇女，胡说妇女“思想意识落后”，只能“管管家务”等反动谬论，以贬低和否定妇女在社会主义革命和社会主义建设中的伟大作用，来达到他们颠覆无产阶级专政，复辟资本主义的罪恶目的。

历代劳动妇女在农民起义中的光辉业迹，就是对刘少奇、林彪之流反动谬论的有力驳斥。

西汉从元帝开始，改变了宣帝以前所执行的法家路线，积极推行儒家路线，他“征用儒生，委之以政”（《汉书·元帝纪》），“凡能通一经者皆复（即免去徭赋）”（《汉书·儒林传序》），政治日益腐败。广大劳动人民在地主阶级残酷压榨下，土地遭到剥夺，生活极端贫困。公元九年王莽篡汉后，阶级矛盾更加激化，农民无法生活，许多地方爆发

近代劳动妇女反帝反孔斗争史话

司达馥

前言

在近代中国人民反帝、反封建、反孔孟之道的斗争中，有千千万万受剥削压迫最深的劳动妇女参加，在斗争中涌现出无数妇女英雄人物，为我国农民战争史谱写了光辉的篇章。正如斯大林所指出的：**“在人类历史上，被压迫者的任何一次伟大的运动都少不了劳动妇女的参加。劳动妇女，一切被压迫者中最受压迫的劳动妇女，从来没有而且也不会站在解放运动大道的旁边”。**

1840年鸦片战争以后，由于帝国主义的侵略，我国一步一步地变成了一个半殖民地半封建的社会。这时劳动人民除受封建地主阶级的剥削压迫外，又加上帝国主义的压榨凌辱，特别是广大农民，更处于水深火热之中，民族矛盾、阶级矛盾空前尖锐。清朝统治者为了挽救它濒于死亡的命运，一面用武力残酷镇压农民起义，一面乞灵于反动的孔孟之道，以毒害麻痹劳动人民。毛主席深刻地指出：**“帝国主义和中国封建主义相结合，把中国变为半殖民地和殖民地的过程，也就是中国人民反抗帝国主义及其走狗的过程。”**中国人民不屈不挠、再接再厉的英勇斗争，冲开了孔孟之道的精神枷锁，沉重地打击了帝国主义及其走狗——中国的封建势力。广大劳动妇女在反抗斗争中和男子一样，贡献了自己的巨大力量。她们敢于造帝国主义的反，敢于造封建统治者的反，敢于造孔孟之道的反，她们用自己的实际行动，显示出我国劳动妇女是砸烂旧世界、推动历史前进的一支重要力量。

下面，就是我国近代劳动妇女在反帝、反封建、反孔孟之道的战斗中的英雄事迹。

一、三元里狠击侵略者，冯婉贞谢庄斗强敌

牛栏冈边愤义盟，
连络一心忘死生。
男方弱冠频请缨，
妇能执爨愿从征。

1840年到1842年，中国人民反对英帝国主义侵略的鸦片战争，是中国近代史的开端，

近代劳动妇女反帝反孔斗争史话

司达毅

前言

在近代中国人民反帝、反封建、反孔孟之道的斗争中，有千千万万的劳动妇女参加，涌现出无数的妇女英雄人物，在农民战争史上谱写了光辉的篇章。正如斯大林所指出的："在人类历史上，被压迫者的任何一次伟大的运动都少不了劳动妇女的参加。劳动妇女，一切被压迫者中最受压迫的劳动妇女，从来没有而且也不会站在解放运动大道的旁边。"（《斯大林全集》第7卷）。

1840年鸦片战争以后，由于帝国主义的侵略，我国一步一步地变成了一个半殖民地半封建的社会。劳动人民除受封建地主阶级的剥削压迫外，又加上帝国主义的压榨，特别是广大农民，更处于水深火热之中，民族矛盾、阶级矛盾空前尖锐。清朝统治者为了挽救它濒于灭亡的命运，一面用武力残酷镇压农民起义，一面乞灵于反动的孔孟之道，以毒害麻痹劳动人民。毛主席深刻地指出："帝国主义和中国封建主义相结合，把中国变为半殖民地和殖民地的过程，也就是中国人民反抗帝国主义及其走狗的过程。"中国人民不屈不挠、再接再厉的英勇斗争，冲开了孔孟之道的精神枷锁，沉重地打击了帝国主义及其走狗——中国的封建势力。广大劳动妇女在反抗斗争中和男子一样，贡献了自己的巨大力量。她们敢于造帝国主义的反，敢于造封建统治者的反，敢于造孔孟之道的反，她们用自己的实际行动，昭示出我国劳动妇女是砸烂旧世界、推动历史前进的一支主力军。

下面，就是我国近代劳动妇女在反帝、反封建、反孔孟之道的战斗中的英雄事迹。

（接排下页）

5黑 T595

3661/10

1

0107

北京市电车公司印刷厂出品 七四·三

(1406) 20×20=400

四宋占三行（居中）

一、三元里狠击侵略者，工谢庄婉贞斗强敌

牛栏冈边愤义盟，
连络一心忘死生。
男方弱冠频请缨，
妇绅执餐愿从征。

五仿

1840年到1842年，中国人民反对英帝国主义侵略的鸦片战争，是中国近代史的开端，也是中国人民反帝斗争的起点，三元里人民抗英斗争就是其中杰出的范例。

鸦片战争爆发后，清朝反动政府屈辱投降，激起中国人民的爱国义愤，自发地展开声势浩大的武装抵抗。1841年5月，英军包围广州，在广州北郊三元里村烧杀抢掠，三元里劳动人民自动组织起"平英团"，同仇敌忾，团结一心，誓死抗击侵略者，全村男女老少齐集在村北三元古庙前，捧出庙内三星旗宣誓："旗进人进，旗退人退"，宁死不屈。他们联系附近一百零三个乡的群众共一万多人，各乡自成

北京市电车公司印刷厂出品 七四·三

帛书所记“张楚”国号与西汉法家政治

刘乃和

长沙马王堆三号汉墓出土的珍贵帛书中，有记录秦汉之际七十年间木、金、水、火、土五大行星运行规律的《五星占》以及关于刑德的佚书。十分引人注目的是，在《五星占》的五星行度和刑德佚书的干支表中，都记录了陈胜起义建立的农民革命政权“张楚”国号，把它直接承接在秦始皇三十七年(公元前210年)之后，而不标秦二世的年号。这是至今已见的历史文物中关于“张楚”国号的最早记录，是研究我国历史上第一次农民大起义和秦汉之际阶级斗争的极为宝贵的发现。

一

公元前221年，秦始皇统一六国，在我国建立了第一个中央集权的封建国家。秦始皇坚持推行法家的政治路线和经济政策，坚持厚今薄古，在经济基础和上层建筑领域内进行了一系列改革，巩固和发展了封建土地所有制，奠定了国家的统一。但是，地主阶级政权是建立在对农民和其他劳动人民专政的基础上的，封建制度确立的过程中，封建生产关系和生产力的矛盾，上层建筑和经济基础的矛盾，已在逐渐发展。

秦统一后，被推翻的六国旧贵族不甘心退出历史舞台，大量漏网的反动儒生也还“散处间巷之间”，时刻“欲复其宗庙”。复辟和反复辟、统一和分裂的斗争一直激烈地进行着。秦始皇一死，代表奴隶主复辟势力的赵高在沙丘发动反革命政变。他“更为法律”，“收举余民，贱者贵之，贫者富之，远者近之”，“尽除去先帝之故臣”，进行了疯狂的反革命复辟活动，把代表新兴地主阶级的法家人物打了下去。他对广大农民采取“头会箕敛”政策，“发闾左之戍，收太半之赋”。当时，“赋敛愈重，戍徭无已”。赵高复辟集团还没有来得及在全国范围内改变地主阶级的统治，但这种倒行逆施，说明秦始皇的法家路线已经中断。新兴地主阶级和没落奴隶主复辟势力之间，奴隶、农民和奴隶主之间，农民阶级和封建统治阶级之间的矛盾，都迅速激化。贫苦农民在沉重徭役和残酷剥削下，忍无可忍，赵高篡权仅仅一年，就爆发了全国范围的大起义。

农民大起义的领袖陈胜，是“瓮牖绳枢之子，甿隶之人”，早年“与人佣耕”。公元前209年，在大泽乡，他发动被征调服役的贫苦农民，“斩木为兵，揭竿而起”，立即“天下云会响应，赢粮而景从”，组成浩浩荡荡的农民革命大军。起义军所到之处，“诸郡县皆多杀其长吏”，矛头直接指向各级封建统治。他们同时也

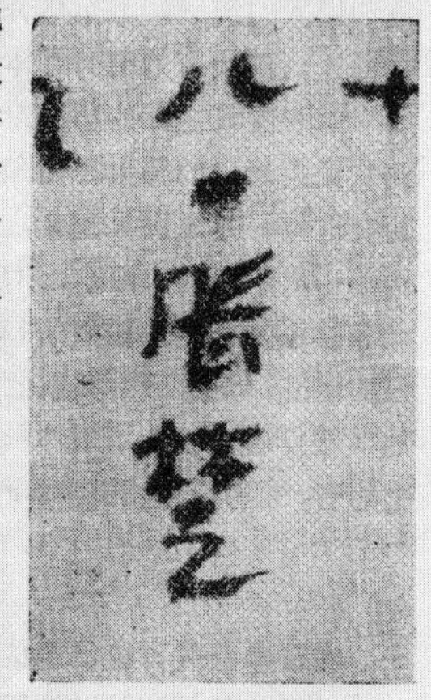
帛书《五星占》所记“张楚”国号

79-11 初稿

80-1-12日将编辑部修改稿送回

第 1 页共 页

中国最早的女史学家班昭

中国历史上第一个女史学家是后汉时期的班昭。这个女史学家曾经参加并最后完成《汉书》的撰写工作。《汉书》是《二十四史》中的第二部书，它写整个西汉（即前汉）时期的历史，是研究西汉历史的重要书籍之一，是中国第一部纪传体断代史，后世写的各朝史书，都和《汉书》的体例相同。《汉书》全书共一百二十卷，由十二本纪（皇帝的传）和记一个皇帝在位时的大事记，八表，十志（记载典章制度），七十列传（人物传记）四个部分组成。其中的八表就是班昭所撰写。

班昭，一名姬，字惠班。扶风安陵（今陕西咸阳市东）人。生于后汉（即东汉）光武帝刘秀建武年间，大约在公元四十年左右。在她十四岁的时候，就和她的同乡曹寿（世叔）结了婚。结婚不久，曹寿不幸死去，只留下她和儿子曹成、曹谷及女儿们一起生活。

她父亲班彪，曾作过望都（在今河北省）县长，他在望都的政绩很称著，得到县里吏民的爱戴。班昭的两个哥哥名叫班固、班超。她们一家父

北制 78.10 20×20=400（1458）

刘乃和《中国最早的女史学家班昭》手稿。

西汉吕后和她的玉玺

刘乃和

玺印是我国古代统治阶级行使政治权力的时候，用于检封简牍，打印封泥的。在纸张普遍使用之前，国家的法令、公文和私人的著述、书札，大都写在竹木简牍上。如果公文书札向外地寄发，就把简牍用绳封缄，并在绳端和交叉处封以粘土，上盖印章，以防私拆泄密。所以玺印又是古代的一种凭信工具。

秦始皇统一中国后，为了加强中央集权的封建统治，制订了一套新的典章制度，规定只有皇帝用的印才能称“玺”，官吏和普通人民只能称“印”。

汉承秦制，据东汉卫宏《汉旧仪》记载：汉代“皇帝六玺，皆白玉，螭虎（“螭”音吃，chī。螭虎是古代传说中一种象龙的兽。）纽，文曰：皇帝行玺、皇帝之玺、皇帝信玺，天子行玺、天子之玺、天子信玺。……皇后玉玺，文与帝同。皇后之玺，金螭虎纽。”秦代、汉代皇帝的玉玺，在考古发掘中，从未见到。南宋薛尚功《历代钟鼎彝器款识》卷十八和赵彦卫《云麓漫钞》卷十五著录的“受命于天，既寿永昌”八字鸟篆玉玺，自宋以来，长期被人认为是秦始皇的“传国玺”，然而我们从文字内容看，它表现了浓厚的儒家天命思想和道德观念；再从书体看，它不是秦代通行的小篆。由此两点，可以肯定它不是秦始皇玉玺，而是汉代或汉代以后儒家所伪造的东西。

我们虽然未见到秦代、汉代皇帝的玉玺，但在清代吴式芬的《封泥考略》中，见到一块“皇帝信玺”封泥，从内容和书体看，应是西汉初年某个皇帝检封“玺书”（即皇帝的诏书、命令）时，用玉玺打印的。由此可使我们知道西汉皇帝玉玺的书体形式和大小，这是重要的历史资料。除此以外，汉代所封诸王中，其印有的称玺，有的称印，如“淮阳王玺”、“朔宁王太后玺”、“滇王之印”等，现在均有实物保存。

一九六八年九月，陕西咸阳渭河北原上的韩家湾公社郎家沟出土西汉吕后玉玺一件，玺为四方形，螭虎纽，四侧刻云纹，印面阴刻篆文“皇后之玺”四字。高二厘米，宽二点八厘米，重三十三克。白玉晶莹，制作精工，在今天所见到的汉代玉玺、玉印中，还没有见到比它更精美的。这是无产阶级文化大革命期间发现的一件珍贵文物。

吕后，公元前二〇二年（汉高祖五年）封为皇后，惠帝时封皇太后，死于公元前一八〇年（吕后八年），与刘邦同茔不合陵（《史记·外戚世家》注引《关中记》）。玉玺的出土地点郎家沟，在刘邦和吕后长陵两陵西南一公里，周围汉代砖瓦碎片很多，是长陵附近的一处建筑遗址。

据《后汉书·刘盆子传》记载，西汉末年，赤眉农民起义军攻入长安后，曾毁汉诸帝陵，吕后陵曾被发掘，陵上的便殿、寝殿被焚。这个玉玺可能是赤眉起义军自陵内拿出，也可能是吕后陵上便殿内的供祭之物，遗落土中，隔了两千多年，又被发现。

吕后名雉，字娥姁（音许 xū），秦末单父（今山东单县）人。出身在农民家庭，她父母被人称为吕公、吕媪（音敖，ǎo。老年妇女）。吕公因避仇人，逃到沛县，从此在沛县定居。这时刘邦正在沛县作乡村小吏——泗水亭长，被吕公看中，选他作了女婿。吕雉和刘邦结婚后，生一儿一女，即刘盈（惠帝）和鲁元公主。

公元前二〇九年，刘邦响应陈胜、吴广领导的农民起义，经常转战各地，吕雉及其子女仍在家务农。所以有人对刘邦说“吕后与陛下攻苦食啖（音淡，dàn，吃饭没有菜为啖，攻苦食啖，就是同甘共苦的意思。）”，他们确实是同甘共苦的。

公元前二〇五年，刘邦在彭城被项羽打败。项羽以扣杀刘邦父母妻子为要挟，将吕雉等掠去作人质。两年后，项羽提出要和刘邦划鸿沟为界，“西汉东楚”，平分天下，妄图维护分裂局面，才将吕雉等送还。

公元前二〇二年，垓下一战，刘邦战胜项羽，即皇帝位，吕雉封为皇后，“佐高祖定天下”。当时太尉周勃和丞相陈平都说过“高帝与吕后共定天下”的话，可见刘邦建立汉朝，继续秦的统一事业，吕后是有很大功劳的。

公元前一九五年，刘邦死后，刘盈继皇帝位，这时尊吕后为皇太后。这方玉玺可能就是公元前二〇二年至公元前一九五年之间，吕后立为皇后以后，尊为皇太后以前所用的印玺。

刘盈“为人仁弱”，刘邦认为“不类我”，不能继承自己的事业。这时，吕后为了继承刘邦的事业，继续推行法家路线，防止发生动乱，决定亲自执政，“天下事皆决于高后”。刘盈在位七年病死，吕后临朝称制，她在位八年，先后共掌握西汉政权十五年。她成为我国历史上地主阶级第一个著名的女政治家，也是我国封建社会建立后第一个实际掌握政权的妇女。吕后执政的本身，就是对儒家男尊女卑反动思想的一个有力批判。

右上图：吕后玉玺

右下图：“皇后之玺”

吕后是执行法家路线的，主要表现在以下几个方面：在政治制度上，坚持法治，维护地主阶级中央集权制，粉碎了韩信、彭越等诸侯王的叛乱阴谋；在用人制度上，继续重用法家人物；在经济制度上，继续执行刘邦重农抑商的经济政策，恢复和发展了社会生产。吕氏在我国历史上，曾经起过一定的积极作用。但是由于阶级和时代的局限性，吕后也作过一些不好的事情，我们应当以“一分为二”的原则来给予评价。

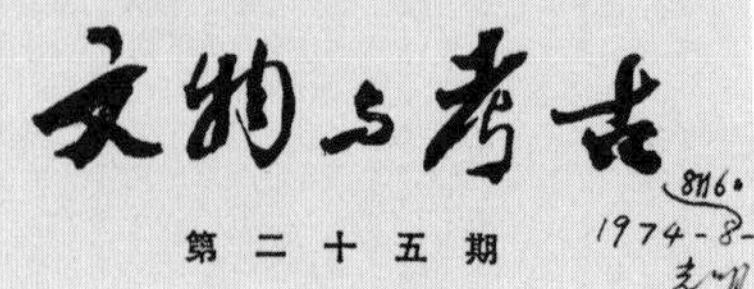

第二十五期

1984,10,3 光明日报 ·3·

要重视古代妇女史的研究

刘乃和

史坛纵论

我国有几千年的历史，有古代辉煌灿烂的文化，有素称发达的农业和手工业，还有其它百千事业和卓越成就。历史的进展，成就的取得，都是由中华民族共同创造的，自然也有为数一半妇女的功劳。且不说母系社会，就是以后几千年的历史发展，又有那一页没有妇女的功绩呢？但这一事实，却一直未引起人们足够的重视。

人类历史，由于生产资料私有制和阶级社会的出现，妇女地位在逐渐变化。恩格斯说：“最初的阶级压迫是同男性对女性的奴役同时发生的”。在政权、族权、神权之外，又加上夫权，四条极大的绳索，把妇女的手脚紧紧捆绑起来，被压在社会最底层，完全处于仆从和附属的地位。

被“三从四德”、“男尊女卑”、“妻以夫为天”等封建礼教所束缚，妇女只有以父、夫、子为倚靠，被圍于家庭之中，经济不能独立，无法接触社会，只能遵循德、言、容、功四行，使广大妇女无从发挥自己的聪明才智。

妇女如果主持政事，就是“牝鸡之晨，惟家之索”；如果知书识字，就违反“女子无才便是德”的古训；丈夫早死，就必要“从一而终”；夫妇无子，就算妇女犯下“七出”之条。甚至宋朝刑法规定：妻子告发丈夫，即使罪状属实，也要判二年徒刑，因为她是“以下犯上”。千百年来，妇女只能与小人并论，只能逆来顺受，其它出路是没有的。

就是在这样惨重压迫、层层枷锁之下，历代妇女还是显露出不少有作为的代表人物，当然这都是很不容易的，因为只要稍稍出头，就会被封建道德扼杀。所以说，妇女的成就，即或只有一点点，得来都是不易的，都要付出比男子加倍的力量和代价。因此我们今天对之都应给以重视，研究历史的同志们都应当充分认识到这一点。

历史上的妇女，能管理国家大事的有武则天这样的政治家；在重敌圍困中突圍请援的有十三岁英勇少女荀灌；抗击敌人、擂鼓助战的有梁红玉；有擅长书法、曾作过书圣王羲之老师的书法家卫夫人（卫铄）；有继承父兄撰补史书的史学家班昭；科学上有成就的有黄道婆、王貞仪；著名诗词家有李清照、朱淑貞；草创戏曲剧本的有阮丽珍；写通俗文学弹词的有陈端生、邱心如；对于祖国统一的多民族国家的发展有重要贡献的有解忧公主、王昭君、文成公主；参加农民起义的有文佳皇帝陈硕真、唐赛儿、王聪儿；起义反抗统治者的少数民族的代表人物有彝族蛇节、布依族王囊仙等。她们都是从圣贤立言、神道设教的包围中冲出来的，确实是难能可贵的。

她们很多人都和男子一样怀有忧国忧民之思，并且也都抱負不凡，怀有雄心壮志。李清照“生当作人杰，死亦为鬼雄”等诗句，不是对南宋误国君臣的控诉吗！王貞仪“足行万里书万卷，尝拟雄心似丈夫”的壮语，不是抒发她的豪迈情怀吗！

这些才华出众、光采照人的妇女，只不过是有成就妇女中的代表人物，大多数妇女事迹，在封建礼教控制下的封建男史学家笔下，没有被纪录下来。妇女受束缚无法有成就，有成就的妇女也不被封建史家重视，不予记载。

中国第一部为妇女作传的是后汉刘向写的《列女传》，这书可算重要的创举。此后，纪传体史书列妇女传记的自范晔《后汉书》始，他认为妇女的事迹应予肯定。但《史通·人物篇》认为此传，徐淑“才德兼美”而无传；蔡文姬“节概不足”（指三次嫁人）反立传，是取舍失当。从此纪传体各史的列女传，都只以孝节貞烈为取舍。二十四史有列女传的共十二史，录妇女六百余人，多據此标准。所以连道学家朱熹都称赞说“本朝妇人之能文者，只有李易安与魏夫人”，而二人在《宋史》都无传，其他如朱淑貞、朱希真等著名词人亦均无记载。《宋史·列女传》涉及四十九人，都是节妇烈女。至于地方志，更是以表彰节烈为主。其它史书中的妇女资料甚微。

占中华民族人口半数的妇女，在历史上是作过重大贡献的，其成就是不可泯灭的。据統计，各史艺文志、地方志艺文志，以及稗史、笔记等书著录或涉及的妇女著作，自汉魏以来，约有四千余种，数量不能算少。但妇女事迹，则因散见各书，多不为史家注意。写通史、专著，也未注意对妇女历史的探索，史书无专章，论述少专著，这是很不应当，也是很不公平的。今之治史者应有意识地更多地重视古代妇女史的研究，以补过去的遗漏和不足。这是史学研究中很值得注意的一个课题。

为85-7-24（三）美国中国历史文化考察团讲。

第 1 页共 页

谈谈中国妇女

今天我是第二次和大家一起谈了，能有两次机会和大家讲话，我很高兴。

今天主要讲一讲中国的妇女，包括古代和现在的情况。当我第一次欢迎你们考察团时，就已高兴的注意到，你们团有男的也有妇女，而且妇女占了绝大多数。妇女问题的内容，虽是谈妇女，实在和男女都有关系，是男女都应当注意的问题。

（现在刚好是自7月10日开幕、为期十天的"审查和评价联合国妇女十年成就世界会议"（在肯尼亚首都内罗毕）刚刚结束。全世界有140多个国家、15,000多名代表出席，我们中国也有代表参加。在这时候谈谈我们中国的妇女，是很有意义的事情。

因为我是研究中国古代历史的，又是妇女，男史学家研究妇女历史的人很少，我常常和他们说：你们男史学家都不注意我们妇女的历史，我只好多注意了。所以我在业余的时间经常注意收集散见在书的历史上妇女的资料，也不断研究一些古代妇女的出色人物。由于本职工作任务很重，每天很忙，因此没有多少业余时间，所以能研究得也不够深入细致。

北京市电车公司印刷厂出品 八四·六

（1458）20×20＝400

刘乃和《谈谈中国妇女》文章手稿。

中国的妇女

今天我们是第二次一起和大家谈了，我主要讲一讲中国近代妇女。当我第一次看到代表团时我很惊奇，这个团有男的，也有妇女，而且妇女占了绝大多数。现在正是自7月10日开始，为期十天的"审查和评价联合国妇女十年的成就世界会议"刚刚结束，全世界有140多个国家，约一万二千多名代表出席，我们中国也有代表参加。在这时候谈谈我们中国的妇女，是很有意义的事情。本来妇女问题，过去认为是妇女的，实在和男女都有关系，是男女都应关注的问题。

是因为我是研究中国古代史的，又是妇女。男史学家研究妇女历史的人很少，我常常和他们说，你们男史学家都不注意我们妇女的历史，我只好多注意了。因此我在业余的时间经常注意收集历史上妇女的资料，也不断研究一些古代妇女的出色的人物。由于工作任务很重，天天很忙，因此没有多少业余时间，所以做得也不够深入细致的研究。

人类的历史，应当说是男人和女人共同创造的，中国几千年历史，有光辉灿烂的文化，有素称发达的农业和手工业，还有其他百千事业和卓越的成就。关于历史的进展，成绩的取得，都是由我们

北京師範大學

刘乃和老师：你好　　（根据录音代）

你上学期讲课，我们已把你讲整理出来，请你审阅修改。本应亲自送去，由于最近忙于工作，抽不出时间，请原谅。

关于这学期讲课时间安排，我再与你联系。

你最近眼病如何，念念。

需要我帮你作什么，请告知我，我尽力办。

祝

节日愉快

高[illegible]
85.9.27

校部地址：北京（80）新街口外大街北太平庄
电　　话：中继线 66 8431

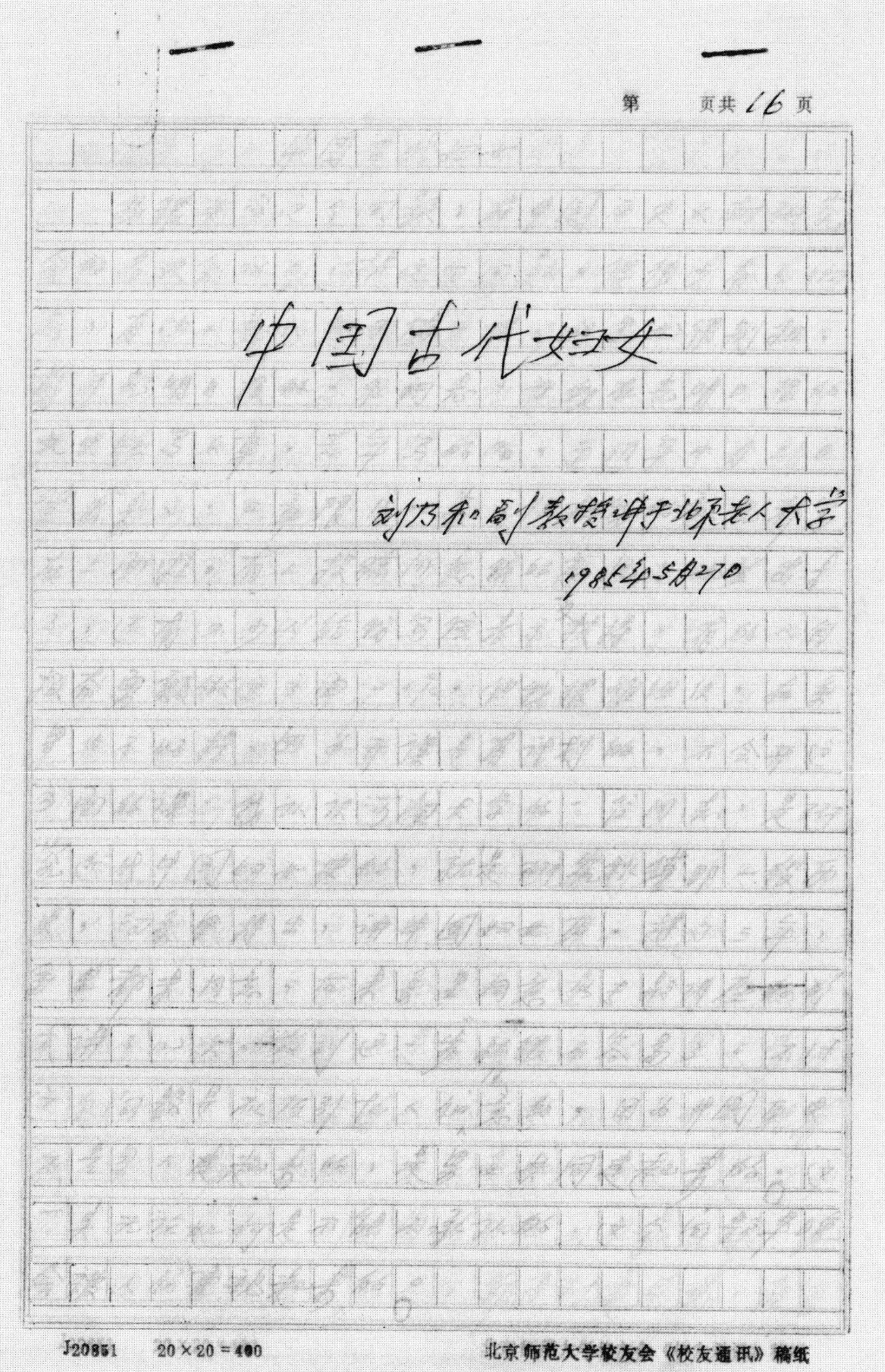

第 页共 16 页

中国古代妇女

刘乃和副教授讲于北京老人大学

1985年5月27日

J20851 20×20=400 北京师范大学校友会《校友通讯》稿纸

1985 年 5 月 27 日，别人整理的刘乃和《中国古代妇女》讲课记录稿。

第　　页共　　页

中国古代妇女

我很关心这个问题，在中国古代文献研究会的多次会议上，讲这个问题，但很少有人响应，有些人总认为不值一谈，心里也很别扭。前年光明日报的一位同志，让我在光明日报的文史版写文章。去年写好后，于同年十月二日登出来了。文章限1600字，但把我的意见都写在上面了。有人投稿同意我的意见，也登出来了，还有不少人给我写信表示支持，有的人自报奋勇愿做这方面工作。但我很难组织，在系里也不好搞，因为开课是有计划的，不会开这方面的课。我认识河南大学的一位同志，是研究近代中国妇女史的，就是研究秋瑾那一段历史，向系里提出，讲中国妇女史。搞了三年，系里都未同意，后来系里同意以专题讲座的形式讲了12次，做到这一步就很不容易了。不过这个问题是应该引起人们注意的，因为中国历史不是男人建起来的，是男女共同建起来的。这一点无论如何是不能不承认的，这个问题早晚会被人们重视起来的。

J20351　　20×20＝400　　北京师范大学校友会《校友通讯》稿纸

89-5

国家社会科学基金
研究课题申请书

学科分类 历史文献

课题名称《古代妇女史人物简介及资料汇编》

申请人 刘乃和

填表日期 1989年4月

1989.5.12 送罗先生

刘乃和《古代妇女史人物简介及资料汇编》国家社会科学基金研究课题申请书。她绘制，并试填。

课题负责人基本情况

姓名	刘乃和	年令	1918年生	性别	女
职务	教授	其他职务	古籍所研究室主任，中国妇女运动历史资料编纂委员会委员。	研究专长	史学、历史文献、妇女史
工作单位	北京师范大学古籍研究所			电话	201-2288转874
通讯地址	北京师范大学（工）20楼6门52号				

与本课题有关的近期研究成果

（近期研究成果应注明成果名称、成果形式、发表刊物或出版单位、发表或出版时间）

《我国清代女科学家——王贞仪》 中国妇女 1979第一期。《人民文摘》转载

~~《王贞仪的贡献》~~ Women of China（英文版《中国妇女》1979第5期）转载

中国第一个女史学家 班昭。 Women of China 1980第4期

~~女史学家和她一生的著作 班昭~~

蔡文姬 传奇而坎坷的一生

杰出的天文学家 王贞仪

Departed But Not Forgotten（中国妇女出版）

要重视古代妇女史的研究 ~~198~~ 光明日报《史学》 1984-10-3

班昭、蔡琰、陈硕真、鱼玄机、~~王贞仪~~ 等的小传 《古今著名妇女人物》

河北人民出版社 1986年10月

妇女大百科 中外历史人物部分 1988年12月交稿，89年出版

辽宁出版社

澳大利亚悉尼大学编《中国妇女小传辞典》唐、明清部负责人。

1988年开始

课题主要参加者基本情况

姓名	年令	专业职务	工作单位	研究专长	近期研究成果
赵子富	36		北京大学历史系~~博士生~~博士生	历史文献、明史	《明代的翰林院与内阁》北京师大学报88年6月
陈芳岚	37	讲师	北京师大古籍所 北京师大古籍硕士生（85年毕业）	古典文献	《谈谈古籍整理的两个问题》史学研究85-3期 《谈谈诗经中情诗的认识价值》师大学报增刊 89年（已定稿） 《楚辞对诗经的继承关系》（硕士论文）
董乃强	48	助研 讲师	北京师大图书馆	妇女史、编资料索引等	资料汇编《香妃》28万字 书目文献出版社1985年8月出版 妇女传记：妇好、苏小妹、唐婉、管道升、香妃、珍妃、等十余篇，已收进入《古今著名妇女人物》河北人民出版社1986年1月，并由[illegible]译为英文，收入《妇女传记》出版 ~~Cast Not Forgotten~~ ~~1984年出版~~，此书是 ~~Women of China special series~~ 《史学论文索引》1979—1983 北师大历史系印 其他索引共七种、《男子历史地位的变迁》等论文三篇

本课题国内外研究概况，本课题的基本内容，研究本课题的理论意义和实践意义，要突破哪些难题。

中国古代妇女史，至今没有集中的、系统的研究专著，由于过去史学界对妇女史重视不够，但又因为资料不多，且大都分散的、片断的在各种史书之中，查找极难，汇辑不易，这是史学界应注意的问题。资料不备则妇女史就难于撰写，而中国通史研究中没有妇女史，则是史学界的极大缺漏。

本课题内容主要分两大部分，一部分是古代妇女史人物的简要介绍，共收约1500人，约25万字；一部分是古代妇女史资料汇编，即将散见各史的妇女人物资料的辑录，汇集、摘录，并加简要注释，引用正史、别史、杂史、文集、碑传，以及各种类书和其他有关书籍中的妇女资料，编辑成篇，为研究妇女史及各朝历史者提供可信史料。这部分约2500字（合共50余万字）。

此课题通过介绍及编辑，可展现出中国古代妇女在历史上所起的作用，和突出历史上妇女的贡献，从而认识中国古代妇女对政治、经济、文化上的重大影响和她们应有的地位。

近年国外妇女研究颇为热门，国内也出版了妇女辞典等书，但有些是编辑抄录、草草成书；

中国古代婦女資料選編

雷洁琼題

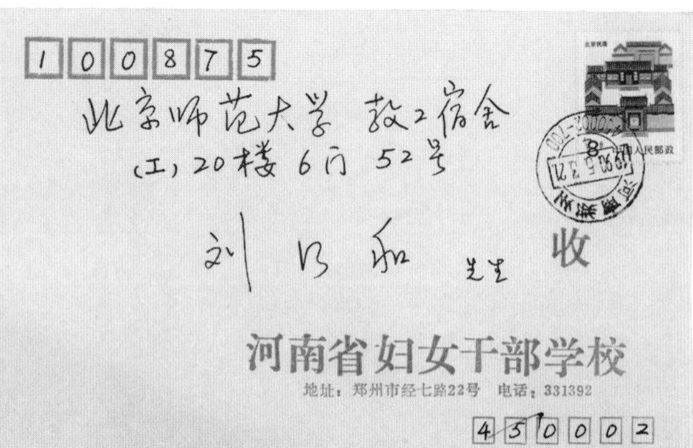

敬爱的刘老师：

您好！

还记得我这个学生吧？我是68届毕业生，现在河南省妇女干部学校任教。我们准备在五月份办一期中外妇女史师资培训班，非常想邀请您来讲学。可是，天津师大的杜芳琴老师说您可能在五月份出国，所以就没敢给老师出难题。日前，突然接到杜老师的来信，言您出国日期推迟，可以来河南讲学。我们大喜，校长让我代表学校给您来信，恳切希望您来给我们的学习班增光。

这次学习班主要是为全国各省妇干校培训妇女史师资，估计人数30～40人。任课教师主要是外请，除您之外，我们还请了北大郑必俊老师，中社科

0011270 · 863　第　页

1990年4月17日河南省妇女干部学校梁军致刘乃和信。

高世瑜老师、天津师大杜芳琴老师，以及河南大学的孔令谊老师。校方的决心是，为了加强妇女学学科建设，为了妇女史师资力量的强化，即使赔钱也要办这个班。因此，刘老师能来为这个班助威，我们真是再高兴不过了。

学习班定于5月8日开学，您的课拟排在18日下午和19日上午，共计一天，不知妥否？另外，我们打算安排17日参观安阳。如果老师愿去的话，可在16日晚达郑，17日去安阳，18日讲课。您的意见如何，希望尽快来信告我，我们好排课表。

顺祝春安。

学生 [illegible] 90.4.17

郑州妇女干部学校·妇女史培训班 1990.

妇女史杂谈（古代女子教育及其他）

同志们、姐妹们：

我今天能参加河南省妇女干部学校举办的中外妇女史师资培训班，非常非常的高兴。今天特别是能见到大家，现在我将来都要为妇女史的学科建设、目前的教学工作奉献力量的同志们，心里更是十分激动。

我虽目前工作较忙，有岗位工作和非岗位工作（两大项 1.文献 2.110周年）可以说是挤挤见时，但我很愿意来和大家见面。

十年前，我就有志于作妇女史的研究工作，当时和其后几年，工作比较特忙。虽想专余致力于此，但已呈饱和状态，十年来没有出余，因此"心有余而力不足"。十年前曾在一次会上号召女同志编古代妇女史资料（资料是妇女史编写的基础工作，因此先做），后有十人参加，一因水平不齐，二因编好出版时有问题（修改统稿难），所以现在尚未出版。又一次众人合编一部妇女辞典（是出版社主动的），又因体例（来稿）不统一，文字水平差，根据任务分人来按布置的要求写，现在已修改（费了很大力气）现出版又难。（众手所成，不在一起，难度大）

J811883 20×20=400 2

刘乃和在河南省妇女干部学校举办的"中外妇女史师资培训班"上的讲稿。

第 2 页共 页

由于80年我在光明上登的文章，其实是很肤浅的，但当时直到现在，都还有人注意，甚至有的同志研究、编写什么妇女传记、辞典等，都说"现在保密，不能让别人知道"，好象怕我抢去，其实我本职业务都忙不过来，我知道了，也不抢，抢也抢不来。且如知道，如有需要，只能帮助

"舍不得妇女史这块阵地，

放不下妇女史培养英才。"

难舍妇女史阵地（名）
关心……发展
支持……培训（人）
会见……传人

十几年，我也少少地写了几篇短文，也为三八节、《中国妇女》创刊45周年（1991年即50周年）写过诗，88年9月5日参加妇女六次代表大会开幕式后，也写了诗。

我70岁生辰时，写诗四首，其中一首还有"七十年华流水去，未忘身处半边天"。

我关心妇女史的专业，关注妇女史的研究，尤其关心妇女史学科的建立。我认为支持中国几千年历史发展的妇女，她们的功绩不能泯灭，她们的历史需研究，也需写好，也相信不久的将来，定能写出完整的、满意的一部"中国妇女史"（当然也希望有"世界妇女史"）。这个希望，我们是没时间完成了，

新力量

探骊巾帼史　屈指二十年

● 刘乃和

编者按　建国以来，女性研究长期只限于妇联系统，至80年代初，才逐步进入学术领域。一位学者在《中国史研究动态》（1993年第2期）中回顾这段进程时说：“改革开放以来，在我国最早呼吁研究中国妇女史的，应属史学界的老前辈刘乃和先生。她于1984年10月在《光明日报》撰文，提出‘要重视古代妇女史的研究’。”作为开先河者，刘教授如是说——

1986年，在英文版《中国妇女》创刊30周年庆祝会上，刘乃和（中）与康克清、雷洁琼的合影。

我注意妇女问题的研究，酝酿在20多年前。1973年，正是“文革”期间，学校停课，我临时调到《新华辞典》编纂组。“三八”妇女节我们开座谈会，我作了妇女在历史上发挥作用的发言，得到全组同志称赞，说过去没人讲过，听来很新鲜。

由此，我得到了启发：能不能把历代妇女人物连贯起来讲呢？之后，我搞了一些讲座，由于题材新颖，受到广泛的欢迎。就此题材，我又在报刊上写了一些文章，都被其它报刊转载。当时由于不能署知识分子真名，匆忙间，我用过一个叫“司达馥”的笔名，即“师大妇女”之意。

1978和1979年，我两次向系领导提出可否在历史系设置中国妇女史课程，或用选修，或讲专题，并表示如没人教，我可担任。终因当时刚恢复高校招生，我又被借调到北京大学兼课，设置课程事未能实现。

1979年12月全国妇联组成“中国妇女运动历史资料编纂委员会”，我被推选为编委。除主任罗琼、副主任董边等4人外，共有委员71人，包括帅孟奇、李伯钊、李贞、夏之栩、浦安修等大姐，还有男同志9人，此外还有省、市、自治区妇联的同志各一人。第一次开编委会时，邓颖超大姐出席并讲话。邓大姐说明写“中国妇女史”的意义，并说“有些同志年岁已老，从事一生妇女运动，为了争取时间，抢救资料，先写‘中国妇女运动史’，再写近代的、古代的，最后成为完整的妇女通史。”邓大姐的话，我至今记忆犹新，但大姐的愿望，尚未能完成。

1980年3月8日，首都妇女在体育馆举行三千人的联欢大会，纪念国际妇女节70周年，全国妇联主席康克清主持，名誉主席宋庆龄讲话，会上我曾和康大姐谈到写妇女史的事，她十分关心。

1984年7月23日在人民大会堂祝贺《中国妇女》创刊45周年纪念会后，我感到妇女史的研究尚未充分展开，于是写了《要重视古代妇女史的研究》，在10月3日《光明日报》“史学”副刊上发表。文中指出“几千年的历史发展，又有哪一页没有妇女的功绩呢?但这一事实，却一直未引起人们足够的重视。”我也曾组织过同学编过妇女辞典和资料汇编，雷洁琼大姐题写了书名，但因种种关系，未能付印。我原想先写一个个的各朝妇女传，积累资料，再连续成篇，虽已写了一些，但因后来我的任务转移，这工作暂时停下。

最近报刊同志为妇女问题研究来访问，引起我20年来往事的回忆。今天投入妇女问题工作者日益增多，妇女学已形成热潮，已到了“山花烂漫时”了，我非常高兴。当年的“司达馥”在衷心祝贺，祝贺我们“半边天”学科日益发展旺盛。

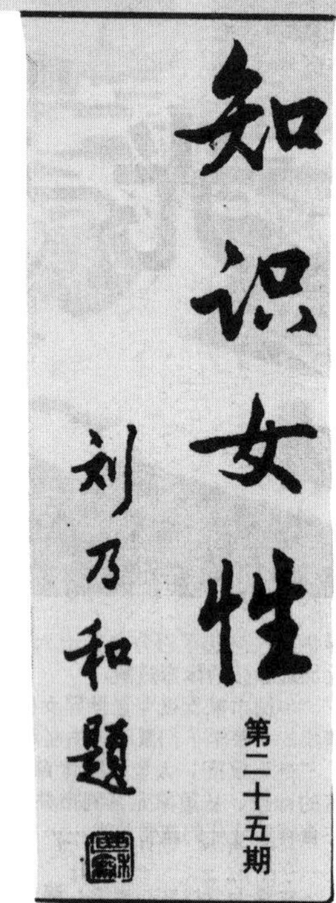

刘乃和为《知识女性》杂志题辞。

俏不争春

——中国古代妇女的故事之二　8页

共122页

8. 革新女教强中华—清曾懿　7

五、比翼齐飞

1. 当垆卖酒，反抗封建—西汉卓文君、司马相如夫妇　13

2. 遁世避时，举案齐眉—东汉梁鸿夫妇　11

3. 文化巨人，患难夫妻—宋李清照、赵明诚夫妇　19

50

共321页
×400
128400字

王贞仪和她的《德风亭集》

刘乃和

王贞仪是乾嘉时期女天文学家，她的写作很多，今仅存文集《德风亭集》初集十三卷。德风亭是她父祖旧居之地，故以名集，以示"不敢怪也。"

一

她生于乾隆三十三年（1768），死于嘉庆二年（1797）年30岁，实足年龄仅29岁，（以后所写都用虚岁），字德卿。原籍安徽泗县，自其祖父迁居金陵（今南京），故很多书都将她籍贯写做金陵或上元人，诸可宝的《畴人传》三编小传作江宁（亦即南京）人。

她幼年时住在金陵，九岁从祖母董氏学诗，12岁学做文章。

她祖父王者辅，字近颜，号惺斋(《耆献类征》228有传，在"守令"14)。为人耿介，清操直节。曾做过幕府，后以诸生举贤良，特授广东海丰知县，在任上"为政明决，折狱如神，嫉恶严而待民恕，禄俸外，一钱不染，地方大小事务无不办"。由于他"布衣蔬食，不事上官，好直言，触讳忌官"，县里上下人等看他和其他官僚作风不同，都称他为"怪尹"（见《耆献类征》228）。他不善阿谀攀缘，因此常得罪人。他一生多次因得罪上官失去职位，最后调为宣化府知府。在知府任上，又因事获罪，谪戍吉林，乾隆四十三年（1778）死于戍所。这时贞仪才11岁，（《陈宛玉〈吟香楼诗集〉》），随祖母董氏和伯父到吉林奔丧。后居住在吉林 4 年。

她祖父一生读书，曾有不少著述，贞仪在《敬书先大父惺斋〈读书记事〉后》中曾说："窥尝闻家父言，先大父著述甚富。"但这些著作，因在吉林时家遭大火，稿件大部被焚毁，只剩下一部《读书记事》，此书虽已由广州知府蓝鼎元校定，准备刊行，但终未得付梓。此书内容，是作者"精神所寄託"，表达了他自己"忠爱深衷"的态度，所以贞仪说"大父之不愧于生平，于是编得之，非其罪而罹之罪，亦于是编少得其端矣"。此书大体是通过写读书心得，以记作者无端罹罪的抑郁情怀和心志。

她祖父藏有书籍75橱，由于贞仪的护持，书得到保存。家中藏书多，也使得她有条件大量阅读。这时她除去接受当时女孩的家庭教育学做女红缝纫外，并和几位女友白鹤仙、陈宛玉、吴小莲等，从陈宛玉的祖母卜谦爻读书。贞仪在《祭陈母卜太夫人文》中说"受知帨下，授教殷劬，女工而外，兼示诗书"，又在《书先大父惺斋公〈读书记事〉后》说"女红之暇，恒延姆师教读，颇攻苦于诗歌文章之艺"。卜太夫人为她删改文章，"并教以读书作诗之道"（《上卜太夫人书》）。贞仪祖父喜欢研究天文历法，收藏这方面书也很多，所以她所读书籍不但有经、史、诗、文，而且也得读历算诸书。

除读书外，她又从蒙古阿将军之夫人学习骑射，射法极好，"发必中的"。在参加比赛击射时，她在比赛场上"跨马横戟，往来若飞"（萧穆《王德卿传》），英姿焕发，光华照人。

《北京师范大学学报》1990年增刊载刘乃和《王贞仪和她的〈德风亭集〉》一文。

她平日常常戎装骏马，习武学艺于朝霞暮霭中，她"乍牵玉勒，遂骋金羁"，婀娜俊美，揶戟挥戈，纵横驰骋，显现出意气昂藏，巾帼英雄的风度。

这几年，她身居塞外，时常怀念江南，思念幼年居住的金陵，想起家乡，常悲痛落泪。在她很多作品中，都有抒发自己思乡的情怀，《春柳赋》中有：

江南江北，离别嘘唏。……盼长亭短亭之婀娜，盖使游子而凄迷。……愁客途兮逶迤，睇塞垣之独远，怀故国而心悲，望天涯兮思绻，闻羌笛之悠扬，慨回肠而宛转。

在《吉林春感赋》中有：

彼夫吉林之地，土坚风劲。松花江兮水凝，木叶山兮尘亘。望黑水之悠悠，更黄沙之影影。……眺平原之宿莽，驰悲怀而常耿，因之忆江南之早春，已寒退而暖更。……朱雀桥边回柳色，乌衣巷里听莺声。……试登高以瞩目，极云天之微茫，魂一去而欲销，梦徒归而徵行。……彼流光兮易迁，思高堂而不见，噫岁月之久暌，空泪下兮如霰。

这两篇赋和词，文笔清丽，思亲怀乡之情跃然纸上。词"浪淘沙"《吉林秋感》中有：

关塞冷西瓜，沙雾迷濛，可怜秋去又匆匆，凝望乱烟衰草外，离恨无穷。最好故园中，黄菊丹枫，蟹螯双擘酒盈钟，此景那堪回首，忆愁见归鸿。

那时她只不过才十几岁。她9岁随祖母学作诗.其时她已通《十三经》，长览二十三史，这是11岁去吉林之前的事情，12岁在吉林开始学写文章。

16岁回江南，"奉侍家祖母由都门赴吉林。……后四年南旋"（《刘药畦遗诗序》）。则在吉林共住四年。后来又随祖母和父亲自金陵先到京师后转陕西，更到湖北，迁粤东。18岁回泗州、天长老家。19岁返回金陵。25岁和安徽同乡宣城詹枚结婚，随即迁往宣城詹家。在当时来说，她结婚是比较晚的。詹枚字文木。亦工诗，《德风亭集》里有王、詹夫妇二人的联句。贞仪结婚仅仅5年，在嘉庆二年（1797）时，不幸病死。几年之后，詹枚也逝世，未留子女。

二

她聪颖过人，博学多才，淹贯群书。自幼习经、学史，长于诗词文赋，精于书法绘画，其诗文皆质实说事理，不为藻采。并善骑射、棋奕，能烹饪、女红等等。多艺多能。知识面极广，但她一生中最突出的特长，还是在自然科学上的卓越成就。

在自然科学领域里，她研究的方面也较广泛。她最精天文，并习数学，懂气象，明地理，通医术。

她从很小的时候，就喜爱天文历算，读历算诸书，"专心一致"，"矻矻然终日尽夜，以涉心其中"，每至忘寝废餐的地步，而且十几年中勤奋学习，始终不懈。

贞仪幼侍先大父惺斋公，公细训以诸算法，既长，学历算，复读家藏诸历学善本十余种，潜心稽究，十余年不少倦（《岁差日至辨疑》）。

仪少小习历、习算诸籍，恒废寝食以求之。又研究勾股测量方程之术。……参论所习之已知已解，附以鄙见，绘之图象，摭拾成一书（《〈象数窥余〉自序》）。

研讨天文学必须了解计算，因此，她又钻研古算术，对勾股、测量、方程等都非常娴熟，了如指掌。每当研究这类科学知识的书籍时，总是埋首研求，细心揣摩，一直到能通能懂。她把自己勤苦所学的天文历法知识，凡是"已知已解"的，用自己的见解，画成图像，编写

1991.2 總第15期

婦女研究雜志是中國唯一的婦女理論研 究雜志

WOMEN'S STUDY

继承与创新 P.17

（北大讨论会）

□論流動人口的生育行爲

□十年婦女工作方針衍變

□實際而明智的選擇

□看看您是否屬於E型女性

□勿忘我

傅妍

继承与创新

——北京大学"传统文化与中国妇女"座谈会综述

1991年1月22日在北京大学召开的"传统文化与中国妇女"座谈会，是北京大学中外妇女历史与文化研究中心成立后首次组织的大型学术活动。参加这次会议的60余人中，主要是北京地区的中外社会科学的专家学者以及新闻出版、妇联等系统的妇女理论研究人员、中外学生等。北京大学季羡林、邓广铭、周一良等著名教授，王义遒、罗豪才副校长也出席了会议。会上，齐文颖教授首先代表妇研中心介绍了过去的工作概况及今后的工作计划，说明召开这个座谈会的目的是推动中心的研究工作，进一步探索如何在我国当前条件下，建设具有中国特色的马克思主义妇女理论研究体系。接着，王义遒副校长代表学校表示对妇研中心工作的支持和对会议的祝贺。他在讲话中强调，研究妇女问题要提倡和鼓励不同学科之间的合作与交流。因为一个问题从几个方面进行综合探讨，有利于拓展研究领域，能够取得新的更大的成果。实践证明，多学科共同研究一个大课题的研究方式，在学术上是有生命力的。各有关学科的领导应给予重视与大力支持。

传统文化的内容极其丰富，涉及学科的面很广，如何取其精华，去其糟粕，也是一个很重大、很复杂的问题。与会者发表的精辟见解对于妇研中心今后在这方面的研究是一个有力的推动。综合起来，主要意见大体可分为五个方面：

继承的目的是为了创新

北京师范大学刘乃和教授说："中国文化有着光辉灿烂的传统。中国妇女为中国文化的发展做出了不可磨灭的贡献。她们在逆境中默默地奉献，却得不到承认。今天我们讲中国妇女对传统文化的贡献，目的不是要为妇女争得历史上的一席之地，而是要研究如何继承传统文化的精华，让妇女在创造社会主义新文化中做出自己应有的贡献。

为了继承精华，必须清除糟粕

北京大学中古史研究中心主任邓广铭教授从建设两个文明的高度，提出了破传统文化中的精神污染问题。他认为中国传统文化中，既有民族性的精华，也有封建性的糟粕。后者存在于今天，就是精神污染。它作用于妇女的污染体，其渊源是男尊女卑。从夏朝开始，历史上视女人为"祸水"，为我们的民族和人类文明做出贡献的而又不见经传的妇女，如殷代的妇好，是中国历史上第一个女将军，却不见于正史，直到1976年考古工作者发掘

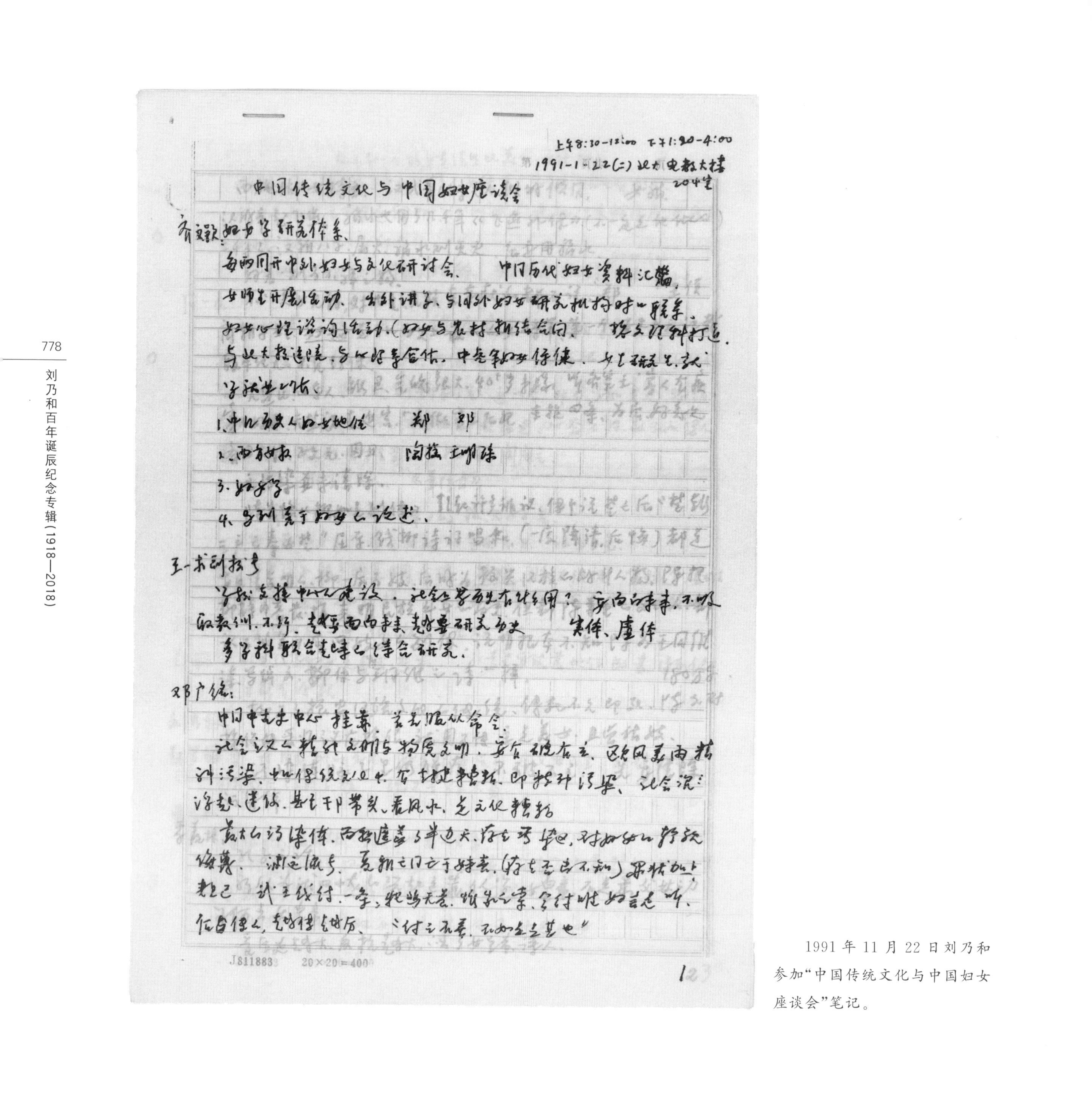

1991年11月22日刘乃和参加“中国传统文化与中国妇女座谈会”笔记。

页共 页

西施给了女特务。汉武帝将李夫人。倾城倾国。 女祸。
汉成帝赵飞燕。骆小也用了几千年《飞燕外传》。(不一定是他作的)
二千年了。汉朝八字。后火。骆水则灭火。后来用骆水。

好色，则为不祥之物。

不以美女见称，好大喜，民族英雄的都不说。"郑 "王侯
商朝子姓。妇好是中国历史上最大的女将军，第一个，历史上无记载
甲骨卜辞记之，不见经传。

无盐氏，山东人，貌丑，前额很大，40岁未嫁，见齐宣王：寡人有疾，
寡人好色，无盐谏言，进谏，"立做宣王后妃。"齐桓四条，为后，好善之
齐国大治，巫马无，因此。

近代学者李清照。

陈寅恪《柳如是别传》打破许多非议，侍中说崇之后《楚辞》
三户亡秦必楚。"屈原，钱柳诗词唱和，(一度降清后悔)都是
要反清复明的。柳一度为妓，后成为抗清复明的斗争人物。陈把
柳诗的意义择，表明民族气女的历史。但郭沫若等的文化人，都
认为晚年不应写妓女的别传，说明根本不知陈为王国维
读写诗文，都像与王国维之诗一样。 180万字。

柳为了抗清恢复文化的传统，铸就不朽的印记。陈之对
抗侮，曲意以议应抗侮，认同了像主义美女，且当作榜样。

污染体脱了思想体系，不破不立，先要清除
污染体。

李燕林：

孔子之语。

好似学说四个为理论的起点是，儒家伦理学，女皇帝，不是英父女
为何去女皇帝。

贾宝玉是封建大，贞节是封建大，以为了女皇帝，读人。

第　页　共　页

想不到一个好女子要传出此美名，多的是

欧洲文字、许多文字中无象形么女结构，多是外国也有打仗么。

妇女受压迫，女四字是奴隶、任劳任怨、受欺、丧失政治上，也说之：

①无女得志。政府有几个女部长。

今无地位仍不认为半边天妇女，劳动能力性，不如男子。（旁注：妇女人也）

周一良：

“字如其人”本代就有人讲，看颜真卿字即有骨气，无柳字秀

①媚。看其字即看出妇女写的，有闺阁之气，流行很久。与妇女地位有关。自古法书为艺术欣赏（赏鉴）来。这以后，即有字如其人，恐怕与妇女地位有关系。无论哪方面都受压迫，心态不同，故不如男人果敢、有力。后来很多字都有豪气，摆脱了闺阁气。

王羲之字师承卫夫人，《笔阵图》

唐薛涛《宣和书谱》：“笔力峻拔，无女子气。”

宋以前妇女都也有无地位，比宋后不同。没女子气。

女书法家很多都是出身青楼，杨妹子，腕力强健，黄娥介，书法到唐姬人，书与刘一样。出身宽裕，与地位有关，就是自画精神强一些，所以好一些，低微反与士大夫家。

从书法与妇女关系看出来，……看出当时其地位如甚，体到后来才影响了时期。

刘乃和：

赵罗蕤：讲自家的看见，我是很幸运的：①父母民主，处境顺利、②结婚后，对孩子好，跟不受男子不易

吴小如：

受压抑、有意识，文字上也表不出来。

诗经里有同情妇女的，被丈夫抛弃，也有正面赞扬的，也有批判女子过断害死他人，民歌中妇女表现得淋漓尽致。

焦仲卿妻同情妇女是受尽了之苦，也是如此

J811883　20×20＝400

1、不能否认古代民间文学还是士大夫的

民间文学有许多封建士大夫糟粕、民间文学也有轻视妇女的

叶嘉莹评论庭筠内容空旧，都不过择虑，绝大部分是以情为好的

菩萨蛮是写出身低微的妇女、懒起画蛾、穿鹧鸪裙，双双金鹧鸪

舞、她不是娼妓而是歌女。 这首是素描的表达妇女的作品

水浒传对妇女歪曲：潘金莲、阎婆惜。

108人中有三妇女扈三娘、母大虫、母夜叉、顾大嫂、孙二娘。

2、古代文学作品，很多主人公是妇女。 是进步的。

杨家将宋代的是穆桂英，薛仁贵是樊梨花，是把故事主体的妇女

整理成了。曹雪芹在故事生活中写妇女，是把每个人的性格都

写在妇女身上

蒲松龄的故事是说把狐仙鬼当作绘狐鬼、不如说是给妇女。

莲香晚霞

人性恶，需要知识分子、歪曲了知识分子、

是歪曲了工人阶级。

有些妇女自居于自甘当玩物为志业、是封建残余。

刘

郑振铎：

1984年全国妇联参加了"中国女性会"

"中国的力量是" 中国文学中，妇女是最能干的人。组织妇女之搀行救

一不要光荣二不要艰苦、三不要研究先。

考古研究所 岳

甲骨文中殷代妇好。武丁的配偶。武丁有九十个、武丁是殷的贤王

九十个中有二个，一个妇好、一个妇妌 妇好墓13000人、1976年掘、

妇妌墓发掘、

妇女要认识自己的力量，社会要认识妇女力量

1811883 20×20=400 4

91-1-22　　1

中国妇女对传统文化的贡献和遭遇

我今天能参加这个"传统文化与中国妇女"这样大规模的座谈会，非常高兴，也非常兴奋。研究妇女历史与文化这一课题，是我多年来的愿望。

十几年前评法批儒时，我曾写过中国妇女反封建的文章，列举历史上反抗的妇女，无论是报告还是文章，都引起社会上的注意。人民日报全文刊登，次日南方日报就全版转载，北京周报用英、法、德、日、西五种文字转载（当时都不能写自己名字，是工农兵理论组署名），是用过"司达韵"（即"师大妇"的谐音）。

后来也曾想写中国妇女史，但因任工作忙，想业余搞，业已无余，因此多年愿望未能实现，但我是对此念念不忘的，实际上我是舍不得放弃这块研究阵地的，虽然我并没做什么工作。所以今天我能来参加这个会，非常非常高兴。

J811883　20×20=400

1991年1月22日刘乃和参加"传统文化与中国妇女座谈会"发言稿。

文化与妇女，我先谈谈妇女。 第 页共 页

妇女占人口的一半，不能不研究。因她们实际上可以左右历史的进程和发展，虽然程度不同，角度不同，但这是事实，你总不能不承认，也不能忽视，视而不见，或见而不问，不去研究，都是不对的。

"妇女"，这是只有用"擎天大笔"才能写出来的伟大的光辉的两个字！妇女对人类的贡献是"给予"，是"奉献"，是创造一切的动力，为人类的进步，为文化的发展，为国家的建设。妇女曾经在承受着社会给她们不公平的对待下，默默地奉献着一切！妇女是几千年来一切文明的创造者、开拓者！这一点你不承认也是事实。

今天我们妇女要解放，要求解放自己，解放自己也不是为别的，解放自己是为了更多的更毫无保留的奉献自己。这就是妇女伟大之处！

J811883 20×20=400

最近大家都在注意弘扬传统文化的问题，这是国策。今年10月初又开了孔子诞辰2545周年纪念大会，李瑞环、李岚清都讲了话，肯定了孔子的思想和学说为中国文明作出了重大贡献，这当然是正确的。因为孔子是我国历史上伟大的思想家、教育家，是儒家学说的创始人和主要的奠基者。他的思想影响了两千多年。在这次大会上成立了国际儒学联合会，这自然是必要的，而且将影响国外，特别是东方国家。

孔子和继他的传人孟子思想，称孔孟思想，亦即儒家思想，也确实有很多是精华，这对精神文明建设有不少有用的东西，尤其是现在，很需要，对进行爱国主义思想教育有用。这有些应继承并且应发扬光大，广泛宣传。多的很，不多讲，只举二例：

孔子：

学而不厌，诲人不倦（毛主席引过）

三人行必有我师焉，择其善者而从之，其不善者而改之。

北京市电车公司印刷厂出品 九一·八

(1458) 20×20=400

1994年11月23日刘乃和参加会议发言稿。

第2页共　页

孟子：

老吾老以及人之老，幼吾幼以及人之幼。

民为贵，社稷次之，君为轻。

这都是好的，但也有糟粕：

孔子：唯女子与小人为难养也，近之则不逊，远之则怨。

孟子：不孝有三，无后为大。

这都对妇女地位起了很不好的影响。对妇女怎么都不行。有人为"难养"申辩解脱，（90年11-15《中华孔子学会会刊》上杨柳桥文）这看也大可不必，其主要观点认为"女子"，应作"奴子"，即"奴婢"和"仆人"（小人）。其他还有理由说："孔子订《诗经》把'窈窕淑女，君子好逑'，是把淑女与君子放在同一地位，这就说孔子对妇女不是很尊重吗？"把"关雎"列在第一章，不是单纯男女关系的问题，是为后妃之德，为王化之本。"夫妇正则父子亲，父子亲则君臣正"，以维护封建秩序，维护宗法礼教的需要。这里不多讲。▲由于过去的社会制度、宗法制度、礼学制度、封建制度，轻视、蔑视、压迫、束缚妇女，是处处都可表现的。也并不仅仅因孔子这一句话才如此的，就是说这句话，也可看出孔子蔑视妇女的态度。

后见

孟子的话，所谓"后"是男孩，因此不生男孩，则为妇女的罪过，是休妻理由之一，是

(1458) 20×20=400

北京市电车公司印刷厂出品 九一·八

刘廼和女士：

通过席泽宗教授的介绍，我知道您是国学界的前辈，现在已编撰两本关于中国妇女的书籍。我希望能常常向您请益。

席教授已经跟您提过我们的计划，很感谢您同意给予我们协助。关于您编的《中国妇女名人资料》及《中外妇女辞典》我很想知道详细一点的情况，例如《资料》一书是否包括外文资料？我手上有一些，虽不齐全，或可供您参考。又如：《辞典》一书，总共预算收中国妇女多少人？选择标准如何？是否限于现代？

让我也来简单介绍一下我们的计划：
我们期望同时以中、英文出版一本《中国妇女传记辞典》由悉尼大学东方学系主任 Agnes Stefanowska（女）与我任中、英文主编。其他合作者已有三位，都是我系博士班学生或毕业生。以每人负责一个时代为原则，传文由作传人以她的母语写作，然后译成相对的语言。如有专门研究一人而出过书或写过论文的，我们可能特别邀请她们作传，例如关于雪涛、丁玲，都有人写过博士论文。

我们的第一步工作是尽量收集有关妇女生平的资料，然后再决定人数与人选。我们的标准是该人本身的成就，或是她对后世的影响（包括正面与反面），或是她对了解中国的文化与历史有一定的重要性（如赵飞燕、杨玉环等，虽然本身没有什么成就，对后世也谈不上什么

1986年11月21日萧虹致刘乃和信。

大影响，但由于成为中国女性的一种典型，又是通俗文学常见的人物，因此对了解中国的文化与历史就有一定的重要性了。）我们尤其注重发掘正史中所不见或仅仅提及的妇女，以及文艺界以外的人。条目的长短，看资料的多寡与人物的重要性而定。目前先秦、两汉、六朝、宋、明已有人负责，唐、元、清、民国、人民共和国诸期尚缺负责人，国内学者如愿意加入，我们非常欢迎。

依我的意见，您的书与我们计划中的辞典似并无冲突之处。您的《辞典》可能有一部份与我们的有重复的地方，但由于各人观点不同，即使用的素材完全一样，写出来的传记还是各有千秋。不知您以为如何？况且我想我们的对象也各不同。你们可能主要是针对国内读者，而我们则着眼于国外（包括台湾）的市场。

至于具体协作的办法，我们只有一定的意见。我想大致可采以下几种方式：

1. 国内学者直接参加我们的工作，如上所说担任一个或数个时代的撰集。
2. 协助方式：国外找不到的资料代找及复印，买得到的代为採购，我们到国内来与学者交流、採访时代为安排接待等。此外对国内妇女界的动态及最新出版的书籍，更希望有人提供消息。他如资料方面的交换不在言下。
3. 国内学者作为我们的特别顾问，在我们有困难时帮忙解决。

这些方式可任择一、二种或三种同时採用，彼此并无抵触。这是目前我所能想到的，如有其他更好方式，还望提出来讨论。

随信附上我个人的一些拙作，很希望得到您的指正和批评。

敬祝

撰安

萧虹

1986.11.21

萧虹女士：11月下旬来信并寄来大著二篇，都收到。因为当时在京外开会，迟复为歉，请谅！

前些时曾听廖泽荣教授介绍，今又见到来信和大著，甚为高兴，文章写得好，材料丰富，很受教益，谢谢！

我在北京师范大学历史系工作多年，最近因工作需要，调到师大古籍所，因为研究历史，自己又是妇女，看到对妇女历史尚未开展，因此很愿在这方面尽些力量。但我工作任务很重，因此只能做为业余工作来做。

我目前正主编两部妇女著作，即《中国古代妇女资料选编》及《中外名人妇女辞典》。前一书是在古书上将有关妇女名人的记载，从原文摘录，加简单注释，按朝代汇编，古书记载有多就多录，少则少录，不求平衡。后一书是人名辞典性质，则为辞条，每条最多1500字或多一些，最少在100字以下。二书的总人数、总字数都尚未最后统计，都正在进行中。

两书都是集体编写，统稿较难，要到明年上半年才能定稿。

今接来信，拟与我合作，在海外介绍这些书，合作也是我所愿意的，但如何合作请你提出商量。如果你同意的话，请你参加作为《中国妇女传记》

1986年12月28日刘乃和复萧虹信。

辞典方面的部分工作，请詹、姜代。如尚无负责人，我们可考虑。

你们编的是传记辞典，每妇女要写成传记，人要写成传记，字数必多；你们编的辞典，每条字数较少。我编的资料选编，仅有资料，并未写成传记，因此我选编的书和你们的并不能代替，且有相辅相成之处。

如有国外找不到的资料，我们尽可能的提供，继续保持资料交换。

盼来信。希望介绍你们同事情况。

附寄《妇女小传》一册，内有我的文章三篇，请指正。

当即复，顺即祝

撰祺，并祝

年禧！

刘乃和 86-12-28

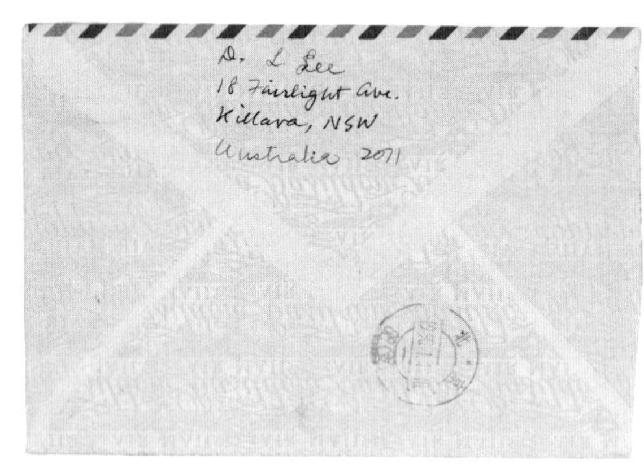

乃和女士：

去年收到您一月的信后，曾于三月及五月写信给您，但都未接到来信。不知是否没收到我的信。幸喜我的信件都留有副本，因为我事多、记忆又不好，常常有些信回了没有自己也忘了，所以后来凡较重要的信，都留个底稿或影印本。现在影印三月的信给您，因为其中谈到一些较重要的事。

去年底当张先生告诉我您有意到澳来访问时，我感到非常兴奋。但我知道学校在经济紧缩的情况下，无法提供经济上的支持，所幸小张愿意负责一切费用，只须我写正式邀请信。已另具一函，供申请之用，已先用挂号寄来，想必见此信时已经收到。

此次邀请是由我负责的悉尼大学东方学系中国妇女传记辞典编纂小组所发，故来时无须讲学。主要是商讨~~及制定~~唐代部份实际工作的有关问题及制定计划及时间表。学术交流当然是一个很重要的目的。除与我系同事见面交谈外，您在悉尼期间可能被邀请主持一次学术研讨会：由您选择一题目作一小时的演讲及半小时回答问题。题目可在唐代妇女或您的古籍研究方面着眼。

您在澳时期不知有没有兴趣到澳洲其他大学去看看。如果有的话，我可连系一下试试看。这样，我需要一份您的简历及著作目录，便于向他们介绍。

咏聪女士有信给我，她的博士论文答辩已通过，以后准备进行《辞典》清代部份的工作。她仍在香港大学任教。

盼望早日能在澳与您见面。如果还有什么问题，请随时来信。

敬祝

教祺 并颂新年

萧虹 1990.1.5日

1990年1月5日萧虹致刘乃和信。

1 9

《中外妇女人名辞典》编纂计划

一、编纂目的：

为适应建设现代化的高度文明的社会主义国家的需要，向读者提供一部介绍中外妇女人物的基本工具书，并以此宣传中外杰出妇女的业绩和作用。

二、编纂方针：

本书以马列主义、毛泽东思想为指导，运用历史唯物主义的观点、方法，选收知面要介绍中外古今妇女人物。在编纂工作中，坚持实事求是的原则，注意利用最新材料和吸收最新研究成果，力求做到政治性、科学性、知识性、稳定性、简明性的统一。

三、读者对象：

主要对象是研究工作者、妇女工作者、大专院校师生、中小学教师、机关干部以及具有中等以上文化水平的其他读者。

四、规模：

因过去从来未出版过这类辞典，历史上妇女人物不可能有精确估计，又因过去对妇

北京市电车公司印刷厂出品　八四·六

2

女事迹记载甚少，因此拟尽量多收录，预计收词1200至1500条，在实践中再决定增减。

如能收到1200—1500条，释文每条平均250字，预计全书约有二十四万至三十万字。

五、收词范围：

1、本书收录人物，上起远古，下迄1949年10月建国以前去世人物，外国妇女亦以此为限，以求全书下限一致。

2.凡是在政治、经济、军事、教育、书画、文学、史学、科学技术、民族、宗教等方面，有一定贡献、作用、影响或有著作者，以及参加农民起义、对统一多民族国家有利的教子有方的妇女，凡有一技之长，有一善可述的妇女，均予选录。

3、正反面人物兼收。

4、神话传说人物、诗词歌赋中人物、小说戏曲人物，凡已为广大群众所熟悉的妇女形象，皆收录，如女娲、嫦娥、花木兰、刘兰芝、张莺莺、林黛玉等。

5、中国古代妇女人物，力求收全，尽量不使

《中外妇女人名辞典》（暂定名）编纂计划

一、编纂目的

占人类人口半数的妇女，在历史上是作过重大贡献的，其成就是不可泯灭的。但妇女事迹，则因散见各书，多不为史家注意。写通史、专著，也未注意对妇女历史的探索，史书无专章，论述少专著，这是很不正常的。为适应我国建设两个文明的需要，向读者提供一部介绍中外妇女人物的基本工具书，并以此宣传中外杰出妇女的业绩和作用，便是我们组织编纂这部辞书的基本目的。

二、编纂方针

本书以马列主义、毛泽东思想为指导，运用历史唯物主义的观点、方法，选收和简要介绍中外古今妇女人物。在编纂工作中，坚持实事求是的原则，注意利用最新材料和吸收最新研究成果，力求做到政治性、科学性、知识性、稳定性、简明性的统一。

三、读者对象

主要对象是妇女工作者、大专院校师生、中小学教师、机关干部以及具有中等以上文化水平的其他读者。

四、规模及条目字数

因过去从未出版过这类辞书，历史上妇女人物不可能有精确估计，又因过去对妇女事迹记载甚少，故拟尽量多收录，预计收词

1500——1800条，在实践中再决定增减。

词目字数，按重要、次要、事迹多少，大致规定条目字数为：特长条800——1000字，长条500——800字，中条200——500字，短条50——200字。

五、收词范围

1、本书收录人物，上起远古，下迄1949年10月建国以前去世人物；外国妇女亦以此为限，以求全书下限一致。但1949年10月以后去世的国内外少数有较大影响的人物（如宋庆龄和英·甘地等），亦可酌情选收。

2、凡是在政治、经济、军事、教育、书画、文学、史学、科学技术、民族、宗教等方面，有一定贡献、作用、影响或有著作者，以及参加农民起义、对统一多民族国家有利的教子有方的妇女，或有一技之长、有一善可述的妇女，包括后、妃、歌女、尼姑、道士、演员等等，均予选录。特别注意收录中国的少数民族妇女和第三世界的妇女。

3、反面人物，系在一定历史条件下产生的，对后世有其借签作用，应予一并收录。

4、神话传说人物、诗词歌赋中人物、小说戏曲人物，凡已为广大群众所熟悉的妇女形象，如女娲、嫦娥、花木兰、穆桂英、刘兰

年　月　日　　　　第　　页

《中外妇女人名辞典》抄稿要求

1. 字迹清楚工整，书写合乎规范，标点符号均占一格。每条词条抄完都应仔细核对，做到不增不丢，准确无误。

2. 每个词条单抄一张稿纸。第一行顶格抄词目名头；第二行缩二格书写词目释文；释文抄完，在句号后加括号抄撰稿人姓名。稿纸顺序不变，但须用铅笔编好页数。

3. 在原稿词条上有“△”“？”记号的不抄。

4. 按中档水平，每抄壹万字付柒元抄写费，计算字数办法按实际行数计，即每行20字，不足一行也作20字。

5. 要求在一个半月至两个月之内完成，至迟于1988年3月15日前抄好交稿。

北京市电车公司印刷厂出品　八五·六

(1456)

中国历代妇女人名表

远古至商

女娲氏

附宝

任姒

嫘祖

嫫母

女枢

姜嫄

简狄

庆都

常仪

女皇

握登

娥皇

女英

第 80 页 共 页

中华人民共和国

宋庆龄
宋美龄
邓颖超
何香凝
蔡畅
康克清
郭坚忍
唐群英
刘青霞
白文冠
徐宗汉
汪孝芝
任锐
吴贻芳
刘清扬
李德全
赵世兰
帅孟奇

北京市电车公司印刷厂出品 九〇·1

(1458) 20×20=400

笔画检字表

一画

一姝（北宋）

乙弗皇后（北朝·西魏文帝皇后）

二画

二乔（桥）（三国·吴）

二姚（远古）

丁氏（南朝·宋吴翼之母）

丁氏（北宋张晋卿妻）

丁氏（北宋胡宗愈妻）

丁氏（三国·魏太祖妻）

丁令光（南朝·梁）

丁国兵妻（北宋）

丁渥妻（北宋）

丁廙妻（三国·魏）

人彘（西汉，见“戚夫人”条）

乃马真氏（元太宗皇后）

首都博物馆稿纸

孝庄文皇后 (1613—1688) 清太宗皇太极妃，世祖福临（顺治）母。蒙古族。博尔济吉特氏，父寨桑。太宗天命十年（明天启五年、1625）嫁皇太极，封为庄妃，顺治帝即位，被尊为皇太后。福临年幼，她笼络权臣多尔衮，稳定政局。1651年多尔衮殁，为加强中央集权，将原属多尔衮统辖的正白旗与镶黄旗，正黄旗直属皇帝统领，称上三旗。1661年福临殁，又扶持年仅七岁的玄烨即位，被尊为太皇太后。参与了擒拿权臣鳌拜和镇压布尔尼部叛乱等重要政治事件。对稳定清王朝政权，维护统一安定的政治局面起了重要的作用。死后谥“孝庄”，葬于东陵。

《清史稿》

(8210) 20字×15行=300字

（叶渡）第 6 页

1. 外国人名辞条：中文名后，写外文名字头，后空一格，写括号，括号内是外文名，空一格，写生卒年，括号毕。括号后空二格，写内容。

2. 不要字名号。

3. 要用简化字。

4. 列出总目，总目在每条后括号写撰者，审查。

5. 用纸300字、400字不拘，但需16开。

6. 不分段。

7. 辞条条目顶格。

X X X （ma…… 1880－1920） 德国诗人

中外婦女名人辞典

雷浩琼題

中外婦女名人辞典

雷浩琼題

第　页

妇女大百科　历史人物（中国）

目录（按笔划排）

254人

254(中)+159(外)=413人

（15行×20字=300字）

《妇女大百科·历史人物（中国）》手稿。

妇女大百科 中国历史人物(按笔划)名表 第1页

二画

乃马真后(?—1246或作1264)

三画

三娘子(?—1613)

万贵妃(1429—1487)

上官婉儿(664—710)

卫子夫(?—前91)

卫夫人(272—349)

卫灵公夫人 春秋

马荃 清朝

马皇后(36?—79)

马皇后(1335—1385)

220
?18
X30
+31

202

信陽師範学院

于氏 ?	王中氏 ?	王虞凤
丁氏	王氏（王衡女）	君级荣（尹）
万贵妃	王氏（刘孔和妻）	方孟式
三娘子（钟金）（钟氏）	王氏 ?	方维仪（方维贞）
邓氏 ?	王姈 ?	毛钰
邓铃	王朗	毛钟秀 X
邓太妙	王微（王长卿妻）	长平公主（仇珠）
马氏 ?	王夫人（徐霞客母）	瓦氏
马如玉（马娇）（马四娘）	王夫人 X	田玉燕（田氏） X
马间卿	王凤娴（王夫人 X）	叶氏
马皇后（氏）（明太祖）	王司綵 ?	叶小纨
马湘兰	王兆淑 ?	叶小鸾
文氏（葛大受妻）	王伯姬 ?	叶纨纨
文俶	王素娥	石门马妇（申叶蕙香）
卞赛	王曼容	任氏（魏忠贤义女）

《中国妇女传记辞典》

隋唐五代部分条目

隋

独孤后（文帝皇后）　　曹氏（窦建德妻）

肖后（炀帝皇后）

宣华夫人陈氏　　（12人）

南阳公主

兰陵公主

冼夫人

崔氏（郑善果母）

王舜

冯氏（陆让母）

蒋氏（钟士雄母）

王氏（杨庆妻）

婦女问題研討会 廣交中外
衆姐妹 女强不必不如男 要
與男兒平席位

一九九二年十一月

北京大學首屆婦女问題國際学术研讨会開幕
賦韻語四句祝大会勝利成功 北京師範大学 劉乃和

1992 年 11 月为北京大学首届妇女问题国际学术研讨会开幕贺诗。

婦女寰球入史篇，洪荒寫到九三年。
半邊天下學才識，百態千姿耀笔端。

李平同志撰《世界婦女史》，為我國大陸写此題材之第一人。内容丰富，史筆清新，堪稱佳作。資料少，写婦女史难；写世界婦女史尤难；率先执筆更难。斯篇可補空白，衷心敬佩，谨献七绝以賀。

一九九三年十二月 北京师大 劉乃和

为李平《世界妇女史》题字
1993年12月 海南出版社

1993 年 12 月为李平《世界妇女史》贺诗。

Having gained her BA in Chinese History from Furen University, Beijing, China in 1943, Naihe Liu undertook furhter studies in the subject at the University's Postgraduate School, receiving her MA in 1947. Furen University was an old missionary university also known as Catholic University. In 1952 it was merged and became part of Beijing Normal University. Naihe Liu joined the staff of this University as a Lecturer in Chinese History in 1949 and in 1978 was promoted to Associate Professor. She has held the appointments of Professor of Chinese History and Director of the Historical Document Research Institute at Beijing Normal University since 1980. Since 1984, she has also served as Professor of the Ancient Books Research Institute and Director for the Study of Professor Chen Yuan. Professor Liu has published a collection of essays on her former tutor, Mr Chen Yuan, the internationally celebrated Chinese historian and late President of Beijing Normal University. She is also the author of the essays: On the Chronology of Chinese History and From Liyun Collected Works to China Bookstore. Having served as Vice-President from 1982- 89, Naihe Liu is currently President of the China Society for the Study of Historical Documents. She has also served as Vice President of the Furen University Alumni Association since 1984. A fine poetess and calligrapher, Professor Liu has contributed more than a hundred of her poetical works to major newpapers, including the People's Daily, Guangming Ribao and Beijing Daily. She has also had numerous works of calligraphy published in the press. She is a founding member of the China Association for Poetry and also serves as an advisor to the Calligraphy Association of Beijing Normal University. She is also a member of the Editorial Board of History of the Women's Movement in China, a voluminous publication being compiled by the All-China Women's Association. On two occasions, in 1984 and 1986, she received the Award for Excellent Teaching from Beijing Normal University. The daughter of Yuyao Liui and Zhongying Xu, both now deceased, Naihe Liu was born in Beijing on 16 April 1918.

PROFESSOR NAIHE LIU
Ancient Books Research Inst, Beijing Normal University,
Beijing 100875, China

(六)共创中国历史文献研究会

1992年8月。我和闫崇东在呼和浩特承办中国历史文献研究会第十三届年会。

预备会上，刘先生穿一件短袖衫，胳膊肘立桌面。我看见，她的两肘有好大一块厚厚的老茧，这是长期伏案写作磨成的。我想起在农村时的一头老牛。那牛拉着重车，上坡时走不动，就把前膝跪下，拼命地向上爬。它的前膝，也各有一大块厚厚的茧。近年，参观嘉德拍卖展，看见一头水牛，从水中探出鼻孔、眼睛和一双巨大的角。我立刻想起了刘乃和。

坐拥书城。

团结求实　开拓进取

崔曙庭　　周少川

一、中国历史文献研究会十五周年回顾

中国历史文献研究会于1979年4月4日在广西桂林成立，至今已整整15年。15年来，学会不断成长壮大，健康前进，现已发展成为在国内外具有相当声誉和影响的一个学术团体。学会成立以来，已举行过15次大型学术会议，出版会刊《历史文献研究》（原称《中国历史文献研究集刊》、《中国历史文献研究》、《历史文献研究》）12期，出版学会集体科研成果20项，其中有两项被列为国家重点出版项目。现有正式会员682名，注册会员148名，成员遍及全国各省区，并有香港、法国等海外会员4名，已与欧美、日本、东南亚等地区汉学研究机构及汉学家建立了学术联系。

15年走过的路程，令人感慨，15年取得的成就，令人振奋；15年不倦的追求，凝聚着我们老中青三代会员的理想、心血和深深的情谊。因此，我们愿意总结这段历史性的工作，为中国历史文献研究会辉煌的未来，留下一份珍贵的回忆。

二、中国历史文献研究会的成立和发展

回顾研究会的成立和发展，总结这一阶段的工作和取得的成绩，首先必须看到，在中国共产党的领导下，良好的社会环境给

中国历史文献研究会。

我们提供了一个发展机会。1976年10月，“四人帮”被粉碎了。1978年12月，党的十一届三中全会胜利召开。此后，我国社会主义建设取得了前所未有的巨大成就。正是在这个大前提下，我们的文献会才得以成立、发展和壮大，并为繁荣社会主义文化事业，作出了应有的贡献。

良好的客观环境，为文献会的发展提供了有利的条件，而文献会本身的工作，则是它发展成败的决定因素。1979年三四月间，来自全国19所高等学校从事文史研究和教学的同志，在桂林参加《中国历史要籍介绍及选读》教材定稿会议期间，倡议成立中国历史文献研究会。经过半个多月的酝酿协商，在筹备委员会的具体谋划下，于同年4月2日，召开会议，通过了文献会章程，选举了第一届理事会。4月4日，召开成立大会，正式宣告中国历史文献研究会诞生。中国历史文献研究会是中国共产党领导下的学术团体，其宗旨是以马克思列宁主义毛泽东思想为指导，认真整理祖国文献，批判地继承祖国优秀文化遗产，为实现四化多作贡献。

研究会成立之初，从其会员和理事的分布与组成情况来看，就已体现出是一个全国性的学术团体。出席成立大会的会员共34人，分布在全国各地19所高等院校。他们中有来自东北的哈尔滨，西北的兰州，西南的昆明，南方的广州、桂林，东南的杭州。第一批会员虽然人数不多，但分布联系面很广，代表性是比较强的。组成首届理事会的21名理事，是从19所高等院校的会员中推选出来的。在理事会上，大家一致推举著名文献学家、华中师院教授张舜徽先生为会长，严沛、高振铎两同志为副会长。由会长提议，经理事会一致赞同，特聘请中国社会科学院历史研究所副所长尹达、研究员张政烺、上海复旦大学教授周予同、华南师范学院教授陈千钧等4位同志为本会顾问。由会长提名，经理事会一致通过，阙勋吾同志担任秘书长，崔曙庭、陈抗生二同志任副秘书长，组成秘书处，负责处理日常会务工作。理事会决定，秘书处设在会长所在地。

文献会成立后，随即积极开展了各项会务活动。首先是发展会员。分布在全国各地的首批会员，积极热情地开展发展会员的工作。根据会章的规定，要求入会的同志，在专业对口的条件下，要有会员介绍，并填写入会登记表，经秘书处审核同意，才能成为会员。因此，只有老会员广泛联系有关文献学专业的同志，才能不断发展会员，扩大学会组织。由于文献会的成立，适应了广大从事文献学专业教学和研究工作的同志的需要，所以要求入会的同志很踊跃。从1979年4月文献会成立起到1980年5月召开第一届年会止，会员人数已发展到137人，遍及20多个省（市）的52个单位。会员中既有年过古稀的老专家，也有20多岁的青年同志，但多数会员则为中年学者。

文献会既是一个群众性的学术团体，因此，开展学术研究活动就是它的中心任务。文献会自成立后，在这方面做了大量工作。每年召开一次学术年会，是学会组织会员开展学术交流，进行科研活动的主要形式。一个学术团体按时召开学术年会是非常重要的。通过这一活动，可以密切会员之间的联系，展示科研成果，交流研究心得，讨论会务工作。如果没有年会这样一种活动，则研究会的巩固与发展将会十分困难，对广大会员和会外的同仁来说，也就没有什么吸引力和凝聚力，会务工作也难以展开。15年来文献会所以能健康发展并取得一定成绩，坚持每年召开一次学术年会，可以说是重要原因之一。

第一届年会是在文献会成立一周年之际，由会长张舜徽先生所在单位华中师范学院主持召开的。桂林会议后，张会长即向学院领导汇报了文献会成立的情况，得到学校的大力支持和帮助，并主动承担起筹办第一届年会的繁重任务。1980年5月8日至17日，大会在武昌胜利召开。参加首届学术年会的理事、会员代表及专家学者共80人。这届年会的特点，一是参加会议的代表人多面广，说明文献会发展迅速。二是讨论制定的科研规划比较具体，项目众多，涉及到文献研究的各个方面。会上，增补了理事11名，理事共有32人。

第二届学术年会，于1981年4月22日至28日在杭州召开。会议的中心议题是文献学研究与“四化”建设。出席会议的理事、会员代表、顾问、特邀专家学者等共84人。从第一届年会以来，会员已经发展到近200人，比原来增加了三分之一。《中国历史文献研究集刊》第一集，于1980年9月，由湖南人民出版社出版。其他科研项目，有的已完成，有的正在编写之中。这届年会的特点是有多位年过古稀的全国知名学者与会，并在大会上作了学术报告。如中国社会科学院历史研究所的谢国桢和张政烺教授，湖北文史馆的朱士嘉教授等。

第三届年会按会章规定，要进行理事会的换届改选。为了开好这届年会，1982年2月，在武昌召开了筹备小组会议。会议对会章的修改问题，进行了细致的讨论，拟定了一个会章草案，供大会讨论审议。1982年7月24日至30日，第三届年会在兰州隆重召开。出席大会的有来自全国各地的代表83人，应邀出席大会的来宾有30人。会议分两个阶段进行。首先，讨论修改会章和改选理事会。经过充分酝酿讨论，通过了新会章和新理事名单。新会章在宗旨部分增加“毛泽东思想”一句，使指导思想更加明确、具体。在组织部分，增加设“常务理事会”的规定。经过修改后通过的新会章，内容更加完备。新的一届理事会，由41名理事组成。对本会负责人也作了调整，除会长连任外，副会长由彭铎、刘乃和、高振铎担任。除会长、副会长和秘书长为当然常务理事外，另推选严沛、仓修良、赵吉惠、卞孝萱、来新夏、施丁等6人为常务理事。其次，在会上充分交流了科研成果和教学经验。与会代表为大会提交了论文81篇，除一部分为《集刊》录用外，还选取了一部分论文，编辑成《古籍整理论文集》一书，由甘肃人民出版社出版发行。

第四届年会于1983年10月17日至22日在河南开封召开。出席大会的会员代表和来宾共80余人。大会除对文献学、史学史以及有关历史文选教学等问题，共同进行认真研究和讨论外，还就如何编写二十四史辞典丛书的问题展开了热烈的讨论。在大会之前，山东教育出版社曾委托我会编撰二十四史辞典丛书。由于事关重大，故提交本届年会讨论决定。经过充分讨论，大家最后决定将这一任务接受下来，次第展开工作，陆续完成。会后，选取年会中部分论文，编成《古籍论丛》第二辑，由福建人民出版社出版。

1984年是我国史学名著《资治通鉴》成书900周年。为了纪念史学界这一重要历史事件，8月12日至18日在长春召开了第五届学术年会。参加这届年会的会员代表、特邀专家及旁听研究生等共130余人。由于会议主题集中，大家围绕司马光和《资治通鉴》以及与此有关的问题，进行了广泛深入的探讨，从而使这方面的学术研究，向前推进了一步，取得了预期的效果。在本届年会之前，由刘乃和、宋衍申二同志负责，曾组织编写了《资治通鉴论丛》一书，由河南人民出版社出版，作为《资治通鉴》成书900周年的纪念。本届年会后，仍由刘、宋二位负责，从年会论文中，选取了20多篇文章，编成《司马光与资治通鉴》一书，由吉林文史出版社出版。这届年会前后出了两部书，学术成果应该说是比较显著的。

第六届年会于1985年10月26日至11月1日在南京召开。内容有两项：一是以研究司马迁与《史记》为中心，进行学术讨论和交流，二是改选理事会。出席大会代表和列席人员共有140余人，收到论文达百篇，其中关于研究司马迁和《史记》的约40余篇。1985年是司马迁诞生2130周年，为了纪念这位伟大的历史学家，故本届年会以讨论《史记》为主题。在年会举行之前，刘乃和先生曾主编了《司马迁和史记》一书，就是为年会作准备的，后由北京出版社出版。在年会上，理事会经过改选，由原来的41人，增加到49人。由于文献会彭铎副会长已病逝，新选仓修良和赵吉惠二人为副会长。

1986年是我国大史学家司马光逝世900周年，山西历史学会和司马光的家乡夏县为了纪念司马光，将他们的纪念活动与我会第七届年会合并举行。同年9月3日至7日，大会在山西夏县隆重召开。参加本届年会的会员代表60余人，山西省亦有一批专家学者及党政干部出席了会议。由于有关司马光和《通鉴》的论文，文献会在此以前已出过两本文集，故此次年会就没有再编续集。

第八届学术年会于1987年在昆明召开。11月4日至10日，103位会员代表云集昆明，围绕我国历史上著名航海家郑和的有关历史事迹，进行探讨和研究。南京郑和研究会的有关负责同志也出席了大会。会议期间，与会同志前往郑和的家乡——晋宁县参观，学到了不少新的东西。本届年会收到论文60多篇。

第九届年会于1988年11月19日至23日在福建同安县召开。1988年是我国宋代著名科学家苏颂创造水运仪象台900周年，当地政府早在两年前就已着手筹备召开一次学术讨论会，并决定与我会年会合并举行。为了纪念苏颂和开好这次学术讨论会，同安县和苏氏后人修复了苏颂的故居芦山堂，修建了苏颂科学技术馆。大会开幕时，一堂一馆同时举行了落成剪彩仪式。配合大会的召开，中华书局出版了新整理的《苏魏公文集》。代表为会议提供的论文，也编辑成《苏颂研究文集》于1993年由鹭江出版社出版。本来这届年会又到了理事会改选之期，鉴于这是一次纪念苏颂的专题学术讨论会，会员和理事与会者较少，故决定延至下一次年会再进行换届改选。在理事会上，补选了孙顺霖等5人为理事，王同策和来可泓2人为常务理事，邹贤俊、顾吉辰为副秘书长。

1989年是文献会成立10周年。本届年会既是庆祝成立十周年的大会，又将进行理事会改选，因而十分重要。通过会员同志的联系，了解到上海嘉定县不仅自改革开放以来，经济发展迅速，而且财政收入在全国各县中也是屈指可数的。同时，从明清以来，其学术文化，也十分繁荣，人才辈出，是很值得进行研究探讨的。经过双方协商，嘉定县愿承办第十届年会。会议的中心议题为“嘉定学术文化研究”。10月17日至20日，大会在嘉定隆重举行，与会代表102人，代表着文献会500多名会员。大会收到论文近70篇，会后编辑成《嘉定文化研究》一书，由三秦出版社出版。在大会开会前，召开了三天常务理事会，讨论改选的有关问题。鉴于会长张舜徽教授因年事已高，行动不便，多次提出辞去会长职务，退居二线，经反复讨论，理事会接受他辞职的要求，并一致推选张老为名誉会长，刘乃和教授为会长，高振铎、仓修良、赵吉惠、阚勋吾、施丁为副会长。常务理事会由刘乃和等15人组成。新理事会由54名理事组成。秘书处设在会长所在地北京，由副秘书长周少川具体负责秘书处日常工作。刘乃和先生接任会长后，随即抓紧解决研究会挂靠北京师大和会刊的出版问题，他不辞劳苦地多方联系。北京师大领导对于中国历史文献研究会挂靠北京师大表示热烈欢迎，指示有关部门给予支持和帮助。譬如财务处在代管文献会经费时，免收代管费，学校收发室负责文献会大宗邮件的邮寄工作，北京师大古籍所在经费十分紧张的情况下，拨出专款资助文献会出版会刊。国家教委古委会也非常关心文献会的工作，多次了解情况，并通过北京师大古籍所对文献会给予许多具体支持。会刊作为文献会的学术刊物，代表着文献会的学术水平，是汇集科研成果的园地，刘先生对此极其重视，要求一定要把会刊办好。为解决会刊的出版和组稿事宜，刘先生以古稀之年，曾在一天内驱车四处广泛联系，甚至连午饭也顾不上吃。经过反复比较，最后确定将会刊委托北京燕山出版社出版。为了体现新办会刊的特色，编委会决定将刊名改为《历史文献研究》，版面定为大32开，以书籍的形式出版，以便书店征订和读者收藏。新版会刊，仍以研究会会员作品为主要稿源，同时刘乃和会长还约请国内外一批著名的专家学者撰稿，使会刊得以增色。

秘书处由武汉转移到北京后，在崔曙庭、邹贤俊、周少川等同志及秘书处其他工作人员的共同努力下，经过紧张的工作，终于顺利完成了各项交接手续，并迅速转入筹备一年一度的学术年会的准备工作。在汕头大学刘启林、王治功两位同志的积极配合下，1990年11月15日至19日，第十一届年会在广东省汕头市顺利召开，主题是“潮汕历史文献与文化研究”。出席会议的有会员及全国各地的专家学者、出版社编辑和香港、新加坡等海外学者共118人，提交学术论文118篇，会后由广东高教出版社出版了《潮汕历史文献与文化研究》论文集、河南《古籍整理》为这届年会出版了专号。《光明日报》、《汕头日报》及香港《国际潮讯》详细报道了大会情况。本届年会是第一次有海外学者参加的学术大会，汕头市人民政府、汕头大学、韩山师专等单位给予了大力支持。会议期间，代表们还前往潮州市考察了韩文公祠、广济桥、开元寺等文化遗迹，又参观了汕头市区和汕头特区。

1991年10月8日至14日，第十二届年会在古都西安召开，主题为“汉唐史籍与传统文化”，内容分几个方面：一是从各个视角对传统文化问题深入讨论，并从建设社会主义新文化的战略高度，探讨对文化传统继承、更新的途径；二是从客观和微观两个方面，对《史记》、《汉书》作进一步研究；三是就其它汉唐史籍和陕籍史家展开讨论，与会代表共143人，收到论文90篇。国家教委古委会主任周林同志特派代表向大会表示祝贺。河南《古籍整理》出版了《汉唐史籍与传统文化》专号。《光明日报》、《西安日报》报道了大会情况。会后由三秦出版社出版了《汉唐史籍与传统文化》论文集。

第十三届年会于1992年8月1日至6日在内蒙古呼和浩特市召开，大会主题为“历史文献与民族文化”。本届年会为国际学术讨论会，除来自全国各地的学者外，还有法国及香港地区的学者参加，代表人数为158人，是历届年会人数最多的一次，共收到论文105篇。国务院古籍整理小组匡亚明同志出席了会议并讲了话。大会从少数民族文化在中华文明发展史上的地位，少数民族英雄人物研究，北魏、蒙、元、西夏、辽、金、清等历史的研究，民族史研究，少数民族的历史文献等各方面，多视角、多侧面地研讨了我国民族文化。河南《古籍整理》出版了《内蒙古年会》专号，大会论文经整理后，也将由出版社出版。大会期间，代表们还考察了王昭君墓及伊金霍洛旗成吉思汗陵等地。这届年会，适逢第四届理事会换届改选，经过几番的充分协商，产生了第五届理事会。这届理事会共52人，设常务理事17人，刘乃和先生连任会长，仓修良、赵吉惠、施丁、宋衍申、张家璠先生为副会长。理事会决定由周少川任秘书长，王明泽、邓瑞全任副秘书长。同时还改选了学术委员会和学刊编委会。

第十四届年会于1993年10月26日至30日在《三国志》作者陈寿的故乡四川省南充市召开。大会以“《三国志》与三国文化”为主题，隆重纪念陈寿诞辰1760周年，全国各地代表及美国、日本、英国、加拿大和港台地区的专家学者120余人出席了大会。大会第一天上午，在南充市西山举行了陈寿“万卷楼”重建落成典礼和揭幕仪式。国家教委古委会、著名英籍华人作家韩素音和一批海外专家学者纷纷发来贺电。大会以《三国志》与三国文化为中心议题，进行了多方面的研讨，代表们还针对南充地区的三国文化设施建设提出了不少建议。大会收到论文70篇、专著4部。论文集将由四川人民出版社出版。

在河南驻马店地委、行署的大力支持下，我会第十五届年会暨中原文化与传统文化国际学术研讨会将于1994年10月在驻马店市召开。我们相信，这次大会一定会取得丰硕成果，开得圆满成功。

上述情况表明，文献会自成立以来，坚持学会宗旨，在自身的组织建设与举办学术年会方面，曾进行了大量工作并取得了明显成绩，从而使学会得以健康发展。现将成立大会、第一至第十四届学术年会的情况，表列于下。第十五届学术年会虽然尚未举行，但主办单位、开会时间、地点及会议中心议题业已商定，故亦一并列入表中，以便观览。

中国历史文献研究会成立大会及历届学术年会情况简表

届次	时间	地点	主办单位	出席人数	会员人数	会议中心议题	备注
成立大会	1979.4	桂林	广西师范学院	34人	34人	制定会章、规划会务活动	选举首届理事会
一	1980.5	武汉	华中师范学院	80人	137人	制定文献研究规划	
二	1981.4	杭州	杭州师范学院	84人	182人	文献学研究与“四化”建设	
三	1982.7	兰州	西北师范学院	103人	235人	文献学研究与古籍整理	改选理事会，出版《古籍整理论文集》
四	1983.10	开封	河南师范大学	80余人	278人	史记研究	出版《古籍论丛》
五	1984.8	长春	东北师范大学吉林大学	130余人	308人	司马光与通鉴	出版《司马光与通鉴》
六	1985.10	南京	南京大学南京师范大学	140人	349人	司马迁与史记	改选理事会
七	1986.9	夏县	山西历史学会夏县县政府	60余人	373人	资治通鉴问题	

续上表

八	1987.11	昆明	云南大学云南民族学院昆明市志办	103人	403人	郑和研究	
九	1988.11	同安	福建省同安县政府	66人	488人	苏颂研究	出版《纪念苏颂论文集》
十	1989.10	嘉定	上海市嘉定县政府等	102人	531人	嘉定文化研究	改选理事会出版《嘉定文化研究》
十一	1990.11	汕头	汕头大学等	118人	571人	潮汕文化问题	出版《潮汕文化研究》
十二	1991.10	西安	西北大学西藏民院等	143人	591人	汉唐史籍与传统文化	出版《汉唐史籍与传统文化》
十三	1992.8	呼和浩特	内蒙古师大	158人	645人	历史文献与民族文化	改选理事会,出版《历史文献与民族文化》
十四	1993.10	四川南充	南充市政府四川师院	115人	678人	《三国志》与三国文化	出版论文集
十五	1994.10	河南驻马店	驻马店地委行署教育学院			中原文化与传统文化	

中国歴史文献研究会第三届年会全体同志留影

中国历史文献研究会第三届年会全体同志留影

1982 年 7 月兰州

中国历史文献研究会第八届年会全体代表合影

中国历史文献研究会第八届年会全体代表合影

1987 年 11 月云南晋宁

（1980年5月在武昌开第一次年会，我因开会第一天开幕式与北京师大党代会时间冲突，未能赶到，是日中午才到）

中国历史文献研究会第四届年会在开封召开

中国历史文献研究会第四届年会于一九八三年十月六日至十月十二日在开封隆重召开。出席的会员代表共七十二人，应邀出席大会的新闻、出版界来宾十二人。河南省委常委、宣传部长侯志英同志专程从郑州赶来参加开幕式。他代表省委、省人民政府对大会表示热烈祝贺，并作了重要讲话。河南师大校长李润田同志和河南师大历史系主任黄元起教授也在大会上表示热烈祝贺。

大会举行了学术报告。其中有张舜徽会长的《文献学的范围和任务》，刘乃和同志谈编写《册府元龟新探》、《资治通鉴研究》、《中国古代妇女资料选编》的经验和体会，华钟彦同志的《〈史记〉非官书论》，高振铎的《历史要籍介绍及选读》一书的成书经过和特点。

大会热烈讨论了二十四史辞书的编辑问题，讨论和交流了历史文选、史学史、文献学等课的教学经验，以及讨论了文献整理和教学中如何进行爱国主义教育的问题，并与出版社同志座谈，互通情报，最后制定了今后六年的科研规划。

《本刊记者》

河南师大学报 1984年第一期 总76期

1984年1月30日出版

中国历史文献研究会第十三届年会。

师范大学图书馆
與民族文化國際學術研討會
一九九二、八、一、
呼和浩特

刘乃和会长在中国历史文献研究会第十四届年会开幕式上讲话

刘乃和会长在研究会第十四届年会闭幕式上讲话

刘乃和 主编

中国历史文献研究

——纪念中国历史文献研究会成立十五周年专辑

1979—1994

广西人民出版社

1994年10月

贵州日报
GUIZHOU RIBAO 第16678号
（代号65—1） 国内统一刊号：CN52—0013

1995年10月
12
星期四
农历乙亥年闰八月十八

贵阳地区天气预报
白天 多云
风向偏南
风力二级
最高温度25℃
夜间 多云间阴
风向偏南
风力二级
最低温度16℃

海内外百多位专家
聚首贵阳研讨黔文化
贵州文化与传统文化国际学术研讨会暨中国历史文献研究会第十六届年会召开 苗春亭龙志毅王思齐刘乃和等出席开幕式

本报讯 10月11日上午，贵州文化与传统文化国际学术研讨会暨中国历史文献研究会第十六届年会在贵阳花溪召开。160多位海外、省内外专家学者及我省领导同志出席开幕式。

中国历史文献研究会属国家一级学会，此次国际学术研讨会由该会与贵州历史文献研究会联合主办。与会代表大多是学术界、文化界著名学者，其中台湾代表12人，日本、波兰、越南、韩国也有汉学家莅会。大会收到交流的论文百余篇，专著12部。据介绍，论文涉及的范围广泛，对深入认识和研究贵州文化，宣传贵州，在新的历史条件下弘扬优秀文化传统，服务于社会主义现代化建设事业，具有重要意义。

如此众多的中外专家学者云集贵阳，讨论贵州区域文化资源的挖掘及建设问题，这在贵州历史上还是第一次。

开幕式由省委常委、宣传部

省乡企会邀外

玉林綦江经验引

本报讯 10月11日，全省乡镇企业会议进行经验交流。两位特邀嘉宾的发言使与会代表开了眼界，深受启发。

这两位嘉宾是广西玉林地区行署专员黄延南、四川綦江县委书记任大军。今年6至7月，省委、省政府组织有关部门负责人分三路前往广西、四川、江西学习考察乡镇企业发展经验。三省区抓住机遇实现乡镇企业大发展，近三四年来产值、利税以一年翻一番的高速度增长。玉林地区、綦江县确立乡镇企业在经济工作中的突出地位，经济建设的主战场和突破与乡镇企业高速高效发展系，稳定和完善有关政策，1990年，玉林地区乡企总分别为27.5亿元和30.76增到489.2亿元和526.8亿习水接壤的綦江县1994年产值43.5亿元，营业收入别比上年增长111%和99%

两位特邀嘉宾的介绍

省军区党委常

认真学习江泽民

本报讯 10月9日至10日，省军区党委常委召开会议，传达学习中共中央总书记、中央军委主席江泽民在党的十四届五中全会上的重要讲话，并对全区深入学习贯彻十四届五中全会精神提出具体要求。

学习中紧密联系实际进行讨论，一致表示坚决拥护党中央关于制定九五计划和2010年远景目标的建议，坚决拥护党中央关于增补中央军委组成人员的决定，坚决拥护党中央对陈希同问题的处理决定。大家认为，五中全会决定增补中央军委组成人员，充分体现了党中央对军队建设的高度重视和关心，有利于进一步加强军委工作，逐步实现新老合作与交替，有利于军队长远建设和保证国家的长治久安。大家表示，要把党中央赋予军队的历史使命，把军委新时期的战略方针落实到实际工作中，切实加强部队思想政治建设，提高拒腐防变能力。抓好民兵预备役工作，搞好兵民结合，平战结合，提高兵员动员的快速反应能力

三种民族文字调查组结束

中国历史文献研究会第十六届年会。

全市人民以饱满热情崭新风貌喜迎盛会

洪皓马端临国际学术研讨会暨中国历史文献研究会第十七届年会将于本月二十六日隆重开幕

本报讯 秋风送爽，硕果累累，到处都洋溢着丰收的喜悦。我市73万人民正以饱满的热情，崭新的风貌迎接即将在这里隆重举行的“洪皓马端临国际学术研讨会暨中国历史文献研究会第17届年会”。这是全市人民政治、经济、文化和社会生活中的一件大事。随着10月盛会开始倒计时，全市迎接准备工作紧锣密鼓，有条不紊进行。日前，记者在研讨会秘书处获悉，经过全市上下团结一致，共同努力，迎接大会胜利召开的会前工作已准备就绪。

洪皓、马端临国际学术研讨会暨中国历史文献研究会第17届年会将于10月26日召开，历时5天。此次盛会，受到了海内外有关人士的极大关注，共有150多名专家学者云集乐平。其中有来自祖国各地的专家学者，美国、日本、俄罗斯、乌克兰、韩国、越南等国的汉学家，洪马后裔代表和泰国马氏宗亲总会谒祖旅游团。届时，莅临大会的还有江西省、景德镇市、我市党政和主管部门的领导。据悉，这次赴会的人员涉及面广，文化素养高，不乏一些知名专家学者。其中最引人注目的是有相当一部分女性学者参加盛会，年龄最大的有年高78岁的著名历史学家，中国历史文献研究会会长，北京师大教授刘乃和。年龄最小的有年仅25岁的江西师大讲师吴晓红。为使与会人员安全准时抵达我市，洪、马研讨会筹委会专程抽调10部专车，于10月21日动身前往南昌飞机场、火车站迎候嘉宾。10月24日将召开乐平历史文化报告会，著名学者刘乃和、姚公骞、朱仲玉将到会讲学。

在洪马研讨会筹委会办公室，记者看到一派繁忙的景象，秘书处副秘书长宁光达告诉记者，筹委会安排的各项活动，诸如推荐论文、办好展览、会务工作，参观旅游点准备、文娱活动、安全保卫等等，都已明确责任，各负其责，切实抓好，确保万无一失。会务组工作准备细致，下设接待组、交通组、餐厅组、联络组，从各单位抽调精干人员组成。在筹委会办公室，每天都收到来自四面八方、热情洋溢的贺电、贺信、贺诗。

为以崭新的市容市貌、清新优美的环境、优质一流的服务、热情周到的招待迎接八方佳宾，全市上下齐心协力真抓实干。会议期间，担当主会场和与会人员下榻重任的乐平宾馆已修葺一新，充分显示出了三星级宾馆气派；宾馆服务人员认真清扫卫生，精心研制菜谱，确保贵宾工作、生活愉快。市区临街建筑物主体工程业已竣工和基本竣工，内河进行了清理、疏浚，店前花团锦簇，51幅横幅标语凌空挂起，五彩缤纷的彩旗、彩球迎风飘扬，点缀着乐平上空，营造出喜气洋洋的氛围。这将给众多的专家学者和国际友人留下美好的印象。（**记者 方静**）

乐平报 1996-10-22

乐平报 96.10.22

中国历史文献研究会第十七届年会召开相关报道之一。

市委市政府隆重举行招待会

祝贺洪皓马端临国际学术研讨会暨中国历史文献研究会第17届年会胜利闭幕

王光秋讲话　刘乃和致词　张保增主持

本报讯　10月30日，市委市政府在宾馆二楼会议厅隆重举行招待会，祝贺洪皓马端临国际学术研讨会暨中国历史文献研究会第17届年会胜利闭幕。

宾馆二楼会议厅灯火辉煌，一派喜庆气氛。晚上6时，在欢快的音乐声中，我市领导王光秋、黄辉富、刘祖荣、李金香、毕向明、邹天福、盛良兵和来自海内外的100多位专家、学者、洪马后裔步入大厅，欢聚一堂，共庆盛会圆满成功。

招待会由副市长张保增主持。

市长王光秋在招待会上发表讲话。他说，洪皓马端临国际学术研讨会暨中国历史文献研究会第17届年会取得圆满成功。在此，我代表乐平市委市政府向出席会议的专家、学者以及大会工作人员表示诚挚的谢意。历史是面镜子，它记下了对人类社会具有独特贡献的杰出人物的功绩。洪皓马端临是我们乐平的宝贵精神财富，他们的精神是不可磨灭的。这次盛会必将推动我市的精神文明建设和经济发展。当前，学习贯彻十四届六中全会精神的光荣任务落在我们的肩上，我们要以这次会议作为新的起点，挑起精神文明建设和物质文明建设两副重担，使乐平顺着历史的轨迹迈入小康的领域。“世上无难事，只要肯登攀。”我们一定要在前人的事业上发展，把乐平规划好，建设好，管理好，在出过两位名贤的沃土上创造出辉煌的未来。

中国历史文献研究会会长、北京师范大学古籍研究所教授刘乃和在招待会上致词。她说，两会经过5天小组讨论、发言、参观、考察和游览，今天胜利完成任务，并取得圆满成功。这次会议有几大特点：其一、论文多，共有100篇，这些文章不仅水平高，而且观点和见解新，内容集中，真正体现了百花齐放，百家争鸣。其二、中青年同志文章多，发言积极，这反映了老中青结合，说明文献研究会后继有人。这次以洪马为主题的会议，对于弘扬“爱祖国、爱家乡”的精神起着积极作用。乐平投入了大量精力，做了十分深入细致的工作，使我们更加了解了乐平，这对于推进乐平优秀的历史文化研究，促进乐平精神文明和物质文明建设，扩大对外开放有着积极的影响。几天的会议，使我们深切感受到乐平人民热情好客，在此我提议以热烈的掌声向乐平市领导和父老乡亲们表示感谢。

市六套班子领导和与会专家学者相互举杯祝酒，招待会始终洋溢着热烈的气氛。　（记者　朱菁华）

乐平报 96.11.1

乐平报 1996-11-1

中国历史文献研究会第十七届年会召开相关报道之二。

乐平报 1996-11-29

刘乃和诗五首

乐平真好

乐群敬业久流传，
平野田畴布陌阡。
真有良材撑大厦，
好留繁茂谱新篇。

惜别·呈乐平市诸领导

指挥若定领群英，
义重情深见赤诚。
依依惜别频挥手，
泪眼模糊看不清。

参观乐平市容市貌

彩旗飘舞系长虹，
万盏华灯映碧穹。
洪马精神人尽晓，
乐平文教秉遗风。

乐平文教

乐平兴教有贤能，
气节文章世所称。
万里征途前程远，
龙门虽峻已先登。

情系乐平·兼呈市领导

相交虽浅世缘深，
道德文章动我心。
会散人离隔南北，
定能通古更谈今。

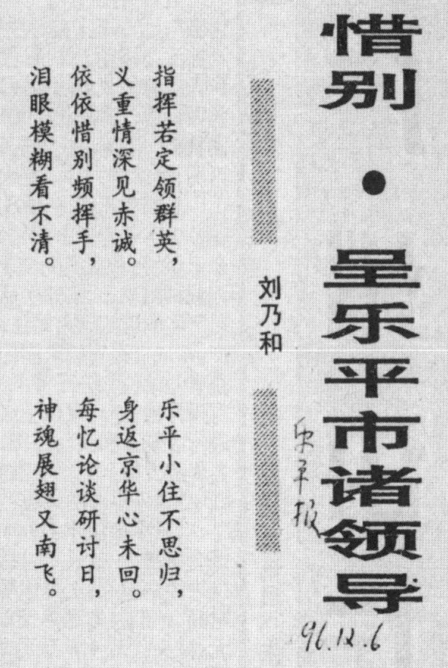

惜别·呈乐平市诸领导

刘乃和

指挥若定领群英，
义重情深见赤诚。
依依惜别频挥手，
泪眼模糊看不清。

乐平小住不思归，
身返京华心未回。
每忆论谈研讨日，
神魂展翅又南飞。

乐平报

96.12.6

乐平报 1996-12-6

乐平报 1996-11-29

刘乃和教授给琴正同志的信

琴正同志：

十一天相聚，实觉依依不舍，时光太短了。您那微笑的、深沉的形象，唤起我美好的回忆。

两会的圆满成功，主要是由于乐平领导的极端重视，安排计划周密，发动深入，反映了乐平领导工作的高质量、高水平，令人非常感佩，也使我异常景仰。

回京后，细读了您主编的《洎水情韵》，全书选文，风格高雅，文笔流畅，很具特色，很有“情韵”，装帧、设计、印刷亦为上乘。

我更细读了其中的大著四篇，并遍读了我能看到的《决策之声》10期和乐平报上您的文章，还读了《乐平诗词》中诗三首。总的印象极为佳妙，笔调清新佳丽，象一泓春水，渗入肺腑。我不禁惊异，乐平领导，都是文采奕奕，各擅所长，文化修养，都深邃清厚，实在钦佩、钦佩。

“不封顶”一文，隽永流畅，笔下不凡，略改数字，请参酌，只是把我写得太高，其实难符，颇有不妥。原稿附上。

照片一张，请留念。

即祝

工作顺利！

刘乃和

1996年11月22日

中国历史文献研究会第十七届年会召开相关报道之三。

乐平报 一九九七年九月二日

中国历史文献研究会会长刘乃和为本报题词

专程再访故地盛赞乐平

人民喉舌党心声，良玉精金耀乐平。
十载辛勤成硕果，高竿百尺更飞腾。
乐平报社按月馈赠，盖知驰念乐平也
一九九七年八月贺乐平报社复刊十周年
刘乃和

乐平报 97.9.2

本报讯 本报复刊10周年之际，收到中国历史文献研究会会长、北师大教授刘乃和寄来的贺信和题词。她是在阅读每期馈赠的《乐平报》时获悉本报复刊10周年信息的。本报全体工作人员读了她的来信和题词，衷心祝愿她健康长寿，万事如意！

本报接到她的来信和题词时，刘乃和先生已再次踏上乐平土地。来之前她在苏州参加中国历史文献研究会年会，因我市领导王光秋、黄辉富、张保增热情邀请，她盛情难却，专程再来乐平，受到市领导和有关方面热情欢迎。故地重游，刘乃和教授盛赞乐平又有新变化，祝愿乐平更腾飞。（记者 明荣 菁华）

颂扬我市杰出历史人物洪皓的力作

《冷山月》电视剧本脱稿

乐平报 97.8.22

本报讯 近日，一部以反映乐平杰出历史名人洪皓为主题的电视连续剧脚本《冷山月》，由我市作者徐金海、周德坤、王新翔、蒋良善编剧。该剧本9集11万字，创作历时3个月，《冷山月》的创作完稿，为我市文化工程的建设又添一力作。

为颂扬乐平先贤，提高乐平的知名度，去年洪皓、马端临国际学术研讨会召开之前，市委、市政府即决定组织力量撰写《洪皓》电视剧本。今年4月市委又一次组织强有力的创作队伍来加强洪皓剧本创作。编剧由我市知名作家、剧作家和市领导联合担任。5月初，编剧组奔赴福建等地收集史料，5月下旬投入紧张的创作，全体成员以高度的责任感，克服天气炎热，夜以继日地撰稿，至8月上旬剧本全面完稿。剧本《冷山月》在不违背基本历史事实的前提下，对个别历史人物、事件做了相应的浓缩、加工、移植甚至塑造；在充分肯定洪皓『气节』的同时，突出了他在历史上，特别是中华民族整合形成过程中的文化使者作用。是一部历史真实与艺术再现巧妙结合，矛盾跌宕起伏，画面宏伟壮观的好剧本。

该剧本创作期间，王光秋、刘祖荣、余南甫、徐金海、盛良兵等领导同志对剧本的创作给予了高度重视，十分关心剧本策划、编剧工作。徐金海同志还亲自参加了剧本的撰稿。市纪委、酿酒厂、洪岩乡等单位给编剧创作提供了场地和资金，洪氏后裔为剧本创作提供了史料，给予了支持，使该剧能顺利完成。据悉，9集电视剧《冷山月》目前正在投入紧张的筹资阶段，可望与有关电视剧制作单位取得联系，力争早日拍成电视剧。乐平籍知名人士许还山、石慰慈、石兰和著名历史学家刘乃和等对该电视剧的创作筹拍都表示了极大的关注和支持。（记者 徐晓明）

乐平报 1997-8-22

中国历史文献研究会第十七届年会召开相关报道之四。

洪皓、马端临国际学术研讨会综述

光明日报97.2.11

光明日报 一九九七年二月十一日

由中国历史文献研究会、中共江西乐平市委、市政府联合发起的洪皓、马端临国际学术研讨会暨中国历史文献研究会第十七届年会不久前在乐平召开。来自俄罗斯、乌克兰、日本、韩国、泰国和国内的专家学者共100余人参加了研讨会。海内外专家学者欢聚一堂，围绕“洪公气节，马氏文章”展开了热烈而深入的讨论。

与会者认为洪皓是我国古代外交史上一位不辱使命、全节而归的风节名臣。南宋建炎三年（1129），他奉宋高宗之命出使金国，被扣留达15年之久。羁留时间之长、志节之高尚、处境之险恶、生活之艰苦等与汉使苏武不相上下。在他身上保持着凛然正义的气节，永远激励后人。

不少专家还对毛泽东喜爱阅读的洪皓季子洪迈撰写的《容斋随笔》进行了多侧面、全方位的探讨，充分肯定了《容斋随笔》的意义、地位和作用。有的专家还对洪迈的另一部志怪巨著《夷坚志》作了深入研究，肯定其在研究我国社会学史中的史料价值，并驳正了有些学者认为《夷坚志》为洪迈晚年之作和绝笔于淳熙之初的错误论断。

与会者认为，马端临是我国宋末元初一位伟大的史学家。他倾注毕生精力撰成的典制体通史巨著《文献通考》是一部重要的历史文献。这部书348卷，分二十四考，论述起自上古、迄于南宋宁宗嘉定末年的历代典章制度。他不仅重视文献资料的整理，而且重视思想观点的分析，把“文”、“献”、“考”三者紧密结合起来，重点在“考”，着眼于“通”，求其然，也求其所以然，揭示历代典制的“变通弛张之故”，寻求它们本身发生、发展、演变的规律。这是他留给后人的一份宝贵的精神财富。

（来可泓）

史学

三八节『春满桃李园』联欢会上

刘乃和

一

授业传经着意栽，续书咏絮俱成材（注）。喜看后浪推前浪，不尽长江滚滚来。

二

论著科研四座惊，半边天下尽豪英。前程万里长征路，维凤清于老凤声。

注：东汉班昭续《汉书》，东晋谢道韫咏絮。

赠别韩国访问学者许卷洙①

许尔明朝有大成，卷帘满盏待来京。洙滨泗上传扬远，好把佳篇叙旧盟。

注：①许能熟背《论语》。

鹧鸪天·野草秋会

吟罢春光又咏秋，无情时日去难留。黄花怒放含霜艳，转瞬寒梅眼底收。

休停步，莫回头。岂能岁月任优游，晚霞虽至夕阳好，黉宇仍为孺子牛。

《中华诗词》1997年第1期（总11期）《半边天诗词》

中华诗词学会主办　1997年2-15出版

中国历史文献研究会第十七届年会召开相关报道之五。

·1996 年 11 月 29 日·4·

乐平报

“不封顶”的刘乃和

琴正

金秋十月，洪皓、马端临国际学术研讨会暨中国历史文献研究会第 17 届年会在乐平市召开。作为会议的东道主之一，我有幸结识了中国历史文献研究会会长、北京师大教授刘乃和先生。除了会议期间的接待接触，我还与江西日报记者一道，对刘老作过一次专访。

刘先生出生在北京一个书香门第，祖籍天津杨柳青，祖父系前清翰林，父亲是书法家。刘老从小耳濡目染，深受着中国传统文化的熏陶。1939 年，她考入北京辅仁大学（该校诞生 25 年后与北京师范大学合并），1943 年大学毕业在该校攻读研究生，师从中外著名的历史学家、北师大校长陈垣先生。从当陈垣先生的学生、校长办公室主任到助理，一干就是三十年，同时也与中国历史文献研究结下了不解之缘。

中国历史文献研究会是国家级的权威学术团体，能荣膺该会会长之职的刘乃和先生当属当今史学界的学术权威了。不过，这权威只是学术界的一种公允，而刘先生的为人却平易得没有一点“权威”，诚朴得不涂彩一点“学术”。刘老今年 78 岁高龄，中等身体胖胖的，腰患骨质增生，行路腿脚稍有不便。睿智的目光躲在一副水晶眼镜后仍炯炯有神，塞满了历史知识的脑袋滋得满头的银发也具历史状。刘老乐起来显得特别的慈祥，微笑时舌尖舔向唇，慈祥憨厚中还保留着一丝童顽。她，的确是一位令人尊崇、敬爱的长者兼学者风范的知识老人。

与老人谈中国历史，谈中国历史文献，就如同找老郎中先生看中医，愈老的先生愈能给人地道感、信赖感。有些老人，本身就是一部“断代史”。老人说：“中国历史悠久，有极为丰富的文化遗产，而这些文化遗产主要保留在典籍之中。据统计现有典籍约十万余种。中国有文字记载的历史有五千多年，而且连续不断，这在世界上是绝无仅有的。这是我们中国人值得骄傲的事情。”我国有骄傲的历史，老人也为研究历史而骄傲。谈到文献学，老人更是行家里手如数家珍。老人说，历史文献学自古就有，孔子就做过历史文献的学问，但把历史文献作为一门独立的学科来系统进行研究还是近代的事。文献学不仅是整理古籍，还应涵盖目录学、版本学、校勘学、文字学、音韵学、训诂学、金石学等学科的内容，还要通晓历代典章制度，《文献通考》有这方面丰富的内容。

谈到文献学，老人自然联想到她的恩师陈垣先生。老人认为陈垣先生是开创近代历史文献学的奠基人，陈老先生有文献学方面的多种专著，如校勘学、年代学、避讳学等。说到陈垣老先生，刘先生似乎更具深情，她认为陈老先生的道德文章都达到了无可挑剔的化境，至今仍为失去这样一位学识渊博的大师而惋惜。刘老谦逊地说，几十年当陈老先生的学生、助手，也为陈老先生写过不少的文章，但对陈老先生的学问学得不深，所幸的是在陈老先生身边工作，受其高尚道德的熏染却是终生受益。说着陈老先生的道德文章，刘老又自然联想到当今史学界的一些值得警惕的现象。刘老说，当前历史学界有一股思潮，有的人企图否定陈垣老先生对革命的追求，对历史早有定论的历史是非品头评足，甚至把汉奸说成好人，把革命说成是错误。说着说着，老人那洞察历史风云的史学家的眼中放射出犀利的光芒，表情严肃，斯文中奔流着巨大的激昂，宛如佘老太君又闻边关烽火，好象即刻就要横刀立马跃上疆场。拨开历史的迷雾，还历史的真面目，似乎是历史学家义不容辞的历史责任。

刘老孤身一人，据说年轻时也不失风流倜傥，与她同班的很多女同学选择了显赫的能跟随出访的夫人生活，她却选择了钻进历史的故纸堆去做学术文章。她原住几间低矮平房内，近些年才改善得搬了三室一厅，每间房的四壁都是“顶天立地”的书架，迟到的上不了架的书还只好睡在地板上。刘老常风趣地说，我家里除了书就是我，除了我还有书。

刘老的生活也象历史一样朴实无华。她说这辈子没有穿过时髦的衣裳，不论是开会讲学，还是参与重大社会活动，总是穿着象她那陈旧的线装书一样整齐陈旧的布衣裳。随着年龄的增加，三围也不断地添加，为了能裹住添加了的身躯，她经常把旧衣服的结合部拆开再添加一块布。如此一改革，衣服又适应了变化了的新形势。一次，老人很有兴致，上街逛西单商场，要售货员小姐拿一份新出产的洗发剂的说明书来看看，售货员小姐瞟了一眼这位穿着旧衣的老太太，一边递货一边掐出一串冷冷的话音：“你认识字吗”？老人笑中带涩回答说：“能认识几个。”这真是：不识教授真面目，只缘身着旧衣衫。老人现时行动不太方便，请了一位“小时工”，主要任务是上街买点蔬菜和生活必需品，然后老人自己动手做做，喂满了自己就全家不饿。一次，刘老与北京师大另一位教授到复旦大学讲学，该校餐餐给他们吃蘑菇，刘老感到非常不错，那位教授私下则说：“这上海人，天天给人家老太太吃蘑菇，要吃蘑菇，老太太自己家里就能长”（原住的低矮平房阴暗潮湿，地上都长了蘑菇）。刘老常挂在嘴边的一句话是：咱们读书人，要忧道不忧贫。这充分表达了中国知识分子追求真理，不慕荣华的奉献精神。

刘老说我已是 78 岁的老人了，已经到了五棵松了（八宝山的前一站），但我还有很多事情要做，我要赶紧抓住时间，现在手头正在写有关陈垣的专著，接下去还要写自己的回忆录，还有很多社会活动和历史文献研究会的工作，会长之职又卸之不去，事情很多，不知还能活几年。我说：“您老身体好，起码再活二十几年，一百岁没问题。”刘老忙说：“最好别给我封顶。”说完自己先笑成了一朵灿烂的晚霞。

面对这样一位研究历史的历史老人，我只敢想，不敢问：你曾经有过爱情吗？这样以牺牲家庭生活为代价执着地做着清淡的学问就无悔无怨吗？不敢问，实在是没有勇气问这个问题。老人一辈子在伤痕累累的历史中蹒跚跋涉，也难免磕碰得累累伤痕，我们采访时不得不小心翼翼，生怕触到老人的隐痛。但愿老人“不封顶”，在不久的将来能拜读到她的回忆录，或许从中能解开这个历史的疑团。

我想，象刘乃和先生这样挚情于献身研究中华民族辉煌历史的人，一定是对中华民族爱恋得最深沉的人。好在中国的历史也铸就了这样一条规矩：凡是深爱中华民族的人，就一定会受到人民深深的爱戴。访谈到最后，我们想请刘老就她的人生价值取向作点概括。老人翻出她随身携带的一本打印的小册子，里面都是她平时有感而发未曾发表的诗作。她指着其中的《生辰自咏》一首读给我们听，且边读边作点解释。现附录于下。

生辰自咏

独茗独坐　独立独卧
独行独止　独忧独乐
人生过隙白驹，转眼七十已过。
忙忙碌碌半生，赚得孑然一个。
三餐因陋就简，穿着缝补旧破。
有时引吭高歌，有时赋诗吟哦。
有时满座高朋，有时孤单寂寞。
有时埋首撰著，有时挑灯备课。
对坐四壁图书，兴来挥毫翰墨。
千里求师来访，仍能登坛上课。
虽说精力渐衰，且喜勤而不惰。
待人接物以诚，办事言而必诺。
际遇风风雨雨，工作有成有挫。
八宝山头已近，莫做匆匆过客。
珍惜桑榆晚景，岂能白白度过。

这无疑就是刘老七十多年生命旅程的小结，也道尽了她风雨人生的喜怒哀乐。读着她那渥倾着心声的诗句，我想，辛勤耕耘历史的人，一定会象历史一样光照后人。

廿载膝腿疼痛，运转尚超负荷。

洪源　第 24 期

刊头国画　徐晓明作

刘乃和教授

琴正同志：

十一天相聚，实觉依依
沉的形象，唤起我美好的回
两会的圆满成功，主要
计划周密，发动深入，反映了
令人非常感佩，也使我非常
回京后，细读了您主编
雅，文笔流畅，很具特色，很
来。
我更细读了《中的大著
之声》10 期和乐平报上您的
者。总的印象极为佳妙，笔
腑。我不禁惊异，乐平领导，
养，都深邃清厚，实在钦佩、钦
“不封顶”一文，身永流畅
是把我写得太高，其实难符，
照片一张，请留念。
即祝
工作顺利！

中国历史文献研究会第十七届年会召开相关报道之六。

洪源·世界博览

……该校餐
……感到非常
……说："这
……太太吃酒
……自己家里
……得阴暗潮
……们老常挂
……们读书
……分表达
……，不禁

刘乃和诗五首

乐平真好

乐群敬业久流传，
平野田畴布陌阡。
真有良材搭大厦，
好留繁茂谱新篇。

惜别·呈乐平市诸领导

指挥若定领群英，
又重情深见赤诚。
依依惜别频挥手，
泪眼模糊看不清。

参观乐平市容市貌

彩旗飘舞系长虹，
万盏华灯映碧穹。
洪马精神人尽晓，
乐平文教乘遗风。

乐平文教

乐平兴教有贤能，
气节文章世所称。
万里征途前程远，
龙门虽峻已先登。

情系乐平·兼呈市领导

相交虽浅世缘深，
道德文章动我心。
会数人离隔南北，
定能通古更谈今。

……乃和教授给琴正同志的信

……志：

……一夫相聚，实觉依依不舍，时光太短了。您那微笑的、深
……象，唤起我美好的回忆。

……会的圆满成功，主要是由于乐平领导的极端重视，安排
……密，发动深入，反映了乐平领导工作的高质量、高水平，
……常感佩，也使我非常景仰。

……京后，细读了您主编的《洎水情韵》，全书选文，风格高
……笔流畅，很具特色，很有"情韵"，装帧、设计、印刷亦为上

……更细读了书中的大著四篇，并遍读了我能看到的《决策
……10期和乐平报上您的文章，还读了《乐平诗词》中诗三
……的印象极为佳妙，笔调清新佳丽，象一泓春水，渗入肺
……不禁惊异，乐平领导，都是文采奕奕，各擅所长，文化修
……这清厚，实在钦佩、钦佩。

……"封顶"一文，身承流畅，笔下不凡，略改数字，请参酌，只
……写得太高，其实难衬，颇有不妥。原稿附上。

……片一张，请留念。

……祝
……作顺利！

刘乃和

1996年11月22日

庐山秋雨

方建明

仲秋，信步登上匡庐天地壮观峰；三吴飘渺，云雾横流。云雾缭绕的庐山，让人们去遐想她的俊美和险秀。

天渐渐地灰蒙，雾不断地涌向众峰和山谷；瞧，那一团小雾，从雾群中飞出，以极快的速度由后至前，急匆匆地去寻觅庐山深处秋的奥秘。

雾中的湿度逐渐地增大，清凉中聆听到深秋的脚步声；飘洒细柔的雨零零星星地落下，告知匡庐万物，秋雨的来临，蒙蒙雨，丝丝，密密；风愈来愈大，愈来愈急，点缀在绿色宝库中的黄叶像金蝴蝶在广阔的空中翩翩起舞，树叶起伏似掀起的层层浪潮，和着风，奏响了秋的交响乐章；那千百万亮闪闪的珍珠靓妹，随着箫韶乐劲歌劲舞，欢庆金色之秋。

沐浴在匡庐秋雨之中，极目远眺，雨连天，雨连地，天地紧相连；银线互通心曲，相依至永远。宇空没有了迷雾，没有混浊，只有那被洗掉尘埃，清晰而又充满生机的苍穹和大地。

好一场秋雨，好一座天地壮观峰。

沙漠深处

程雪春

沙漠上的公路似乎是永远抽不尽的带子。一觉醒来，车已抛锚睡去。意外地置身在沙漠深处，这也是一个幸会幸缘，可以在救援车队修理好车之前，于沙漠深处眼观四路，心骛八极。

八月沙漠的热风好象要把人的心血炙干，天边的沙山，依稀辨得出昨日之风的舐痕。干涸的河床酷似马路，白蒙蒙的热气虚光弥漫其间，一如南方泽国的烟雾，我[illegible]悠悠岁月诉说不完的历史、遐想不尽的梦境，这是最容易出现幻觉，出现海市蜃楼的时候。万里黄沙是诗人的夸张。沙漠在春天张开伟大的情怀等待天上洒下的爱意；而相思太过漫长，总被灼干了，风吹去，等来好梦又醒去。

但这并不妨碍沙漠中也会有绿草。星星点点的苋草、芨芨草，防风麻黄，红柳、白柳……这都是天上洒下的丝丝绿雨，在沙漠中长大安家。

一大群白白的羊群在牧羊人的驱赶下，如海市蜃楼般从沙漠深处走来，又向沙漠深处走去，沙漠深处也有母亲一样，月亮一般的河流、牧草……

在严酷的自然面前，人之执着的生命力如此顽强，倔犟，不值得讴歌赞美吗？

石油来了。一条钢铁长龙。石油人不断循环地用钢板铺就长长的钢铁之路，把巨大的钻井设施运进沙漠更深处。这是没有退路的艰难行程，没有十分把握，谁敢这样冒进？

当沙漠打开闭锁了亿万年的心扉，喷出浓酽的情意，人何曾向自然屈服？人的伟大不是亦可大书特书吗？

……回忆录，
……献身研
……中华民
……史也铸
……民族的
……访谈到
……取向作
……打印的
……曾发表
……一并读
……附录于

……程的小
……读着
……排标历

净土

谢民

王老汉是个菜农，地地道道的农民，只知"流自己的汗，吃自己的饭"，尤爱种白菜。

王老汉种的菜颗大，看上去白净，水灵灵的，吃起来肉嫩，味美。大伙都爱买，只要是王老汉的白菜一上市，无不抢售一空的。他的脸黑，却有一口白牙和亮亮的眼睛，穿得不是很好，其实大家知道他不缺钱。

那年春天，他托了几人找他买化肥。他去了，但人多，排了两天队，还没见着影儿，有人认出他来，于是指点了迷津，送礼到销售科长家，定给"批"。老汉还真去了，搞了套体面的衣服，不过看上去，还是黑。提了礼品经人指点到了科长家，一看，真的，白的眩目。富丽堂皇，进到里屋更不必说，一些叫不出名儿的发着亮儿的灯，一切都白的耀眼。老汉见到了科长，科长也白，还胖，官位十足，老汉不由的想起了他的大白菜。科长见到礼品，眯起的眼亮了一下，招呼了老汉坐下，老汉手足无措了，匆匆忙忙结结巴巴的说明了来意。科长也爽快，马上给批了。这次收了老汉180元；两瓶酒。两条烟。出来的时候，已近黄昏，在巷子拐角处遇见一女人。如贵妇一般，一身的"时髦"，擦肩而过的时候，老汉见到一样东西从女人身上掉下来，老汉上前一瞅，是个精致的钱包，再一瞅，现金500元和"票"之类的东西。老汉地道，没敢叫住女人，只是跟着女人，转眼又到了那白的房子跟前，女人敏感的顿住，"有事吗？"言色冰冷。"大妹子，你的钱包。老汉双手有些颤动，女人赶紧一看，真的，接过来再一看，没缺啥，女人心存感激，要谢老汉，"别，我刚从里面出来！"老汉这次没有结巴。

路灯亮了，老汉的影子被拉的斜。

中国历史文献研究会第十七届年会召开相关报道之七。

中国历史文献研究会第十八届年会。

(七)纪念陈垣百年诞辰

北 京 师 范 大 学(　　)

同志:

您好。

时光荏苒,自去冬向您寄送关于征集纪念陈老诞辰百年稿约以来,转瞬数月已逝。按约稿截止日期即四月底而论,则已近约期了。为了筹备好此次垣老纪念活动,不误纪念文集的附印出版工作,特来函催请赐稿。您为撰写纪念文稿劳身焦思,付出了艰辛劳动,谨致谢忱。

顺 致

敬 礼!

北师大纪念陈垣同志诞辰百周年

筹委会办公室

一九八〇年四月十三日

北师大纪念陈垣同志诞辰百周年约稿函。(1980 年 4 月 13 日)

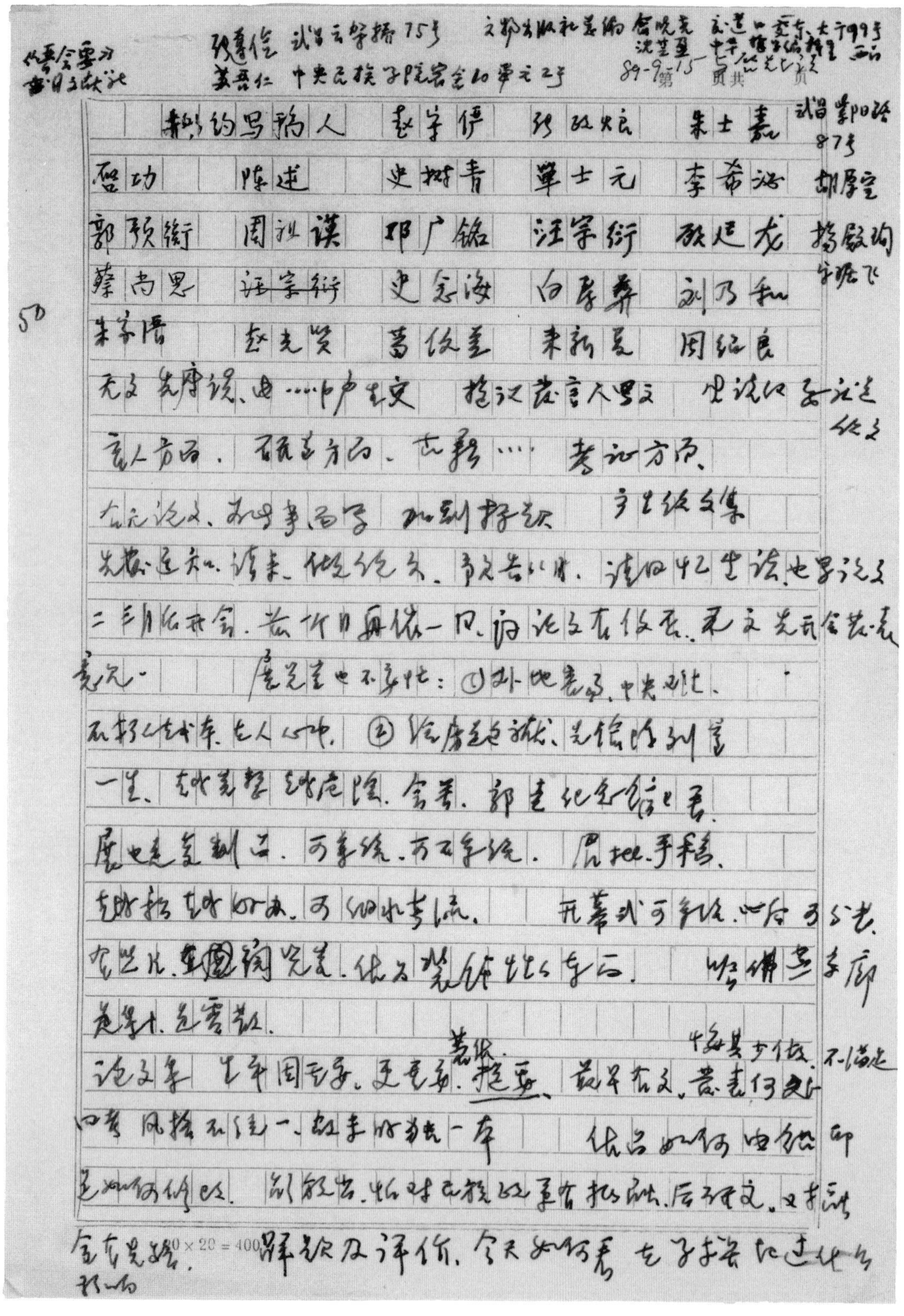

纪念陈垣同志诞辰百周年拟请撰文者名单等。

廷龙先生大鉴：

自1984年在上海请教后，转眼已五年。中间曾闻说您来京小住，但未打听到住址，未能拜谒。

明年是陈垣先生110周年诞辰，我校拟在明年下半年举行"陈垣学术讨论会"。您和陈先生为好友，他生前常提到您和我。很希望在陈老诞辰110周年撰文纪念，或论述陈先生有关文章或回忆记事，或题字题辞纪念，或用其他文章形式纪念均为欢迎。

我于10月中旬去上海嘉定开会，10月20日散会后拟在上海市内住几天，届时拜谒先生，请教，并到上海图书馆查些资料。我们在编撰一部《陈垣年谱》，届时请先生指点，在您精力允许的情况下，可和我谈些有关陈先生的事迹活动等。希望得到您的同意和支持。先此感谢！

尚此，即颂

安泰！

晚 刘乃和 敬上 9月28。

陈垣同志的学术贡献　　蔡尚思

一、专题深入的治学方法

二、考证学的大成就　　校勘、版本、避讳、元史、中西交通

三、史表的治学工具

四、正想著作的史学专著

~~六、爱国主义~~

1. 政治思想——爱国思想

2. 哲学……　　出现都有意义之

3. 宗教……

五、文字的简洁

六、教育家的风度

陳垣校長誕生百年

紀念文集

北京师范大学

陈垣校长诞生百年纪念文集。

陈垣校长诞生一百周年纪念文集

目　　录

本市西四
能仁胡同三十六号
刘乃和同志

生活·讀書·新知 三联书店
北京朝内大街一六六号

北京文学

乃和同志：

大札及陈垣老纪念文集均奉悉。我已同三联负责同志建议，拟在这本文集的基础上，编一《励耘书屋问学记》，只收录亲受陈老教泽的学生回忆陈老谈治学的文章。蔡、牟、李(瑚)、史、赵、启、郭、刘诸文，均准备收入。同时，还可增加过去发表的若干文章，如牟润孙在香港发的一文。具体做法，我想在近日去尊府拜候，当面请教。不知尊意以为如何？专此 并颂

新年好

八一年一月一日。

1981年1月1日，三联书店致刘乃和信。

北京文学

乃和同志

很久没有晤候了。回忆录已排出，寄上一份，请您抽空审读，能否月底前退我。

十月七日

1981年10月7日第二封信。书已编成，请审读。要求月底交回出版社。杨静在1981年12月29日来过电话。

励耘书屋问学札记

1、教学实践与科学研究
2. 大学一年级国文必须学好
3、史源学实习
4、虚心求教"通人"
5. 云冈石窟开凿年代
6、陈白沙字[illegible]
7、担当和尚山水册
8、《汪容甫述学年月日考证》补
9、国子祭酒
10. 邵循正挽先生联

稽古到高年，终随革命崇今用
校雠捐故技，不为乾嘉作殿军

北制 78.10 20×20=400（1458）

勵耘書屋問學記
史学家陈垣的治学

世味年來薄似紗誰令騎馬
客京華小樓一夜聽春雨深巷
明朝賣杏花矮紙斜行閑作
草晴窗細乳戲分茶素衣莫
起風塵嘆猶及清明可到家
逸欽仁弟屬書 陳垣

陈垣遗墨之一

目录

目录

陈智超 编

史学家陈垣的治学

勵耘書屋問學記

（增订本）

生活·讀書·新知 三联书店

目次

北京师范大学（　　）

同志：

一九八〇年十一月，是北京师范大学原校长陈垣同志诞辰一百周年。陈垣同志（1880—1971）从事史学研究和教育工作数十年，在历史学的许多领域都有卓越的成就。为了纪念这位著名的历史学家和教育家的百年诞辰，学习他的革命意志和实事求是、严谨精勤的治学精神，校党委会决定出版陈垣同志著述专集，举办展览，编印"陈垣同志百年诞辰纪念文集"，出刊《北京师范大学学报》纪念陈垣百年诞辰专号"，以及组织学术讨论会、座谈会等活动。

为了出好《学报》纪念专刊和纪念文集，我们特约请陈垣同志生前友好和他的学生撰写回忆录、学术论文以及纪念诗词、题字等，并征集陈垣同志的照片、文稿、信函、墨迹、书简。征集时间，从现在开始，到一九八〇年四月底截止。文章字数不限，用原稿纸抄写清楚，注明作者的真实姓名（发表时从便）、工作单位或通信地址，以便联系。所征集的陈垣同志照片、文稿、信函、墨迹、书简，请寄"北京师范大学纪念陈垣同志百年诞辰筹委会办公室"，用后经征得存者同意，分别退还原件或复制件。应征文章请送寄"《北京师范大学学报》（社会科学版）编辑部"，文章一经选用，即致稿酬，并赠纪念刊样书。

北京师范大学纪念陈垣同志百年诞辰
筹备委员会办公室
1979年11月

1880—1990
纪念陈垣校长诞生110周年
学术论文集

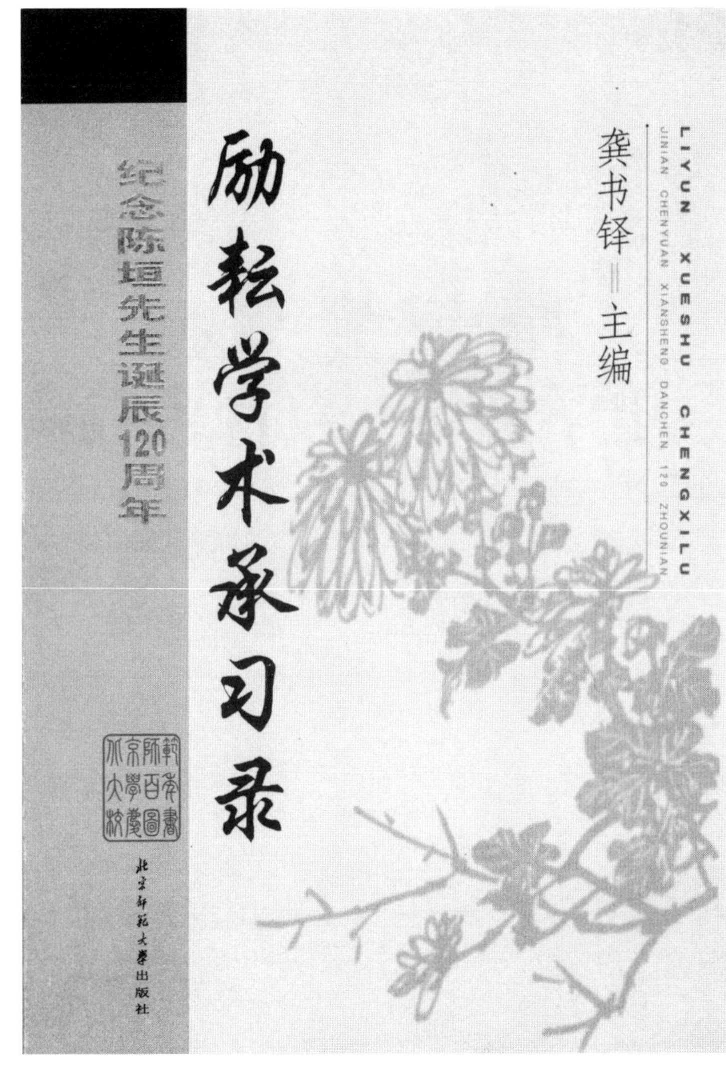
励耘学术承习录
LIYUN XUESHU CHENGXILU
JINIAN CHENYUAN XIANSHENG DANCHEN 120 ZHOUNIAN
龚书铎 主编
纪念陈垣先生诞辰120周年
北京师范大学出版社

陈垣先生的史学研究与教育事业

纪念陈垣先生诞辰130周年学术论文集

CHENYUAN XIANSHENG DE SHIXUE YANJIU YU JIAOYU SHIYE

北京师范大学陈垣研究室 编

北京师范大学出版集团
BEIJING NORMAL UNIVERSITY PUBLISHING GROUP
北京师范大学出版社

勵耘承學錄
○刘乃和 ○北京师范大学出版社

1

《励耘承学录》

目录

自序

白寿彝序

陈垣老师的教学、治学及其他

陈垣勤奋的一生

从事教育工作七十年的教育家

我们的师表

试论陈垣的史学研究

学习陈垣老师刻苦治学精神

学而不厌 诲人不倦

励耘书屋和陈垣治学

陈垣的治学精神和爱国思想

陈垣编著的年代历法工具书

考史必备的工具书《二十史朔闰表》

中国历史上的纪年

陈垣与北京图书馆

J811883 20×20=400

《励耘承学录》手稿。

这个目录与成书目录不尽相同。第二部分:“陈援庵的学术成就与我的研究”里,第三组八篇文章,其中倒数六篇,视为陈垣著作,亦无不可。正像陈垣晚年著作,有些可视为刘乃和著作一样。

从清室善后委员会到故宫博物院的成立

陈垣在故宫博物院

谈中华排印本陈垣《校勘学释例》的出版

从《励耘书屋丛刻》说到中华书局

——陈垣生前著作出版情况

祝贺中的回忆

——庆祝中华书局成立75周年

《四库全书》中最大部的书

《四库全书荟要》的编修

关于《册府元龟》

《〈册府元龟〉新探》序

《文苑英华》

类书与丛书

唐前五代史

《前四史》及其新校点本

司马迁和《史记》浅说

《通鉴》《胡注》和《表微》

重读《通鉴胡注表微》札记

谈"丘"与"邱"

《三国演义史微》缘起

顾亭林画与顾亭林之得名

渤泥国王墓碑文的发见

关于梁灏的传说和事实

谈谈古文中的换字

陈宏谋与考据

引书法出处

三国两孔明

陈垣已刊论著目录系年

历史文献研究论丛

LISHI WENXIAN YANJIU LUNCONG

刘乃和　著

广西师范大学出版社

1988-1-8交

陈老校长

刘先生

1988-1-8

关于为编写《当代中国》丛书
高等教育卷提供有关材料的通知

各院、系、所、部、处：

根据国家教委"关于提供《当代中国》丛书高等教育卷有关材料的通知"，以及市高教局的有关通知，请提供下列文字材料及照片：

一、建国以来在校工作的教授（包括在职的、已退休的、已故的）成绩突出的副教授，学科带头人，市级以上先进工作者，建国以后培养出的优秀毕业生，毕业生中的中共中央委员、后补委员、中央部委和省、市、自治区的主要负责人，学部委员、知名人士、市级以上劳动模范、战斗英雄等的基本情况、主要事迹，文字说明在一千字左右。

二、反映学校的校舍建筑、图书、仪器、设备等新建和扩建、充实的数字，在旧中国时上述有关数字及新旧对比的照片。

三、情况数字务必搞准确，关于人物部分请将表中项目填写清楚。请于一月十五日前将上述材料及人物调查表一式两份交校长办公室秘书科。

校长办公室

1987年12月12日

1988-1-8填写

《当代中国》人物调查表

姓　名	陈垣	曾用名	字援庵	性别	男	生卒年月	1880.11—1971.6
原　籍	广东新会	出生地	广东新会	民族	汉	现职称	—
参加何党及时间	1959年参加中国共产党			现任职务	—		
是否退休 退休时间	—	住　址 及电话	—			毕业时间 获何学位	—
简历(包括任职)	北平图书馆委员,故宫博物院理事兼故宫图书馆馆长,中央研究院历史语言研究所研究员、评议员、院士,北平研究院历史研究所特约研究员。 北京大学、北京师范大学、辅仁大学、燕京大学教授。 辅仁大学校长,北京师范大学校长,中国科学院历史研究所第二所所长,中国科学院哲学社会科学部委员。 北京市政协委员、常委、副主席,全国人民代表大会常委。						
研究方向及在教学、科研方面的成绩(包括获奖情况)可加附页	宗教史、元史、中国历史文献学等。						

参加学术团体及任职届次	
重要论文发表时间及刊物(共有几篇,举出一至四篇)	共发表论文100多篇
主要著作出版时间及单位(共有几本,举一至四本)	1.《励耘书屋丛刻》包括专著8种,共16册,1944年出齐 2.《通鉴胡注表微》　1945年 3.《明季滇黔佛教考》1940年3月 4.《中国佛教史籍概论》1942年9月

1988-1-8

88-1-8

《当代中国》人物调查表

<table>
<tr><td>姓名</td><td>刘乃和</td><td>曾用名</td><td>＼</td><td>性别</td><td>女</td><td>出生年月</td><td>1918·4月生</td></tr>
<tr><td>原籍</td><td>天津市杨柳青</td><td>出生地</td><td>北京</td><td>民族</td><td>汉</td><td>现职称</td><td>教授</td></tr>
<tr><td colspan="2">参加何党及时间</td><td colspan="3">1956年参加中国共产党</td><td>现任职务</td><td colspan="2">北京师范大学古籍研究所陈垣研究室主任</td></tr>
<tr><td>是否退休
退休时间</td><td>未</td><td>住址
及电话</td><td colspan="3">北京师大(工)20楼6门52号 201-2288-2874</td><td>毕业时间
获何学位</td><td>1943年本科毕业获学士学位；1947年研究生毕业获硕士学位</td></tr>
<tr><td>简历（包括任职）</td><td colspan="7">1943年辅仁大学历史系毕业。1947年辅仁大学文史研究所研究生毕业。
1943年起辅仁大学历史系助教（研究生毕业前为兼任）。
1949年辅仁大学历史系讲师。
1952年北京师范大学历史系讲师，校长办公室副主任、文书科科长，兼陈垣校长秘书（至1971年6月陈垣逝世）。
1979年北京师大历史系副教授兼历史系中国历史文献教研室主任。
1982年北京师大历史系教授。
1983年北京师大古籍研究所教授、陈垣研究室主任。</td></tr>
<tr><td>研究方向及在教学、科研方面的成绩（包括获奖情况）可加附页</td><td colspan="7">历史文献学、古籍整理、陈垣史学研究。
1978年至1983年，五年中开三门新课。
1983年、~~1986年~~校级~~教职~~工先进工作者。
1986年优秀党员。
1986年党字校表彰“先进教职工”
1991年优秀党员</td></tr>
</table>

《当代中国》人物调查表。

参加学术团体及任职届次	1. 中国妇女运动历史资料编纂委员会委员 （1979年12月至今） 2、中国历史文献研究会第一届委员会理事，198[illegible]年第二届委员会副会长，1984年第三届委员会副会长至今。
重要论文发表时间及刊物 共有几篇，举出一至四篇	1、中国历史上的纪年（上、中、下） 《文献》丛刊第17、18、19辑 1983年9月、12月、1984年3月。 2、重读《通鉴胡注表微》札记 载刘乃和主编的《资治通鉴丛论》 1985年3月 河南人民出版社 3、《四库全书荟要》的编修 史学史研究 1985年第3期 4、陈垣传 《中国现代教育家传》第一卷 湖南教育出版社 1986年7月
主要著作出版时间及单位 共有几本，举一至四本	《励耘承学录》即交稿 主编： 《册府元龟新探》 1983年4月 中州书画社出版 《资治通鉴丛论》 1985年3月 河南人民出版社出版 《司马光与资治通鉴》 1986年12月 吉林文史出版社出版 《司马迁和史记》 1987年5月 北京出版社出版

1989年任会长

90-6-24交罗先生
附照片、原报告一

第　　页共　　页

(1) 刘乃和（繁体劉廼龢），女，汉族。1918年4月16日生，原籍天津杨柳青，生在北京。

外交部立小学毕业，1934年北平师范大学附属中学初中毕业；1937年北平市第一女子中学高中毕业；1937—1939年北平沦陷后休学。1939—1943年北平辅仁大学历史系毕业；1947年北京辅仁大学史学研究所研究生（在职）毕业。

1943年本科毕业后，留校，在辅仁大学历史系任助教、讲师。1952年院系调整，辅仁与北京师范大学合并后，兼陈垣校长秘书，一度兼任文书科科长、校长办公室副主任，并在历史系讲课，后任副教授、教授，兼历史系历史文献教研室主任。1984年调古籍研究所，陈垣研究室成立后，兼该室主任。

(2) 主要研究方向是历史文献古籍的研究和整理。正在编撰《陈垣110周年诞辰论文集》、《陈垣画册》及撰写《陈垣年谱》。

J811883　20×20=400　2

刘乃和介绍。

第　页共　页

(3) 陈垣已刊论著目录系年　1980年10月 香港大东图书公司出版

励耘承学录　1991年　燕山出版社

册府元龟新探（主编）　1983-4 中州书画社

资治通鉴丛论（〃〃）　1985-3 河南人民出版社

司马光与资治通鉴（〃〃）　1986-12　吉林文史出版社

司马迁和史记（〃〃）　1987-5　北京出版社

中国历史上的纪年（上、中、下）　《文献》丛刊17、18、19期　1983年9、10月，1984年3月

重读通鉴胡注表微札记　载资治通鉴丛论 1985年3月

四库全书荟要的编修　史学史研究　1985-3

陈垣传　《中国现代教育家传》第一卷　湖南教育出版社　1986-7

(4) 做研究生时，指导教师陈垣命写《三国演义史徵》论文，实即作"史源学"实习工作，演义中，凡史书文献上有记载的，皆寻其本源，核其同异。后乃致力于历史文献学研究，对目录、版本、校勘有所注意。随陈垣读书、工作，作他的学生和助手近三十年，解放后除替他代

笔校文外，并对他的史学研究、史学思想，多所钻研。

治学严谨认真，实事求是。

1990年6月

J811883　20×20=400　2

1991年1月21

第　　页共　　页

1990年工作小结

一、教学

1、助教进修班（上辑）18周（每周3小时）

2、本所与煤矿记协合办"中国传统文化讲习班" 2次（每次3小时）

3、三个研究生毕业　指导论文

4、二访问学者：一结业、一继续访问一年

5、中文系夜大学文献班（与钱老先生合讲）　上课3次（每次3小时）又听课一次

二、主编书：

1《纪念陈垣诞辰110周年学术论文集》　415,500字　北师大出版社

2、《陈垣校长诞生110周年纪念册》　150,000字　〃

3、《历史文献研究》第1号　290,000字　燕山出版社

三、论文

1、《中国历史研究知识手册》中6篇专论　共　110,000字

国家教委　全国高校文科教材　国家人民出版社

2、王贞仪和她的《德风亭集》　北京师大学报增刊

（文史论著专刊）18300字

3、陈援菴老师的教学、治学及其他　12500字

《陈垣110周年诞辰学术论文集》

4、读陈垣李尹文书札跋　6300

中国历史文献研究会编《历史文献研究》第一号　北京燕山出版社

J811883　20×20＝400

5、陈垣和孙中山的会见 《燕都》1990年5期 3500字

6、叶嘉莹《唐宋词十七讲序》 1990年8月第二次印刷 3000

《古籍整理》90年3期转载 岳麓书社

7、《资治通鉴》序（白文） 1990年5月 岳麓书社 2000

8、戴兴华《中国的纪年、纪月、纪日法》序 安徽教育出版社 2500

9、李星、杨秋林合译《三国智慧的启示》（狩野直祯著） 4600

兰州大学出版社

10、尚恒元《司马光轶事汇编》序 山西出版社 5800字

8、9、10三书即出版

四、开会：

1、本校"纪念陈垣同志诞辰110周年" 10月29日

2、中国历史文献研究会第十二届年会暨潮汕文化与文献研讨会

在汕头大学 11月10—20日

3、纪念陈垣教授诞辰110周年国际学术研讨会 12月1[illegible]—19日

在广州、江门五邑大学

1991-3-20

第 1 页共 页

一、简历

刘乃和（繁体劉廼龢），女，汉族。1918年4月16日生。原籍天津杨柳青，生在北京。

1931　外交部部立小学毕业

1934　北平师范大学附属中学初中毕业

1937　北平市立第一女子中学高中毕业

1937—1939　北平沦陷休学

1939—1943　北平辅仁大学历史系毕业

1943—1947　北平辅仁大学史学研究所在职研究硕生，取得硕士学位

1943年起　北平辅仁大学历史系陈垣教授的助教

1952年起　院系调整，辅仁与北京师范大学合併，任北京师大陈垣校长秘书和学术助手。一度兼校长办公室副主任、文书科科长。

同时任历史系讲师、副教授、教授。历史文献教研室主任。

1984年　北京师大古籍研究所教授，陈垣研究室主任。

J811883　20×20＝400

刘乃和生平。

二、主要研究方向：

1、中国历史学

2、中国历史文献学

3、古籍研究和整理

4、陈垣史学

5、中国妇女史

三、主要著作：

陈垣已刊论著目录系年

1980年 香港大东图书公司印行 历史人物资料丛编之九

励耘承学录

1991年 燕山出版社

《德风亭集》点校

1991年 安徽人民出版社

主编：

《资治通鉴》介绍

柴德赓著 1981年10月 求实出版社

史学丛考

柴德赓著 1982年6月 中华书局

《册府元龟》新探

1983年 中州书画社

《资治通鉴》丛论

1985年 河南人民出版社

司马光与《资治通鉴》

1986年 吉林文史出版社

司马迁和《史记》

1987年 北京出版社

陈垣110年诞辰学术论文集

1990年 北京师范大学出版社

陈垣110年诞辰纪念画册

1990年 北京师范大学出版社

历史文献研究 北京新一辑

1990年 燕山出版社

论文共一百多篇，主要有：

顾亭林画与顾亭林之得名

辅仁学志 第15卷第1、2合期 1947-12

试论陈垣的史学研究

文献丛刊 1980年第3辑（总第5辑） 1980-10

中国历史上的纪年（上、中、下）

文献丛刊 第17、18、19辑 1983年9、12月
1984年3月

陈垣勤奋的一生
载《中国当代社会科学家》第4辑 1985 书目文献出版社

重读《通鉴胡注表微》札记
载《资治通鉴丛论》 1985 河南人民出版社

《四库全书荟要》的编修
史学史研究 1985年第3期 1985年9月

官制，地理沿革，年代，科举，避讳，谥号、庙号、尊号
载《中国历史研究知识手册》 全国高校文科教材 1990年 河南人民出版社

四、社会职务
中国历史文献研究会会长 1989年10月开始
（1982年—1989年10月前为该会副会长）
中国妇女运动历史资料编委会委员
1979年12月至今 （主任罗琼）
北京辅仁大学校友会副会长
1984年8月至今（会长王光美）

兹有陈慈、陈冬前来我处申请办理陈垣与陈慈、陈冬的亲属关系证明书。陈垣原在你单位工作，故请你处根据其档案记载或组织所掌握的情况，提供证明材料，填入下列表内，速寄我处，以便及时为其办理公证书。

北京市公证处

1988-1-3

回函请寄北京市崇文区西河沿甲215号，北京市公证处 承办人 刘莹收。

亲属关系调查表

关系人 刘○○ 住北师大工20-6-52.

与申请人关系：陈垣的学生和助手

1988-1-20

意见：我处不掌握陈垣与陈慈、陈冬的关系，只有查陈垣档案（在中组部）或请人事处找刘乃和先生写证材料，请你酌定 侯○ 1-8

刘乃和为陈慈、陈冬与陈垣关系所写证明书。为1990年二人从美国回国参加纪念陈垣诞辰110周年纪念会做准备。她们如期到会，并写了文章。陈慈《父亲与我》，陈冬《一个女儿的回忆》。

陈慈

陈垣第三女，1918年生。现在美国，爱人姓刘。住址如下：

Ms Josephcine C. Lin
Po Box 7528
Greenwich. CT 06836
U.S.A.

陈冬

陈垣第四女，1921年冬季生。现在美国。已离婚。住址如下：

Ms. T.C. Chin
138 Village Path
Lakawood. N.J. 08701 　　Lakewood
U.S.A

乃和同志：

刚接陈韶来信，得知我托她转你的信你已见到，并知道你准备把像片整理出来和告我关于师大筹建纪念馆的事，这都是我给你找的麻烦，你很忙，我知道，只是这件事关系重大，塑像不能随便，所以要的像片必须是经挑选出来的，因为父亲的像片实在太多了，可我身边没有。陈韶现在七月中旬已将走去，我要赶着在父亲生日前将它运送到北京，只有三个多月时间，包括书信来往，雕塑成功后还得经铸造厂铸造等手续，总得三个月才能成功交运出去，所以我这里真是火烧眉毛了，请你谅解，尽快帮忙，把像片（正、侧面及其他各角度的）印出寄来，千谢万谢！

另外我还想知道，我们听到师大将设陈垣纪念馆，作子女家人的应当有所表示，父亲在教育界耕耘多年，学术上成就也是人所共知，今筹建馆之际，我们拟请名家铸塑一尊半身铜像陈设在馆内，让今后的学生们瞻仰纪念，你估计对这事师大会有什么意见，会是多此一举么？我们还需给和师大联系吗？这是陈慈的意见你可以给转达么？

天热，累你为我很多，请谅我！候复！

祝你

健康！

陈芸 1990.7.18.

汪宗衍編記
陳援菴先生書札
劉乃和題
汪宗衍編記
陳援菴先生書札
汪宗衍編記
陳援菴
刘乃和题

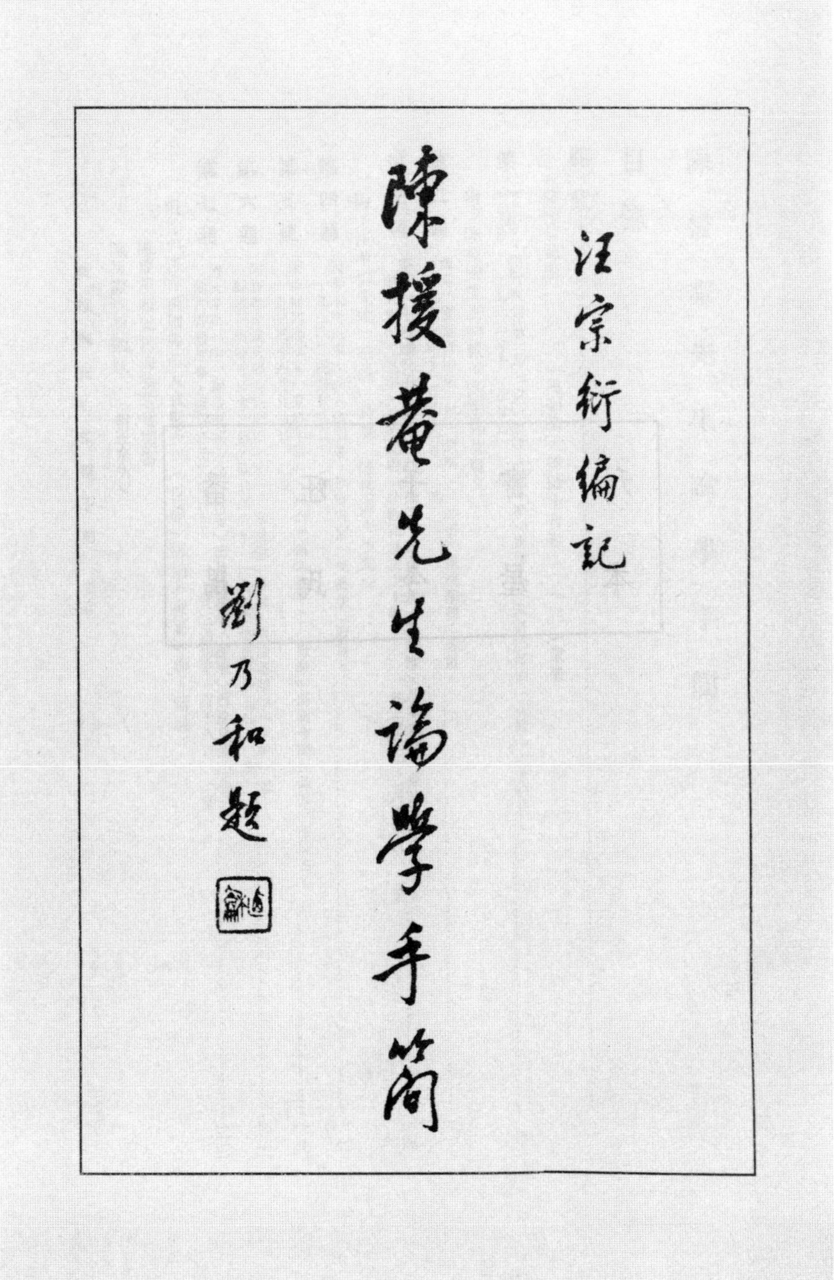

刘乃和题书名。

汪宗衍編詮

陳援庵先生論學手簡

于今書屋刊本

陈垣先生的史学思想

一、陈垣先生简历

二、陈垣先生史学研究的几个方面

1. 目录校勘学
2. 工具书
3. 元史研究
4. 宗教史研究

三、陈垣先生的治学精神

1. 治学认真
2. 干劲大
3. 谦虚

四、抗日战争时期陈垣先生的爱国思想和主要著作

国家社会科学规划基金资助项目

1997 年度检查报告书

批 准 号 ____________

项 目 名 称 《陈垣评传》

批准立项时间 ____________

计划完成时间 1994年12月

项目负责人 刘乃和 职 务 教授、陈垣研究室主任

所 在 单 位 北京师大古籍研究所 陈垣研究室

通 讯 地 址 北京师大丽泽6楼6门102号

电 话（办）6220-8320 （宅）6220-8594

邮 编 100875

全国哲学社会科学规划办公室
1997年1月印制

刘乃和有个好习惯，她一生填过的表，都再画一册，填好，自己存档。因此她自己的资料，很完整。这也许是她做秘书的习惯。我所见不多，不能评论。我只能说，她手勤。陈垣说她：“只知道爬格子。”

课题组项目年度检查报告

在研项目（含本年度立项项目）填报的主要内容：是否按申请书中预订的计划、课题设计进行研究，已做了哪些工作，研究进度如何，已取得哪些成果，是否坚持了正确的研究方向，项目负责人和课题组成员是否按规定负责或参加研究工作，存在问题及改进措施，下一步研究计划，其他需要说明的问题。

本年度应完成项目填报的主要内容：完成情况、鉴定情况及成果质量。

已按申请书中预定的课题设计进行研究、撰写，已搜集不少有关资料，访问了一些传主的亲朋好友。

现已写完2/3，其余1/4已写出长编，还需加工、补充、修润。

目前遇到一个难点，即传主解放后入党，港台有人诬蔑，大陆也有错误看法，必需澄清。港台著作刊物中多有涉及此事，需要参考某些港台、国外资料和出版物，已分别去函请朋友帮忙，现尚未全部寄来。

为了把这个课题写得更好、更周到，还是要更多地了解各方面意见为是，故有所延误。今后当争取尽早完稿。

97-11-17

说明：若需要调整研究计划、课题设计、完成时间、项目负责人或要求终止项目等，项目负责人和所在单位必须事前提出书面报告，报省（区、市）社科规划办或主管委托管理机构审核并签署意见，报全国社科规划办审批。

—— 1 ——

陈垣评传　　刘乃和

踪足兴化寺，励耘旧书房。（此段可放篇尾）
登堂思立雪，入室忆华章。
相依三十载，往事最难忘。
品德人争颂，诗书继世长。
适逢百十寿，挥毫代笔觞。
以史鉴今日，陈学正宏扬。

这首诗是今年（1990）陈垣诞生110周年时，我踪足他的旧居兴化寺街时所写。旧居门上旧刻联语为"忠厚传家久，诗书继世长"，故诗中用了其中一句。

陈垣（字援菴）师最后三十二年的生活，是在北京兴化寺街五号寓所里度过的。他活了九十一岁，前三十二年在家乡广东，三十三岁后定居北京。在北京住的都是租赁房屋，共搬了七次家，第六次搬到辅仁大学附近的李广桥西街一号，离学校近，他很满意，说是住在"李广桥西第一家"。但只住了一个月，房东就要收房，只得又搬迁。这次是搬到学校的宿舍兴

开头可写：在中国近代教育史上，在中国学术界，有这样一位蜚声有名的人物：他开创了……，这时……，他，就是中国伟大的教育家，我的恩师陈垣。从1939年起，我有幸在他身边学习工作数十年……

诞辰110周年之际，应中华书局编辑之约，写下这篇文字，以悼古人，以示来者。

《陈垣评传》手稿。谁敢这样给刘乃和改文章？

内部交流材料
二稿时未用

中国传
1990-10-24完
初稿

第 1 页

陈垣评传

驻足兴化寺，励耘旧书房。

登堂思立雪，入室忆华章。

相依三十载，往事最难忘。

品德人争颂，诗书继世长。

适逢百十寿，挥毫代举觞。

以史鉴今日，陈学正宏扬。

（今年陈垣诞生110周年的纪念，）这是我行经陈垣旧居兴化寺街时所写。旧居门上联语，为“忠厚传家久，诗书继世长”，故诗中用的。

陈垣（字援庵）师~~九十一岁高龄~~最后三十二年的生活，是在北京兴化寺街五号寓所里度过的。他活了九十一岁，前三十二年在家乡广东，三十三岁以后定居北京。在北京搬了七次家，第六次搬家是在辅仁大学附近的李广桥西街，他说当时是住在“李广桥西第一家”。~~离学校很近~~，但房东不久就要收房。~~只住了十一个月~~。搬到学校的宿舍兴化寺街，才算安定。

20×15＝300 1503 北京市电车公司印刷厂出品 八六·六

书房行走”。我们有的学生就是从“南书房”，走向了学术大道的。

他生的时代，正是清朝末年，然后经过民国、北洋军阀混战、蒋介石统治、北平沦陷的八年、解放战争时期，到新中国建立。他的人生道路也是曲折的，他是怎样在中国大动荡、大变化的时期，成为著名的教育家、史学家的，让我们顺着他走过的道路线，看看他艰难的历程里，也许对我们后来人会有所启发。

一、头角峥嵘 忧心国事

1880年11月12日，就是清光绪六年农历十月初十日，他在家乡广东新会县的石头乡降生了。他的祖辈是做中药材生意的，家道

殷实。在家乡时间不长，六岁就随父亲从新

会到广州读书，最初是进入的

一家私塾，设在成兴杂货店的后院，是九间宽

大的北房，老师名冯梳徽。私塾里学生不多，

每天早晨去塾中就读。以后转到另一私塾，在

万隆利镜店的后院，老师名彭泳裕。在私塾学

习，教材无非是读讲《四书》、《五经》，习作八股文

章、试帖诗，每天完成老师规定的读、背、讲、

温，共若干页，呆呆板板。后面，有一次他看不见前面，站在凳子上摸杜，被老师发现，就遭到一次打。

学馆里动不动老师就打学生，陈垣在彭老师那里，年岁较大，听讲时坐在

有一天老师让他背《易经》，

《易经》诘屈聱牙，不易懂，不好背，

不下来，就要挨打。这天，陈垣没有背熟，怕挨打就用逃学的办法。逃出私塾，但也不敢回家，从后院爬上邻居的大杂院房顶，逃出私塾，躲在贤乐里玉器行会馆，会馆里的人都认识这个小孩，一个人问明情况，表面对他很好，还特意留下他吃午饭，陈垣在心里还感谢他，原来这人却暗中去告诉彭老师，让彭老师把他领走，回到私馆自不免挨了一顿打。他回忆起此事风趣地说：这个"逃学事件"，当时认为很不体面，从来不敢对人提，后来想起，才觉得这是一次对体罚的反抗。不是不体面，反倒还觉得有些光彩。他反对体罚，因此他不久也担起教私塾，回来从不体罚，成为当地有组织的学馆明定规定取消体罚的学馆，受到学生和学生家长的欢迎，并引起其他学馆和老师的注意。这也算是当时在教育学生上小小的改革吧！

他十二岁时，转到润津会馆里院的另一学馆

北京师范大学百年校庆丛书

陈垣年谱

附 陈垣评传

刘乃和 撰

北京师範大學出版社

启功晚年，眼睛看不清笔道。这是那时写的吗？

我的格言

正直、勤奋、渊博

应乃同学要题

钟敬文

时年九四

师大周报
1997-3-28

□启　功

1996年夏天，学校领导提出征集校训的号召，标准是要简明而有鼓励的意义，总归要有益于精神文明的建设和促进。许多教师提出了所拟的方案，最后领导选出了“学为人师、行为世范”这简明扼要的八个字。这两句概括了对全校师生的期望和要求：

一、学，是指每位师、生应具有的学问、知识以至技能。仅仅具有还不够，须要达到什么程度？校训讲得明白，是要能够成为后学的师表。师表的标准，我们都能理解，不是“职称”、“级别”所能衡量或代表，这是不待多说的。

二、行，是指每位师、生应具有的品行，这包括着思想、行动、待人、对己，方方面面，时时刻刻，都光明正大，能够成为世界上、社会中的模范。这种模范，不用等待旁人选举出来，自己随时扪心自问，有没有可惭愧的思想行动。

校训没有任何人执行考试、考察、判分、评选，但是每位师生谁都在自己前后、左右无数人的雪亮而公平的眼睛中。有人仍会担心，社会上总有些“损人不利己”的人，挑拨是非，造谣诬蔑，偏把好人好事，颠倒黑白。请你放心，那些雪亮而公平的无数眼睛，也会严正地判断他们的！

校训

学为人师
行为世范

启功敬书

关于确立北京师范大学校训的决定

通过校训征集活动，在广泛征求各方面意见的基础上，校务会议于一九九六年十一月四日决定，“学为人师，行为世范”作为北京师范大学校训。

北京师范大学
1996年11月11日

师大周报
96.11.29

师大周报 一九九六年十一月廿九

严谨治学，敬业乐群。
勤学敦品，教书育人。
师垂典则，范示群伦。
励耘精神，师大永存。

谨遵校训，发扬励耘精神，
与全校师生共勉。刘乃和

编者按：今天，我们刊登了启功先生、郭预衡先生、聂石樵先生阐论“学为人师、行为世范”校训的文章，还刊登了钟敬文先生、刘乃和先生的题辞。他们的文章和题辞反映了他们对学校建设的关心。一个学校的校训，是在学校发展的历史中凝聚而成的，是这个学校优良校风、学风的升华，也是这个学校培养目标、办学方向的体现。校训的提出和确定，仅仅是一个开始，更重要的是要使校训人人皆知，并成为全体师生的行为准则。今后我们将加大对校训宣传的力度，希望广大师生踊跃参与，将自己对校训的理解感悟，将遵循校训、陶冶自我的点滴体会，以及对落实校训的一些批评建议，写成短文寄给本报，我们将适时发表。

师大周报　1997-3-28

陈垣评传

北京师范大学出版社

叙　言

故乡与家庭

陈垣，字援庵。广东新会人。

新会在我国南海之滨，位于珠江三角洲的西南部。这里，汉朝是四会县地，南北朝的宋朝设为新会郡，隋朝始置县，直到1992年撤县设市。

新会是有名的侨乡，其地气候温和，阳光充足，山明水秀，景色优美，素以盛产蒲葵、柑橙著称。新会东北距广州二百多里，水路陆路往来方便。一条西江干流纵贯全县，潭江则横穿县的西部，流到县中部后折向南，经过崖门入海，崖门炮台曾是著名的历史重地，目前是有名的旅游胜景。

南宋王朝与元军抗争，在新会崖山决战，兵败覆亡，数以万计的军民战死或投海殉国，无一人投降。陆秀夫、张世杰、文天祥先后死节。这段历史对新会人民教育非常深。解放后，在崖门奇石上有田汉所写的“宋少帝与丞相陆秀夫殉国于此”的刻字。新会人民对文、陆、张三位民族英雄景仰至深，建大忠祠以祀“三忠”，又建慈元庙祭祀投海殉国的宋少帝赵昺的母亲慈元太后。《慈元庙碑》的碑文，是新会陈献章所书。

陈献章（1428—1500），是明朝著名学者，新会白沙里人，学人都称他白沙先生。授徒很多，著有《白沙集》。新会人奉他为先贤。

崖门的殉国死节，白沙的博学精思，在新会一直被人崇仰，广为传颂，流播深远。对陈垣的成长，对他一生的为人为学，也有很深影响。

1880年（清光绪六年）11月12日（农历十月初十日），陈垣诞生在新会石头乡富冈里。他的家在通往广州的大道的左侧，从道口穿过一茂林修竹，远远望见广阔的草坪，再过去，有几排青砖宅屋，这就是陈垣父辈的各兄弟家族居住的宅院。房屋前面不远有一大池塘，池边杂花丛草，短石低树，风景优美，宽敞幽静。在多座排列的宅屋居中间，就是陈垣诞生的故居。

陈垣祖父名海学，堂名宁远堂。陈家先世曾在湘潭贩茶，到19世纪50年代陈海学创办陈信义药材店，原只经销陈皮等物，后来大有发展，总店设在广州老城晏公街闽漳会馆旧址，日渐兴隆。

陈海学有九个儿子，三子维举，五子维启。维举33岁逝世，膝下无子，陈垣是维启所生，当时5岁，是近支同辈的第一个男孩，也是五房的唯一男孩，但由其祖父作主，把他过继给三房维举。入继十年之后，维启才有了第二个儿子陈国键，就是陈垣的同胞弟。后来国键继承了信义药材店的经营。

陈垣生父维启，又名田，字励耘，后来陈垣书斋名“励耘书屋”，就是用的他父亲的字号。

第一章　青春岁月：追求民主与科学

第一节　在广州读书

1885年（光绪十一年），陈垣的父亲把他带到广州读书。第一次进的私塾设在成兴杂货店后院，是几间较宽大的北房，启蒙老师冯掖微，是一位老秀才。私塾学生只有十几个人，陈垣年岁最小。启蒙课本即三字经、千字文等，并有字课和对字。后来年岁渐长，教材也循序渐近，按着当时传统的内容学习，读四书五经，学作八股文、试帖诗。陈垣七岁读《论语》、《孟子》，8岁读《大学》、《中庸》，9岁读《诗经》、《易经》、《礼记》、《书经》。

在读书期间，多次变换私塾，共计换了七八处之多。他去过的私塾没有专门的房屋建筑，都是借附其他单位或商店，如华光庙、皮革行公所、万隆利镜店、贤乐里玉器行会馆、油澜门同裕袜店等等。私塾老师有彭家裕、杜炽勋、冯寅初。其中以冯寅初老师最严厉，给他印象也最深。有一次同学都围着看冯老师写字，陈垣因看不到，就站在课凳上望，因此被老师责打。

陈垣9岁以后读《书经》，老师要求要会背诵。有一次学《书经》，因文字深奥，佶屈聱牙，陈垣总背不熟，怕老师责打，逃学外出。他先溜到后院，爬到屋顶逃出私塾到街上游荡，不敢回家。恰被他父亲的一位朋友遇见，问明情由，带到家里吃午饭，但同时又叫人去告诉他父亲。父亲大怒，把他送书馆，被冯老师狠狠地责训一顿，从此再未敢逃学。

冯老师虽然严厉，但对陈垣特别钟爱。因为陈垣文章写得出色，常作为范文“贴堂”，字也写得漂亮。贴堂就是把文章贴在墙上，供

冯掖微

大家学习。

也是在冯老师这里，一次偶然在老师书架上，看到一本张之洞的《輶轩语》，后附《书目答问》。只见书中列举很多书名，书名下注有这书多少卷，作者的朝代、姓名，什么刻本好，有的书还有简单的评价。他翻看后很为吃惊。在书馆里只是按老师指定的书，念讲读背，看了《书目答问》，才知道除去四书五经外，还有这么多书籍，他看后很有兴趣。正值这年广州闹瘟疫，传染蔓延很快，救治病人都赶不及。据他自己回忆，街上常堆有病死人的尸体，未能及时掩埋，很多商铺停业。陈垣所在的学馆，不得不停课放假。陈垣在家学习《书目答问》，渐渐学会按照目录买自己需要的书看。在家除去补读私塾中未读完的《左传》外，就自己按目录书上的书自买自读。后来又阅读《四库全书总目提要》，掌握了经史子集四部书籍概况。如是者三年。

陈垣读书并无家传，但买书却得到父亲的支持，所以在大量买书阅读中，视野逐渐开阔。当时父亲的朋友夸许他说能读大书，但也有人申斥他好读杂书，不专攻八股文。由于少年时代就打下了良好的目录学基础，加之阅览广泛，对他后来从事史学研究帮助甚大。

第二节　告别科举考试

陈垣少年时不喜欢八股文，但由于时势所迫，仍未能脱离一般知识分子的传统道路。在1897年（光绪二十三年），他17岁时，仍去参加科考。

这年秋，他到北京参加顺天乡试。住在北京宣武门外永光寺街新会新馆。馆为1885年（光绪十一年）新会乡人集资购建，后为新会翰林伍铨萃经营。伍铨萃，光绪十八年壬辰科点翰林，散馆后授编修官。伍铨萃这时正在北京供职，住新会新馆。馆正房为紫藤厅，前院为绿护堂，东院为白沙厅，以纪念乡贤陈白沙。

考试首场题为“冉求之艺，文之以礼”，是“偏全题”，用《论语·宪问》“冉求之艺，文之以礼乐，亦可以为成人矣”句。这题难不住

刘乃和　周少川
王明泽　邓瑞全　著

陈垣

年谱配图长编

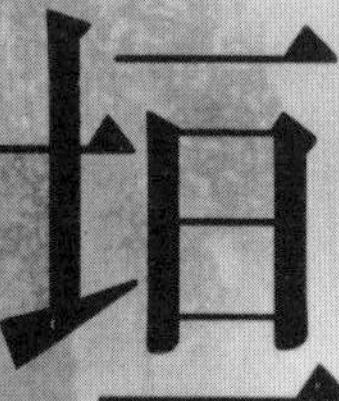

上

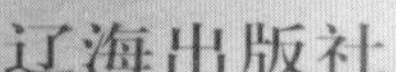

辽海出版社

同日 《毛革杂志》创刊，撰《毛革杂志缘起》，发表在《毛革杂志》创刊号上。

6月11日 阚铎（字霍初）来函，为陈垣搜集到一部坊刻《四库全书总目》。函云："侧闻理董四库，搜集故实，甚盛甚盛。有壬子书目，虽系坊刻，却似博雅，谨以奉尘。又《铎书》如尊藏有羡，乞一副本如何？"（《陈垣来往书信集》，第27页）

6月14日 出席毛革改良会谈话会，对改良羊毛业发表意见。（《本会成立纪事》，《毛革杂志》1920年第1期）

6月15日 陈垣带领助手樊守执、杨韶、王若璧、李倬均、李宏业等，正式开始调查清点文津阁本《四库全书》。

谭新嘉（时为京师图书馆目录科馆员）记述："番禺叶玉甫（恭绰）游历泰西归，慨祖国古籍沦胥，欲印行《四库全书》，爰托新会陈援庵（垣）招延同志闽人樊君名守执、杨君名韶、王君名若璧、粤人李君名倬均、李君名宏业，至本馆点查《四库全书》页数，预备印行。计划经始于本年六月十五日，蒇事于本年八月二十二日。时政争剧烈，近畿枪林弹雨，京城各门白昼仅启一二小时者二十余日。樊君诸人每日挥汗点查，未尝一日间断。而余与宜宾龚颂生（汝僖）、泗县杨鉴漕（宪成）、京兆李翰璋（文裿），编辑本馆各直省志书目录，亦未尝一日间断。当戎马倥偬之际，得以从容镇静各事其冷谈生涯，几若世外桃源，谓非无独有偶、难得之遭逢欤！"（转引自杨讷、李晓明《文渊阁四库全书补遗前言》，载《北京图书馆馆刊》1997年第3期）

刘乃和记述："陈垣做此工作，自然是轻车熟路。……陈垣预先设计、制定了一个特定表格，表上分部别、类别、属别（如史部、职官类、官制），书名、作者、卷数、函数、每书册数，每函册数，每书页数等栏。工作开始，要每天根据《简目》（赵怀玉本《四库简明目录》）抄一书名初稿，以备次日使用。每一部书先由两人各分一半检查清点，把清点结果填写表上，然后两人互换，再检查清点一次，以求精确。有二人结果不合处，及时复查，马上纠正。最后再由另一人负责统计总册数、页数等项。他每天都是从清晨即去图书馆和大家一起工作，晚间回家总复查一天的工作，并为次日的工作做准备。他遇到各个环节如作者、卷数等，确有差异处，次日再到图书馆审核考订，详细、反复、求实、务求精确无误。如是者日复一日，从未间断。自6月初到8月底，整整用了3个月时间。工作完成那天，他邀请参加者拍了张合影作为纪念，在照片上他亲笔题写'民国九年八月'几个字。"（刘乃和《历史文献研究论丛》，第290页）

6月25日　阚铎来函，告知胡玉缙有《四库提要补正》等著作[1]，可以相互参考切磋。函云："顷奉手毕，敬承一是，藉谂著述日隆，甚盛之。日前在京曾一走谒，乃以不知抄手胡同之故，遍询不得，怅怅而返。辱示四库目与书不符之故，元和胡绥之（胡玉缙）丈颇有论列，所著《提要补正》，专就库目，补其未备，正其谬误，约十五六万言。又有《阮目补正》，皆专以考据家言，为河间（纪昀）、仪征（阮元）之诤友。此与公之盛著必有互相发明者。不知公与此公有旧否？或欲相见，铎可移书干之，必可商量加邃密矣。又此公别有经籍题跋，约百余种，专就库目以后晚出之书详加论定，且于原书均已细读。又未收书目续编约百六七十种，则就阮目未收而作，稿如束笋，诚巨制也。铎又于刘汉诒（刘承干）家见所藏覃溪手稿提要草稿

① 胡玉缙，1859年生，字绥之，江苏吴县人，著有《四库总目补正》。

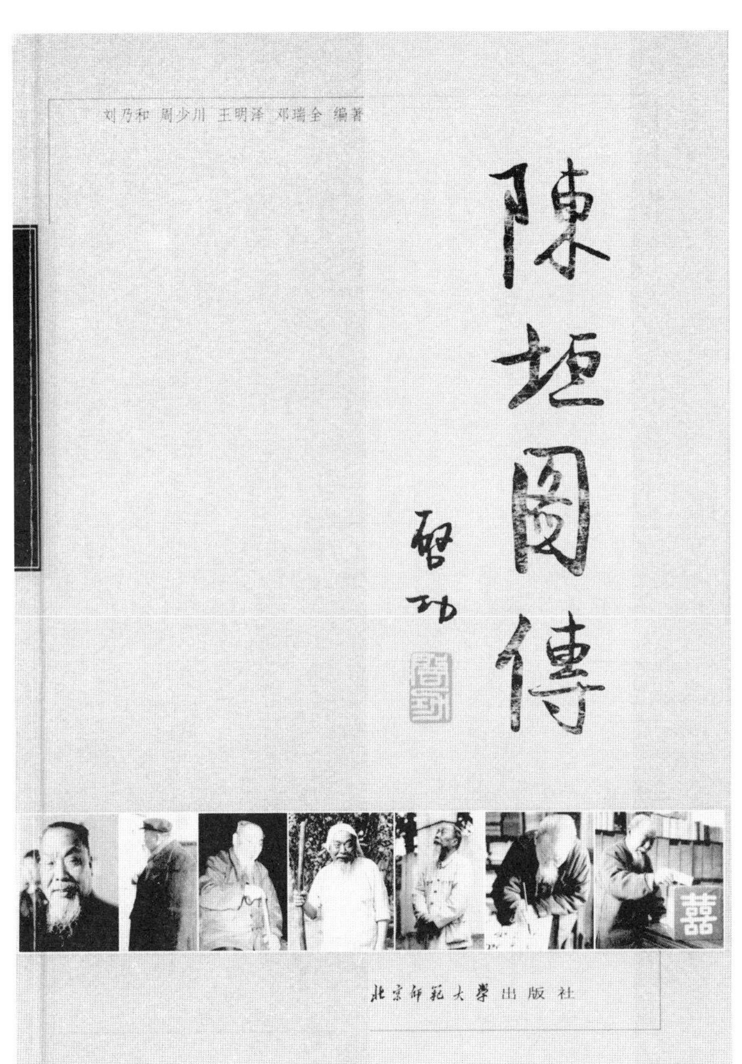
刘乃和 周少川 王明泽 邓瑞全 编著
陳垣圖傳
啓功
北京師範大學出版社

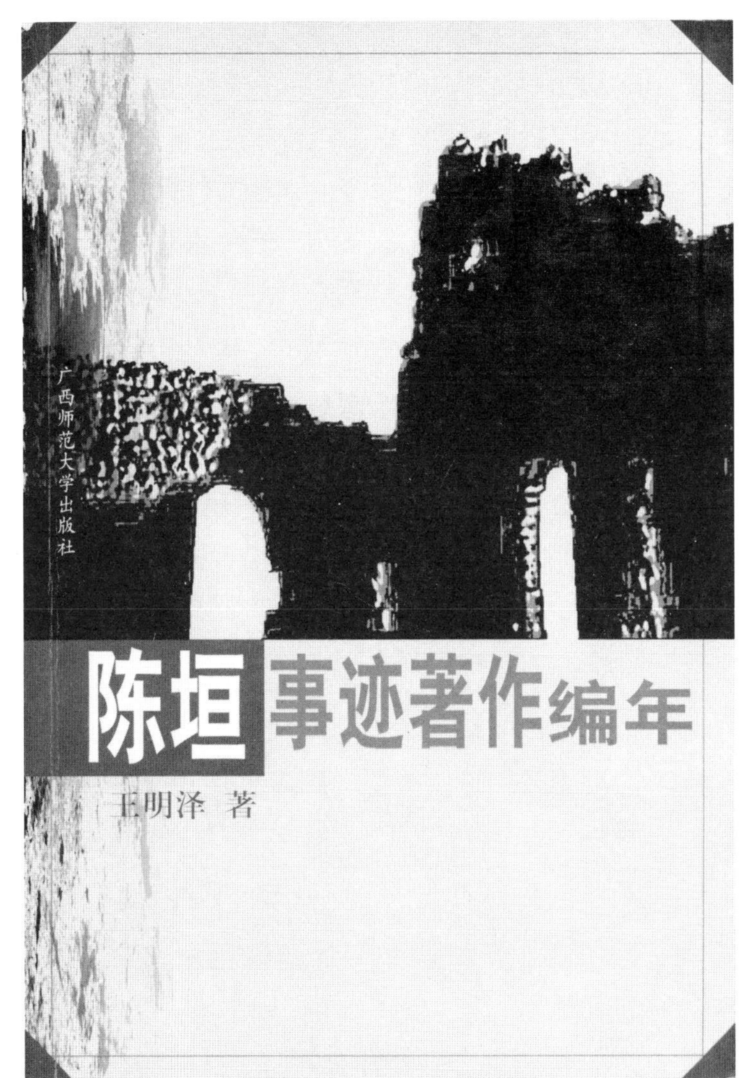
广西师范大学出版社
陈垣事迹著作编年
王明泽 著

目 录

这部书至今天有权威。因为是在刘先生生前写成出版，刘先生应该基本读过。

邱瑞中识 二〇〇七、十一、三

错了。

作为导师，是读过。瑞中又识 十一月三日

昭渊后来告诉我，是先生指导下写成，先生也曾做过改正。

邱瑞中 二〇一〇年十一月八日

陈垣事迹著作编年

1880 年(庚辰)

11 月 12 日，出生于广东省新会县石头乡富冈里。[①]

“远祖名宣，宋时自南雄珠玑巷迁新会。”“据《宋遗民录》，新会石头始祖‘宣，号猷，字南乔，其先汴梁人，尝仕宋。金陷汴，播迁南雄珠玑里。至猷，沉毅有远识，咸淳间，世事日非，遂迁家新会下峒，身仍在雄守墓。德祐末，率乡人保聚。景炎初，助官军与元人战于雄，败绩，乃归下峒。未几，宋亡，嘱子孙毋仕元。郡县以其子考充贡有司，考闻，遁庐山。至明朝始迁邑定居。’考在庐山学道，称真人。陈宣、陈考父子，一个抵抗外族入侵，血战沙场，‘鬼神泣壮烈’；一个坚持民族气节，效伯夷、叔齐之义，远遁山林，‘清操厉冰雪’。因而赢得后人崇敬，以致香火不绝。”

“(宣)传二十一代至陈垣的祖父海学，生九子，称‘维’字辈。垣字援庵，曾用星藩、援国、园庵等名。结婚时更依族例按石头陈氏宗亲诗改贴‘大名’。该诗为明代大儒、邑人陈白沙所作。曰：

‘世德施光裕，明廷擢茂良。

学维宗孔孟，华国以文章。’”

“陈垣按‘宗’字辈列，婚礼大名‘道宗’，不以行，故鲜外露，间或见诸家书中。”

“因五房维启两子俱安康而三房维举去世时无嗣，依宗法应以大子续大房，乃由年仅五六岁的陈垣过继。陈垣生母周氏，过继后由其三伯母李氏抚育成人。”

“19 世纪中叶，陈垣祖父陈海学收购新会特产药材，主要是柑皮

---

① 陈智超：《陈垣简谱》，《陈垣来往书信集》附录，上海古籍出版社，1990。

后　记

今年是陈垣先生诞生120周年，我作为先生的弟子刘乃和先生的学生，很高兴能以这本《陈垣事迹著作编年》表达我对陈垣先生的敬意。陈垣研究，虽然已经开始了多年，但同这位史学大师的学术地位和独特经历比起来，还是显得不够充分。由于陈垣先生没有记日记的习惯，所以，编写他的事迹编年难度较大，特别是关于他的家庭、交游等生平事迹，资料十分缺乏，搜集起来较为困难。十年前，我的硕士学位论文做的就是这个题目，当时参加论文审查的陈述先生和参加答辩的许大龄先生现在都已不在人世，许大龄先生曾表示，希望我能将本论文出版。当时觉得材料不够完整，同时又忙于其他工作，就把它放下了。但是，关于陈垣先生的生平材料倒是一直在注意点滴收集。随着对这位著名学者将近一个世纪足迹的探寻，陈垣先生的形象在我的心目中也逐渐变得丰满清晰起来。1990年，北京师大和广东江门分别举办了陈垣先生诞生110周年的纪念活动，并先后出版了两本学术论文集，北京师大出版社又出版了陈垣校长诞生110周年纪念册，把陈垣研究推进到了一个新的阶段。1990年，陈智超先生整理出版了《陈垣来往书信集》，1992年，又整理出版了《陈垣早年文集》，这两部著作，为研究陈垣先生的早年思想学术及其生平交游事迹提供了重要的第一手材料。在此基础上，我对原论文进行了较大的补充修改，特别是对原来比较薄弱的陈垣生平事迹部分进行了补充考证。现在将其出版，既是为了纪念陈垣先生诞生120周年，同时也是为了纪念我的恩师刘乃和先生逝世两周年。

刘乃和先生从1939年进入辅仁大学，就一直在先生的身边学习和工作，特别是从1955年开始，担任陈垣先生的专职秘书后，更成为陈垣先生晚年工作学习以至生活上的得力助手。陈垣先生在学术上给刘乃

300

1917年十月，陈垣去日本，有日记，是用日本纸记录，装订成册。

和先生以重要的影响，刘乃和先生则从思想上、生活上给了晚年的陈垣先生很大的帮助。刘乃和先生对陈垣先生有着深厚的感情，她原来早已准备编写一部陈垣年谱，但是由于事物繁忙，一直没有时间动笔。1997年秋，她辞去中国历史文献研究会会长的职务，准备全力以赴地编写《陈垣年谱》和《陈垣评传》两部专著，不想到了年底，却突然发病，虽然病情本身似乎并不严重，但她的体质却一天天不可遏止地衰竭下去，1998年5月16日，终于带着深深的遗憾告别了人世。十年前，在江门会议上，刘乃和先生就曾提出过“陈垣学”的问题，希望陈垣研究能够更加深入地开展起来。陈垣先生逝世三十年来，有关研究文章发表了不少，但是关于他的生平的系统论著还没有出版过。先生生前，我曾向她谈到过出版本书的计划，得到先生的首肯。本书仅仅是对陈垣生平轨迹的一个简要概括描述，缺乏深入研究，作为抛砖引玉之作，只希望能为推动陈垣研究作一点贡献。

本书初稿曾接受刘乃和先生的悉心指导，可以说也凝结了先生的心血；书中引用了大量《陈垣来往书信集》的材料，在此向编者陈智超先生表示感谢。

这些情况，只有他最了解。明泽有权力写，因她一直在先生身边。

王明泽　2000年4月写于北京师范大学

301

十日

卯早到長崎、逢萊閣午飯、遊三菱造船廠畢、上勝閣茶點

谷井光之助 三菱合資會社長崎支店

川崎順市 同右

鈴木寬 長崎縣港務官兼長崎縣技師

森本 水上警察署

二島菊次郎 大阪朝日新聞長崎特派員

宮田文作 大阪每日新聞社

村上千代治 長崎日日新聞

二藤祐定 三菱合資會社長崎造船所長

“陈垣不写日记”，此部尤为珍贵。

小田切萬壽之助 横濱正金銀行取締役

林森 前議院議員(未見)

西方秋郎 日華協會特派員 東京神田美土代町一丁目 [illegible]見

松本朝之助 同上

簡蔭南 廣業公司總代表

王寅基 駐神戶隨[illegible]經事 大人介上見

貴旨

留住大阪 佐友長谷川招宴於北濱之花外樓 徒遊迭席

為以汽車製造社

又朝鮮台灣兩銀行合宴於西常盤

黃礼初 神戶榮町一丁目百五十番 橫濱山下町百三十番 裕生號

關應鑾 萬全號總 神戶華僑學校之長

董永壯輔

宮城五一 大阪臺灣銀行

掛井生治 朝鮮銀行大阪支店長

宮崎議平 朝鮮銀行神戶支店長

(八)创建辅仁校友会

辅仁校友通讯

辅仁大学校友会筹备委员会编　创刊号　1984年9月5日

辅仁大学校友会筹备委员会于八月十日正式组成

辅仁大学的部分在京校友积极建议，并经过一段时间的酝酿准备，于八月十日举行座谈会，讨论了校友会章程草案，正式组成辅仁大学校友会筹备委员会，与会者一致推选孟英同志为筹委会主任，马英林、胡恒立为副主任。委员有刘达、陈叔亮、鲁明健、金实蘧、李树诚、肖泽西、王泽久、郝德元、蔡瑞、史洛文、刘国瑞、白汝瑗、苏世文、苏盛甫、李哲生、李景慈、石侃、林瑾、徐乃乾、刘翰屏、钱君燕、张玉如、王振家、陈彬、丁立、吕琬芳、黄秀菱、苏庆生、胡惠娴、何之莉、张家骏、张至善、金永令、刘乃和、王桂筠、毕淑芝、张延祐、陶秉福、董钖圭、张倜等同志。筹委会办公室由侯刚任主任，李桐华任副主任、筹委会下设七个组，联络组由马英林、张至善负责，校史组由刘乃和、丁立、刘国瑞负责、科技组由金实蘧、金永令负责，教育组由苏世文负责，宣传组由胡恒立、刘翰屏、李景慈负责，文艺组由张延祐负责，财务组由董钖圭、吕琬芳、黄秀菱负责。现在筹备工作正在积极进行。

辅仁大学教学楼

今年十月廿一日校友返校正式成立辅仁大学校友会

经筹委会讨论通过、校领导同意，每年国庆节后的第二个星期日为辅仁大学校友返校日，届时将召开理事会，讨论校友会工作，交流工作经验，开展学术活动。今年推迟在十月廿一日辅仁大学校友返校时，将进一步讨论通过校友会章程，选举校友会理事会，正式成立辅仁大学校友会，欢迎历届校友返校，参加校友会成立大会。限于学校条件，外地校友返校，住宿问题需自己解决，请谅解。

·1·

辅仁大学校友会，刘乃和提议创建。她保存着创议思路、历次小会的手稿。此会挂靠北京师范大学，这是她的有利条件。

刘乃和同志：

经过校友们的积极筹备，辅仁大学校友会将于十月二十一日成立。许多校友热情地推荐，请您担任校友会理事，现送上名单（征求意见稿）一份请阅。您有何意见或建议、望即函告或电话通知我们。

顺致

敬礼

辅仁大学校友会筹备委员会

1984年9月21日

联系人及电话：

侯 刚 660983

李树华 65 6531—268

侯刚先生与启功、刘乃和有着深厚的友谊，他做了很多具体工作。

请　　柬

定于一九八四年十月二十一日（星期日）在定阜大街1号（原辅仁大学校址）举行辅仁校友返校活动，并成立辅仁大学校友会，敬请届时出席。

辅仁大学校友会筹备委员会

1984年10月

说　明：

1. 请现在本校工作的辅仁校友们积极热情地协助筹委会做好接待工作。

2. 主要活动：上午8时开始签到，10时前分散活动（参观校园、纪念室、资料室，题词作画，摄影留念，购买纪念品等），10时在礼堂举行校友会成立大会。下午1点半举行校友座谈会、召开理事会。

3. 有自行车的同志尽量骑车去，上午8时在工五楼转盘有一大轿车，年老同志可乘车前往。

辅仁大学校友会

请柬

定于三月四日上午8时半，在北京师范大学主楼321会议室召开欢迎会，欢迎辅仁大学美国校友会柯晢澄、陈幸德二位校友来华访问，敬请光临。

地址：定阜大街1号

11

请　柬

兹定于10月19日（星期五）上午八点半，在定阜大街辅仁大学原校址（现北京师范大学化学系）召开辅仁大学校友会筹备委员会，研究校友会成立和校友返校的工作，同时审查辅仁大学纪念室的预展。敬请届时光临。

辅仁大学校友会筹备委员会办公室

84年10月16日

辅 仁 校 友

姓名：刘乃和

Addr.: STEYL. PEIPING
UD. MOSSE-SUPPL.
ne: 196 W. O.
396 W. O.

THE CATHOLIC UNIVERSITY
PEKING CHINA

北平
輔仁大學

辅仁大学校友会十月二十一日成立

王光美出任会长邓昌黎等九人任名誉会长

本报讯 十月二十一日上午，一千多名来自北京、天津、四川、内蒙、黑龙江、河南、河北、山西、辽宁、香港和美国的辅仁大学历届校友返回他们的母校集会，祝贺辅仁大学校友会正式成立。王梓坤、方福康、李家齐、聂菊荪、浦安修等到会表示祝贺，清华大学、北京大学、西南联大、燕京大学、北京师范大学等校友会代表也都到会表示祝贺。

筹委会主任孟英致开幕词，筹委会副主任马英林报告筹备经过。大会还通过了校友会章程并推举了87名理事。校友王光美、费美云（美）、施宗恕、梁士昌（香港）、徐乃乾等在大会上讲了话，北京师大校长王梓坤代表全校师生讲话表示祝贺。大会还通过了致辅仁大学全体校友的一封信。

下午校友会召开了第一次理事会，会上推举王光美为会长，马英林、石侃、刘乃和、李哲生、李德伦、纵瑞堂、张家骏、孟英、林瑾、金实蘧、郝德元、施宗恕、洪民、胡恒立、徐乃乾、鲁明健等为副会长，会议还聘请了王光英、邓昌黎、刘达、陈叔亮、李凤楼、李霁野、张怀、张珍、黄中等为名誉会长，胡恒立为总干事、马英林为副总干事。理事会还讨论了校友会的工作。

22日晚，还举行了庆祝辅仁大学校友会成立文艺晚会，中央民族歌舞团、中国音乐学院、中央乐团、中央歌剧院为校友义务演出了精采节目。 84-10-25

北京师大 第250期 1984-10-25

84-10-22 文汇

辅仁大学校友会在京成立

本报北京二十一日专电 （特约通讯员李春梅）辅仁大学校友会昨天在北京成立。来自京、津、香港、美国等地的千余名校友及来宾出席了大会。邓昌黎、王光英、刘达等被推选为名誉会长，王光美为会长。

辅仁大学于一九二五年由罗马教廷创办，一九五二年并入北师大。辅仁大学共培养了六千多名本科生和研究生。一九六四年，部分在台校友成立了台湾辅仁大学，该校现已发展到万人规模。盼祖国早日统一，是海峡两岸辅仁校友的强烈愿望。校友会的成立，为加强海内外辅仁校友间的联系和友谊提供了条件。

辅仁大学校友会筹备委员会于八月十日正式成立

辅仁大学历届部分校友，经过一段时间的酝酿，于八月十日上午，在北京师范大学举行座谈会。会上决定成立辅仁大学校友会筹备委员会，并推选孟英同志为主任，马英林、胡恒立为副主任，委员有刘达、陈叔亮、鲁明键、金实蘧、苏世文、郝德元、石侃、洪民、王振家、张至善、刘乃和、董锡圭、张延祜等四十多位同志，筹委会办公室由侯刚任主任、李桐华任副主任。筹委会下设联络、教育、科技、宣传、文艺、校史、财务等组。筹备工作正在积极展开。

·1·

师大校友通讯 1984-9-10

辅 仁 大 学 校 友 会

请　　　柬

兹定于1985年3月31日（星期日）上午九点在定阜大街1号（原辅仁大学校址）会议室召开欢迎名誉会长王光英同志座谈会，会上除报告校友会当前工作外，并向所有名誉会长颁发聘书。敬请届时光临。

辅仁大学校友会

1985年3月27日

地址：定阜大街1号

輔仁校友通訊（14）

頤壽園

one: 196 W. O.
396 W. O.

THE CATHOLIC UNIVERSITY
PEKING, CHINA
DIRECTOR OF STUDIES

北京
輔仁大學

挽方国瑜学长

*　*　*

六~~五~~十年前入帝乡，①
求师千里傲风霜。
陈门立雪登堂室，
订史传经宿愿偿。

数载来京屡晤谈①，
相邀授业赴云南②。
方期滇洱传师道，
讣告惊闻涕泪沾！

·刘乃和·

①二十年代末，君就读北京师范大学，深得陈垣老师教诲。
②近年君每来京，必谈我去滇讲学事，今春正欲赴约，不料遽尔仙逝。

*　*　*

《玉龙山》 1984年第1期（总第18期）
云南丽江地区文学艺术界联合会 出版

第　　页共　　页

辅仁校友丛书

《校友风云录》

北京辅仁大学校友会本刊编辑部编

顾问（按姓氏笔划为序）

王光美　刘达　张珍　孟英　陈叔亮　鲁明健

编委会主任　胡恒立

主　编　马英林

副主编　李景慈

编　委（按姓氏笔划为序）

马英林　王淑贞　刘乃和　孙吴

李景慈　张水澄　胡恒立

J20851　20×20=400　《辅仁校友通讯》稿纸

11

内容

姓名	成就	执笔人
马相伯	辅仁创始人	宋国英
陈　垣	历史学家	刘乃和
英氏三代		
英敛之	大公报、辅仁创始人	汪望俊
英千里	教育家	〃
英若诚	戏剧家	〃
胡　适	学者	刘　宣
张　怀	教育家	刘彦斌
张相文	史地学家	张重善
张星烺	〃　〃	〃
范文澜	历史学家	刘　宣
沈兼士	文字学家	张秀亚
余嘉锡	文献学家	马英林
溥　伒	画家	李仲耘
启　功	书法家	本人
张　珍	革命家、化学家	张水澄
刘　达	〃　教育家	孙　吴

姓名	成就	执笔人
肖乾	作家	转载
王元英	企业家	〃 〃
李德伦	音乐家	韦坚
吴超元	海洋生物学家	转载
张礼	物理学家	本人
刘若庄	化学家	〃 〃
荆其诚	心理学家	〃 〃
张厚灿	〃 〃	〃 〃
李霁野	翻译家	〃 〃

J20851　20×20＝400　《辅仁校友通讯》稿纸

第　　页共　　页

在台湾、海外校友

姓名	成就	执笔人
邓昌黎	原子科学家	李景慈
邓昌国	音乐家	〃
吴祖坪	企业家	〃
王绍桢	台湾辅大校友会总干事	〃
張秀亚	作家	〃
种玉麟	航海家	〃
肖师毅	哲学家	〃
楊英风	艺术家	〃
陈致平	历史学家	〃
台静农	学者	〃

J20851　20×20＝400　《辅仁校友通讯》稿纸

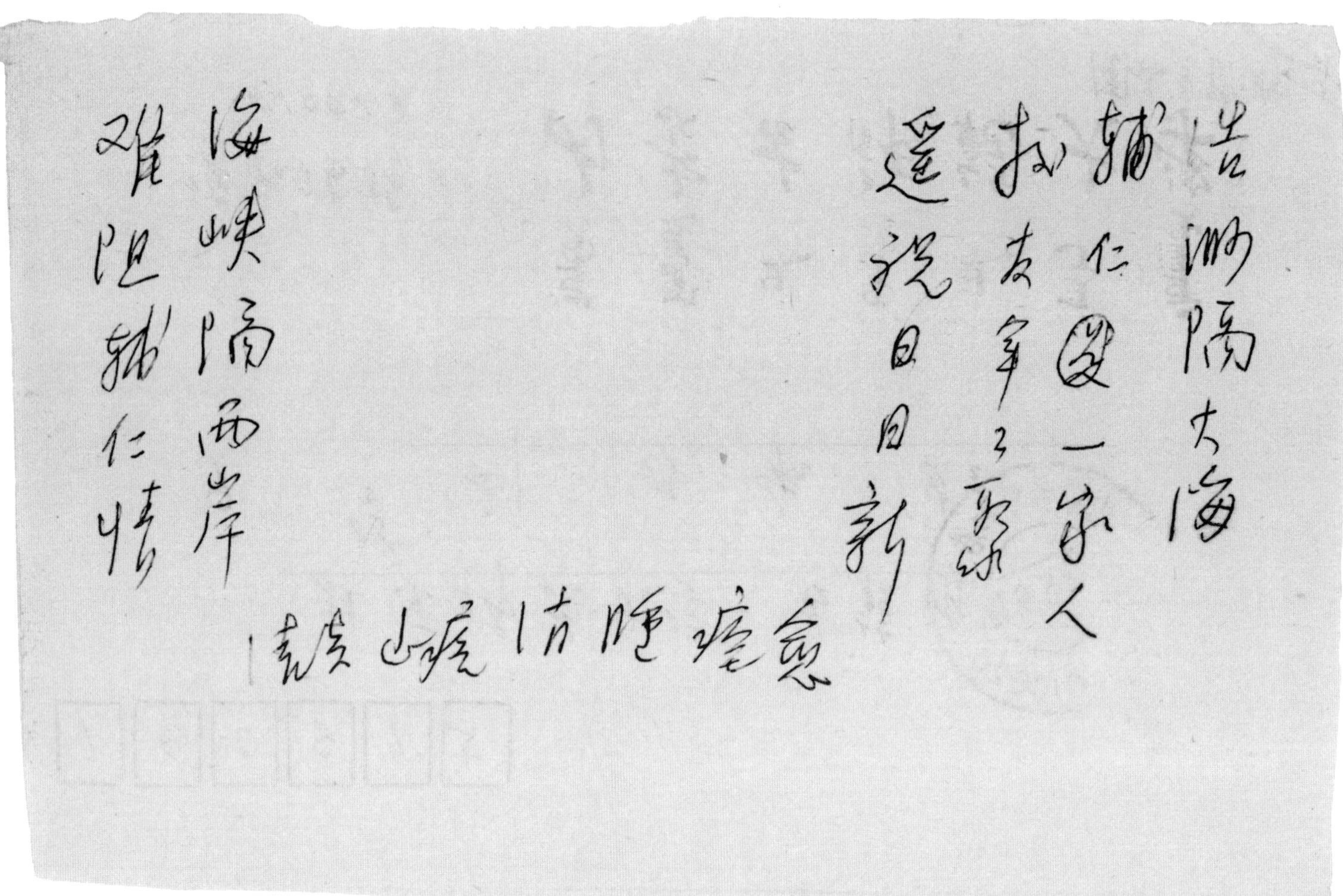
浩渺隔大海
辅仁一家人
校友年年聚
遥祝日日新
海峡隔两岸
难阻辅仁情

台湾建立辅仁大学，称“复校”。

0024

辅仁大学校友会会费收据

今收到刘乃和交来会费2.00元

校友会办公室经 手人[illegible]

1984年10月21日

辅仁校友会

辅仁大学校友会会费收据及题辞。

北京师范大学校友会

请　　柬

兹订于二月十七日上午九时，在北京师范大学主楼八层东大厅，举行北京师范大学校友会和辅仁大学校友会在京理事春节联欢会，并向理事汇报工作，敬请光临。

北京师范大学校友会
辅仁大学校友会

一九八五年二月十一日

联系人：李桐华
电　话：656531转1268

地址：北京新街口外大街北太平庄

北京师范大学校友会请柬。

七　书简——心声

（一）同事、学生

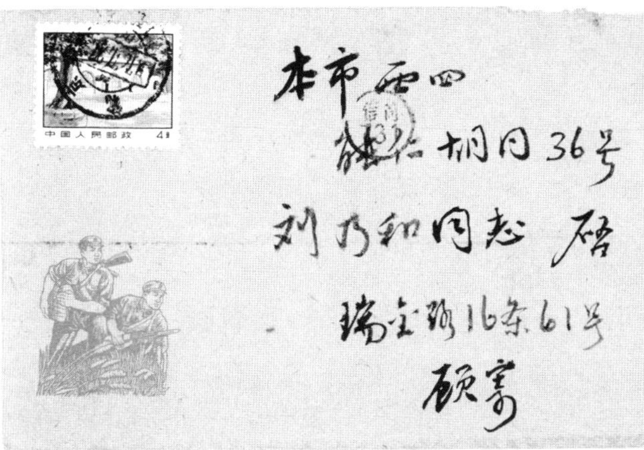

乃和同志：

两三月前曾得赐函，并承示《汉语辞典》样本，属提意见。其时我在医院，匆匆读过，觉得简洁了当，极适于工农兵及中小学师生之用。医院中不便写信，因嘱家人携归，乃出院之后，遍检抽屉，迄不能得，不知为儿辈放到何处。耿耿之情，何以为怀！

我两年之中，五度入院，经医师详细诊断，知主要矛盾乃是神经失调，其它如心绞痛、膀胱病等，亦由此主要矛盾所引起。既得确实之检查，此后惟有劳逸适度，宽放胸怀，以减轻神经之紧张与激动，俾得细水长流，对人民略作贡献。知注，聊以奉闻。

今夏酷热，除晚饭后尚于东灯市口一带散步外，他处竟不能去。待秋凉后当到尊府，一观四壁图书，用饱眼福也。

专此奉复，敬祝撰祺！ 顾颉刚，七月廿六日。

静秋及洪儿等附候。

1972年7月26日，顾颉刚致刘乃和信。

第　　页

乃和先生尊鉴：谨谢惠示，
知欲发表垣老手札原迹，并
遵嘱写就寄上，不知可以合用否。
尹石公先生处特去访问一次，见
到尹之世侄，谈起纪念垣老事，
他说他家中尚有陈老一册往返
及陈老照片一张，皆有陈老亲
笔题字，但需翻检方可找到。
又说起在一九四一年间，尹老已在
西北，家中消息不通，陈老非常
关心，曾于晚间送二百元至尹老
家，以供尹太夫人之生活费。当时

装　订　线

复旦大学报告纸

1980年2月12日，柳曾符致刘乃和信。

尹元老伯亦尚留北京，故为我道此事。故当时先祖虽与垣老北陈南柳并称，然尹老与垣老之交谊更深切也。纪念特刊不知何时可出，甚望早日获读也。附陈者家姑母柳定生近为先祖撰一略传，并附有先祖著作简目，以纪念先祖诞生一百周年。此文将于南师学报今年第二期发表，出版后北京想可见到。余不多渎，专此并请

崇安

后学 柳曾符谨上
1980.2.12.

赐复请寄：上海永福路一四七弄七一号

復旦大學

86.1.8收

守俨同志：

多时未见，想起居佳勝、工作顺利！

今年辅仁校友返校日你去学校了吗？比去年到校校友人数还多。我们编了一本辅仁《风云录》，不知你看到否？如尚未见到，我即寄上。

我在10月24日离京到南京开文献会，11月2日转上海，在复旦大学为前教育部举办的古籍整理研究班上课，于年底前返京。

为纪念司马迁诞生2130周年，我们文献研究会组织对司马迁和《史记》有研究的同志编了一本论文集，名《史记丛论》(暂名)。张烈同志最近有信说你也同意

1985年12月10日，刘乃和致赵守俨信。

復旦大學

为我们出版这本文集，我听到后非常高兴，甚为感谢！

我俟课程结束，即回北京。现在论集书稿在我手里，等我回京即与你联系，先写此信，以致感谢！

上海近日雨雪纷飞，室无取暖，已将课程压缩，拟提前回去。

来信寄韵仁，即可转到。

一切俟到京详谈、面谢。

耑此，即祝

撰安！

刘乃和，12月10日夜

人民戏剧

敬颜同志：　三月四日函已收到。九日会值贵体欠安，未能晤会，殊憾！近日身体怎样？已痊愈否？

那天共出席十一人，北京会员基本到齐。有施丁(历史研究所)、陈可青(师院)、王德元(人大)、乔治平(师院)、雷大受(师院)、尹敬坊(师大)、崔绪华(民大)、李秋媛(师大)、刘苌(师大)、杨燕起(师大)。

会上交流经验，交换各校情况，最后决定北京会员共同完成一项任务，献给研究会。初步决定把"历代史记评论书"选出几种，标点、整理，已由杨燕起、陈可青等考虑，他们提出一个初步规划后，再作最后决定。

所以在七月中开年会之前，在京会员再开一次座谈会，暂定5月1日左右的某个星期日，到时再行通知。

那天会的情况，大致如此，特此报告。

近况如何？念念！新日俭，当此，即问

安好！

刘乃和　4月20日晚

来信请寄"西四兴仁胡同36号"，我家电话66-0361，有事可来电话。如寄学校，收到很迟。

1993年11月2日，刘乃和致贾敬颜信。

年 月 日 第 页

本洛同志：

多日未通音问，想身体健康、工作顺利！

兹有一事相求：我所樊善国同志等数人，为我们的科研项目到上海、苏州等地访书，拟查阅一些目录、书籍等资料。

今介绍他们来拜访，请您给介绍到贵校图书馆或其他单位阅书，使我们的工作得以顺利进行。感谢之至。

余再谈。此致，即祝

教安！

刘乃和 4月10日

北京市电车公司印刷厂出品 八三·十一

装 订 线

(1456)

1993年4月10日，刘乃和致段本洛信。

年 月 日 第 页

可泓同志：11月20日寄上一信想已收到。

上海大学款已收到，请放心。周少川同志即会将收据寄去。

我已与古委会安平秋同志谈过，他们说在经济上会支持我会，但今后经济紧缩、疲软，总会受一定影响。今年已年末，明年将见诸行动。

我也已与我校有关领导汇报，咱会即挂靠我校古籍所。筹刊款事，尚未谈妥，俟有消息即告知。

财务处已谈好，不收咱会管理费(原应8%)。

年会事，刘昭祥同志处我已去信，尚未见回信。前刘来信说款已落实，在嘉定时泓大杜主任说12月来京，再与我面谈，今尚未来。

寄上照片二张，收到请查。

书款及财事，容再商议。需此，即祝

安好！柏林同志同此。 刘乃和 12月5日

（电开 01）

装 订 线

1989年12月5日，刘乃和致来可泓信。

中国历史文献研究会

可泓同志：1月28、2月12日二信早收到，以近日都是联络不断的工作，今日始复。

我自12月21日从苏州到京后，年底应结束的事多，开会总结等。自1月1日开始我共写了小稿4篇，共2万字；审书稿三份，共88万字，3月5日才交了稿，总算松了一口气。然后就是三八节活动三次，占了四天，这几天回复过去积压下来信件几十封，现正在复信中，然后即写两天欠着的书名、字幅等，则要开始新的工作。

精言妙语样稿已看过。我认为既是精、妙，要体现精字，太长则不能算精，所以我说不能用长段的。我将样本送中州，再请他们定夺。可先按中、短二种写，你看如何？至于通鉴如何写，则可另定。

我近来因忙别的，工作科研并没进行。真有时不待人之感。好处是我现已73岁，精神仍较好，只是腰腿疼似又重些。总情况不错，工作能坚持，还可干几年。内蒙年会已定8月1日开，你去时是否要先来北京？余再写。尚此即祝

双安！

刘乃和 3月12日

1701767.87.(600)

1992年3月12日，刘乃和致来可泓信。

去年济南照片尚未寄，今寄上二张，请查收

中國歷史文獻研究會 信笺

可泓同志：5日奉上一函，想早达清览。

今早5时即起（几乎每天如此），现9时，急想给你一信，谈谈心里话。

我去桂林开会，遇张新民同志，谈起明年开会尚未落实，不得已只得休会一年；因思过去贵州曾谈过办会事，乃续谈此事。张同意去商议。

张来信说可以考虑，只是款项难筹。我想起周林同志曾任贵州省委书记多年，在贵影响很大，乃电周林，他目前在京，我又于次日驱车去拜访，当面和他谈此事。他满口答应，据云他即去海南，月余回，返后即写信，落实此事。因此明年在贵阳开会已无问题，而且有周林关照，必能开得不错。连日为准备材料，已多次与贵阳联系，并书写我会情况等等。很忙。

这样的喜事，当然第一个先告诉你。其他人尚未报告，等再有回信，再给大家写信。

《中华大典》20日有一次审稿会，下来董也来了，尚未见到。（他昨上午来京，住我去看看启功先生处）此即问候安！

刘乃和 12月19日

地址：北京市新街口外大街19号　北京师范大学古籍研究所　邮政编码：100875

1994年12月19日，刘乃和致来可泓信。

~~上海古籍出版社~~

地址：瑞金二路272号　电话：370013　电报挂号：5807

可泓同志：来信因忙，久未复，真觉歉疚！

昨晚为北京大学学术节做了报告。今天正在准备文献会开幕词。

我拟10月22或23日动身，11月1日散会后，即自开封飞往上海，去华东师大开《朱子大全》编修工作会，是朱杰人所约，你如也坐飞机可一路同行。自上海开会后即去桂林开"94年桂林儒学与现代化建设"学术研讨会（这是以访问学者身份）。因此要到11月中才能返京。

桂林会发言已于前天大体准备好。这几天还有几个会——支部会、四库存目会，还有叶嘉莹19日（自新加坡）来京，与北京大学谈中西文化研究所等事，很忙。

《晋书辞典》请你写几条辞条带到年会，许抗生也写。张涛报到了，可能出席，王晓毅、朱仲玉去，则可开个会，但汪玉川不能去。

一切面谈。专此，匆匆，即颂

近安！

刘乃和　17日夜

1994 年？月 17 日，刘乃和致来可泓信。

中國歷史文獻研究會 信笺

可泓同志：先说春节好！已是迟到的祝贺了。

12日来信收到。因为通了电话，好象往还了很多。电话里没说：张涛同学，请别人代写，是不对的，因咱们规定找别人写，要得主编同意，他擅自找人写，又写得较乱，按说应重写。但他已去上海，只得尽量修改，改得多了，还应退他誊清。先改了再说吧！

孔学调研报告，少川已收到，尚未转来。

说去明年年会去何处，正在多方联系，安徽尚无确信。朱仲玉先生联系广东琼崖可能有一些希望，但也不确切。

我们9日至11日在燕京大酒家开《续修四库》选目审议会（会前看材料，用了5天时间），回来，就看研究生试卷，除夕交出。初一至初六看古委会一青少年赏读·汉代史书稿十二万多字，今天初七，乃写此信。春节期间，客人特多。又有外宾活动4次（推出一次）。即祝

新春愉快！

刘乃和 25日 1996年

地址：北京市新街口外大街19号　北京师范大学古籍研究所　邮政编码：100875

1996年1月25日，刘乃和致来可泓信。这天初六，故写信日期当为26日。

中國歷史文獻研究會 信笺

可泓同志：

12月25日函收到。可能我的信与你的信在路上相遇了。我信中谈到老仓态度，想已看到。

今年会，山西尚无确信，因忽然苏州方面有新情况，可能承办，正在商谈，有80—90%希望，一俟确定，就推了山西。同时福建方面也来联系，只是他们因海峡两岸问题，他们的主题是"关帝文化"，也已有所，但我因选题太狭窄，没同意，如实没有也是好的，但只要判定苏州，就推了此地。要在十天后定。

每年选地，往返商谈，极费精神。又贵州文集，会上答应，会后又都不能落实。昨天给张氏和李省政协主席尚某都写了信，希能落实此事。唉！真麻烦。

乐平论文集正在看稿，这次稿多，好的不少，但青年出版社要求不要超过25万字，故删选下去不少，尚未定案。吴先生第一次选，尚未看完，选出后我还要看，还要和乐平商量，还要和出版社商量。事不少。你的文章好些，即选为我们会。

乐平方面，仍有不少来往，目前乐平报总编也有信。市委副书记给我写了一篇访问记，题目是"不封

地址：北京市新街口外大街19号　北京师范大学古籍研究所　邮政编码：100875

1997年1月8日，刘乃和致来可泓信。

顶'的刘乃和"写得不错(不记得我告你否了)。日昨来信，等一下我回他一封。

乐平书记胡应良最近调到鹰潭副书记，是升了。乐平书记由王光秋市长兼任，市长则为自景德镇市计调来一位。据说年纪很轻。其他人未动。

乐平水利搞得好，已在光明日报第一版登了王光秋的几句话。

又昨日电肖黎，他说要登，但积稿太多，再等等吧！

又，我订光明日报，但我共订报七份(一年报费一千元，比我一月工薪差不多)，有的一周二次，每天都不一样。在宿舍订常遗失，只好订在所内，别人替我拿，又不能每天麻烦人，故常常看的是"历史"报。日前听说12月份登了一篇"陈垣的遗憾"(大概)的稿，按我看得详细，但竟没看到这篇，后来特来找去，也没找到(可能我忘了这份)。真成了我的"遗憾"了。不知你见到此文否？如有请复制一份如何？ 再谈(今早写此信，已二起卷，打断二次)

俪安！ 刘乃和 97-1-8

地址：北京市新街口外大街19号 北京师范大学古籍研究所 邮政编码：100875

此地大雪，满地结冰，很滑，不能出户。

中国历史文献研究会

可泓同志：5月函收到，详知一切。

近日赶一书稿，很久未写信，又积压不少，今天稍松一口气，急写此信，可赶在你去开封的前面。

《左传》精言妙语，也还不算太少，如不及40万字，也就据情况来定，不必拘于字数也。所谈选词原则，同意你的意见。太长的可不选，或选其中一二句即可。

日前在《博览群书》上看见刘家生的另一篇对大著的评介《编年史新意》，文中确也有新意，写书评也要有新意，不落俗套。看了很高兴，前信写时，已看到，忘了说。

我又要去上海开会，是4·28—30日，只开三天，我拟27日飞沪，已托人买机票，不知能买到否？如买不到，则火车票26日动身。地点在上海师大外宾楼。

开封之会，25日散，如你26日乘车返沪，27日可到，也许我们可见面谈一次。今年改选，很想听听你的意见。

我们的会，仍是《中华大典》是历史分典。由上海古籍出版社承办。 专此，即祝

撰祺！

刘乃和 4月13日

1701767.87.（600）

1997年4月13日，刘乃和致来可泓信。

中國歷史文獻研究會 信笺

可泓同志：来信都收到。《论语直解》已转启先生，200元稿费他已收到。学校里给他定的"一字千金"，主要是为了限制，可以减轻点来求的人多，他负担太重，他已85岁的人了。一般朋友求他，他并不要钱，但朋友也因此有了少求的意识。千元一字，钱他也不要，由校方收款，转入"励耘奖学助学金"。

《乐平文集》校样已来，我只校了我的序，转给朱先生，一校后再给我看一遍。程副总编之情，一切都较方便，要收3万6，由乐平支付。这样看来，历史文献研究会每年只收到会费1.3万元，还要付稿费7300十元，临大的面子还真不小。不然真印不起了。说8辑稿已基本编好，4月15即可交了。每年这事也真费心不少。稿费已齐，但首片还没有。约稿最锡圭的还没来，不来就不等了。

我已约了任继愈、刘家和、瞿林东、孙钦善、叶孝信、赵光贤。

来信说到你写"儒将刘锜"一文，刚好江西都昌也来征稿，让我写诗。我已写完寄去，说是为了《刘锜研究》之用，看来他们征稿还是较广泛的。诗写了一首七绝：

地址：北京市新街口外大街19号　　北京师范大学古籍研究所　　邮政编码：100875

1997年4月14日，刘乃和致来可泓信。

2.

中國歷史文獻研究會 信笺

"慷慨深沉儒将风，神机武略世间崇。
金兵丧胆威名震，武穆南宋两英雄。

岳飞、刘锜皆南宋抗金名将，俱遭秦桧忌恨，卒后同谥武穆，宜也。"

《历史文选》的编写，纯粹是误解。我以为我可以不管，看来还真不行，只得又求你帮忙了。我对你的心也不忍，真无可奈何！我因你对四书五经、先秦文选较熟，如此分配，还可驾轻就熟些，但又要费你的精力和时间，真是有些不安。时间太紧，我再商量一下，不一定要这样忙，你的意见很好。

今年有5月广州、6月桂林、8月苏州、10月庐山、11月武汉都有会，我只去苏州，其余都不去了。也羡慕你能出去，4月底去萧山，转杭州，5月4日就回沪，我是绝不到的。我生活上起居都需要人。现在已是79岁了。幸精神尚好，但负担太重。

今年有课，我拟只讲6周，以下由王明泽、小邓接。

《丧书辞典》已去信问小汪，尚无回信。尚此，祝

俪安！

刘乃和 4月14日

地址：北京市新街口外大街19号　北京师范大学古籍研究所　邮政编码：100875

年 月 日 第 页

政烺先生：

自5月5日深夜，实已至6日凌晨，自上海复旦大学宿舍区汽车里分手后，已二十多天，想早已顺利返京。

我在复旦黄老师家住二晚，于7日午转到城里我朋友家，8日曾到华东师大，你们正在开小组会，未见到您。11日离沪到宿县，13日到徐州，在宿、徐讲课后，17日抵京。

此次南行，最满意的是随谢老和您之后，在天一阁看书。归京后，积压事务特多，忙了十天，未见清爽，尚未得读书也。

青春恢复片我尚未服用，不知您自宁波服用，看出什么效果否？有何感觉，请赐示数字。

又，所拍照片，照得怎样？已洗出否？极愿一看。

余再谈，来信请寄"白塔寺能仁胡同36号"，我家电话66-0361。 专此，即颂

撰祺！

刘乃和 5月27日

北京市西城区印刷厂出品 七六·十 装 订 线 (1255)

2016.6.20

？年5月27日，刘乃和致张政烺信。

黄山书社(?)《胡适自传》请替买寄来。谢谢

中國歷史文獻研究會 信笺

尚稳同志：

9日函收到，照片很好，王明伟也不错。谢谢！

明年年会在江西乐平市，路途离你近，争取去吧！对你学术活动今后定有好处。乐平是马端临、洪迈老家，有些文章可作。时间仍是十月。

十万册书编目，编时细心学习，编完当有很大收获，编时可作笔记，必对学问能有长进。要把这工作做好。编时应参考目录书籍。并注意版本。

买房第一次要交二万左右，数目不小，又有结婚需花钱，不知怎样筹措？念念。

我回来很忙。杂事很多，写字等事亦不少，又有社会活动，一个多月未写文章，真着急也。

我精神尚好，只是腰腿疼得害。

余再谈。needs此即问

近安！

刘乃和 11月21日

地址：北京市新街口外大街19号 北京师范大学古籍研究所 邮政编码：100875

1996年11月21日，刘乃和致张尚稳信。

中国历史文献研究会

尚稳同志：12月23日信并贺年卡收到。谢谢！

你的贺年卡，不但漂亮而且有香味，真好。

你的工作已开展，很不错，安徽名人墨迹，是将来用影印吗？共有多少？选了多少？墨迹都是什么？记得你前次信中说是信札。如是信札，则识别字体也不容易，因为一般信札都不一定用楷书。如是其他墨迹，就没有译文的问题了。不过信札也可不用译文。有哪些人的？都收进的，是否还要写小传？

房子盖好，则你父亲住处可以解决，可以安顿一些。工作也可安心些。家中生活都安排好了吗？你不能留在我身边，且家中又遭水灾，都是不很顺心的事，你经济上还可以吗？如有困难，请告。尚此，即祝

新年愉快！

刘乃和 12月29日

你认识有杨瑛其人吗？他是辅仁的，可能已退休。

？年12月29日，刘乃和致张尚稳信。

二人诗题目，均有字多者，是否亦请他们自己改？

年 月 日 第 页

张报同志：二日来诗看完，我诗词水平有限，姑为提出看法：柳村诗词均佳，他的诗是一组按时间顺序的出游诗，似可按次序自前选20首，以后的诗词再一次发表，免得打乱。唯《贺晚报》诗，不属此组，这回可不按时间次序先发。

前之诗，平仄、韵脚不合者多有，能改者已试改，请酌。但也有不易改者，皆用红笔划上。

又，前次我寄上的《野草诗词选》第二集的诗的第8页，其中《七十自咏》，原诗为四首七绝，乃漏抄最后一首。今附另纸，请代补上。

多次劳烦，谢谢！

敬礼！

刘乃和 12月7日

附：①二人诗词

②我的补诗

（电开01）

？年12月7日，刘乃和致张报信及附件。

第　　页共　　页

第九辑《野草》改题　　刘乃和

P.1　第一首改为："谢于立群同志书幅"
第二首改为："怀念乃松五弟"
P.2　第二首改为："参观西北师院"
P.5　第一首改为："观宋长荣演出荀派戏"
第三首改为："祝母校校庆"
P.9　第一首改为："春节水仙花盛开"

《野草诗词选》第二集改题

P.1　第一首改为："谢于立群同志书幅"
第二首改为："怀念乃松五弟"
P.3　第一首改为："游慈恩寺念慈恩"
P.4　第一首改为："与谁同坐"

北京市电车公司印刷厂出品　八七·二
（1458）20×20＝400

(二)女　儿

028400

内蒙古 哲里木盟 开鲁县

中国人民建设银行 开鲁县支行

杨　玉　梅　同志　启

北京师大(工)20楼6门522号 刘缄

~~中国历史文献研究会~~

地址：北京师范大学古籍研究所 100875

中国历史文献研究会

玉梅：一封长信4月16日写的，已收到几天了。看了非常快兴！刚接到时看了两遍，今天要给你回信，又看了两遍，写得真好！

没想到在郑州交了你这样一位年轻朋友，又没想到在北京能又见到你，更没想到你是这样心地善良追求事业的一位非常可爱的女孩子，在我更进一步了解你之后，就更理解你为什么自费也要去郑州学习了。当父母也能同意你去学习，也要感谢你的思想通达的父母。是不是？

你说"你独自一人生活，这么多年是怎么过来的？"这话由于你的细心，你真问到我心的深处了。我是一个很豁达的人，平日乐乐地，实际上生活到现在，真是有不少困难的。你的细心、你的体谅，才提出这样知心的话，我很感动。

我今年73岁，(刚过完73岁生日)，一生是风风雨雨，但由于自己的坚强，才活到今天。有机会时咱们再长谈，这里也说不很清。

1701767.87.(600)

1991年5月5日，刘乃和致杨玉梅信之一及附件。

中国历史文献研究会

我没有什么社会经验，是小学、中学、大学、研究生、留校工作，在校工作已48年。其中有20多年是作我校前校长陈垣的助手。因此我提升教授是很晚的，但我是埋头苦干、不重名利工作，近30年，而且工作特别繁重，是日以继夜，无所不管的。今年他已去世20年，去年他110年诞辰，我还为他编了一本论文集、一本纪念册，为他筹备并参加了北京和广州的两次纪念会，现在还在写他的年谱，而忙碌着。想不到我只[illegible]了他和你交谈，你就说出来“您对陈老先生也有一种献身精神”，这是多么理解的话呀，甚至整天接触的人都不一定能象你一样的理解。

你说“对于生和死，看得很开”，你小小年纪竟能如此，而看得开的结果是抓紧时间，努力。不禁令人佩服。你对妇女史的执着追求，你事业心这样强，真是个好青年。

我顺便问了一句刘[illegible]的看法，你不但记在心

车

中国历史文献研究会

里，而且费了很多力气，一项一项写清楚，真好。

又，信里说"文明史前的社会是否应该有一个漫长的女权至上的时代"，"构筑起了一定的人类文明"。父系之前，虽有母系社会，但那时人类文明程度很低，自然不会有多少史料，自从有了阶级，妇女就开始成为被压迫者，一直几千年。这个问题，以后还值得更进一步探讨。

我现在工作仍很忙，腰腿疼痛，但精神尚好。

我去年写过一首诗寄给你，以"赠知己"吧！随函附去。

盼来信。专此，即祝

安好！

刘乃和 5月5日

1701767.87.（600）

岁的老红军战士，原在毛主席办公室担任秘书工作的罗光禄和他的夫人刘若风。（邱锋）

生辰自咏

刘乃和

独茗独坐，独立独卧。
独行独止，独忧独乐。
人生过隙白驹，转眼七十已过。
忙忙碌碌半生，赚得孑然一个。
三餐因陋就简，穿着缝补旧破。
有时引吭高歌，有时赋诗吟哦。
有时满座高朋，有时孤单寂寞。
有时埋首撰述，有时挑灯备课。
对坐四壁图书，兴来挥毫翰墨。
千里求师来访，仍能登坛上课。
廿载腰腿疼痛，运转尚超负荷。
虽说精力渐衰，且喜勤而不惰。
待人接物以诚，办事言而必诺。
际遇风风雨雨，工作有成有挫。
八宝山头已近，莫效匆匆过客。
珍惜桑榆晚景，岂能白白度过。

注：刘乃和（女），七十二岁。北京师范大学古籍所教授，中国历史文献研究会会长。

您一生辛勤似“春蚕”，
您那金子一样的语言。

哀歌声飘向云天，

中国历史文献研究会

玉梅女：5月12日函早收到（14日自开鲁发，21日到京），看信后非常感动。

你的想法，是我所没有想到的。你说的对，我从来没有养育过自己的孩子，因为我从来没有过孩子。但是（尤其是进入老境之后），我多么羡慕别人有孩子，也非常想自己身边有知疼着热的孩子，当然那是不可能的事情。收到你的信，我很感动，也很感激，一个纯洁的女青年，在千里之外，竟然叫我一声妈妈。你说"会试着去做一个好女儿，尽为您奉献女儿应做的一切"，你不是问我同意与否，而是说"您能给我这个机会吗？您能允许我叫您妈妈吗"？

我当然要给你这个机会，也允许你叫我一声妈妈，只是这太不敢当了，然而都是我求之不得的。

我不希望你尽什么责任，因为咱们离得太远了，

1701767.87.（600）

1991年6月27日，刘乃和致杨玉梅信。

中国历史文献研究会

不过你的这个愿望，给了我无限的情意和满足。

我也难尽母亲的责任，我们相隔千里，两心彼此牵挂，永不能忘。

我喜欢你的向上之心，也喜欢你求知好学的精神，你细心、体贴、有感情、有志气，的确是个好女儿，那我就真的承受了。这事你母亲知道吗？请你告诉你的父母。

我看了你的信很激动，但一时不知如何复信。后来就是我校召开全国性的两个学术会议，后来就是学期将结束，我有研究生，又有访问学者三人，他们毕业、结业，都要看他们的论文、答辩、评议等等，事情特别多，还要参加别的老师的研究生答辩，上星期六才告一段落，今天急给你写此信。明天是我校表扬优秀党员，我也被评上了。为"七一"七十周年，还有很多会。今天就写到此，专此回信。即祝女儿工作顺利！

乃和字 6月27。

1701767.87.（600）

我拟7月28晚动身，29日到呼和，31日先开预备会，8月1日—6日开文献会。自2日起到成吉思汗陵，7日动身，自包头返京。

中国历史文献研究会

玉梅：这次来京，又得一面，很高兴。接6月3日信，知回去不能来京看我，虽遗憾，但你为了工作，服从科长所提出的要求，我是高兴的。来京的机会，今后还会有。

我校今年是90年校庆，校内许多刊物都约稿，连续写了四篇，自7月初，我已自“最紧张阶段”，进入到“紧张阶段”了。所以才有时间写此信。信虽写迟了，但我心里一直是惦着你的。

得此信后，我更幸运地觉得，我竟得这样纯真、热情、正直、努力的女儿，这是我非常高兴的。当然如果这样善良的、能体谅人的女儿能在身边就更理想了。不过不在一起也无妨，咱们都为工作努力，千里之外，同心相念，也是我的一种安慰。

1701767,87.(600)

1992年7月11日，刘乃和致杨玉梅信。

中国历史文献研究会

你对恋爱、结婚的态度我很有看法。你正在花一般的岁月，是人生的黄金时期，你应当在的青年时代，找一个志趣相近，为人正派，关心别人，努力事业的爱人，要选择，选一个满意的人。所谓满意，主要是指为人，不能主要是其他。

有了知己，伴你一生，将是很幸福，尤其到老年，就更知道结婚还是必要的。你的想法还值得商榷，但毕竟你正在进行。要慎重，但也不能寻求十全十美，请考虑，并祝你成功！

我今年已过上半年，约略统计一下，已写了四万字的文稿，审阅了190万字的书稿，写诗22首，字幅若干。去上海开了一次学术讨论会，将7月28日动身去呼和内蒙师大再主持一次文献会13届年会，将于8月8日返京。以我74岁高龄也不算少了。我身体、精神尚好。希勿、即祝

暑安！

刘乃和 7月11日

1701767.87.（600）

中国历史文献研究会

玉梅：4月15、18日两信、生日卡、200元前后收到。我14日曾去一信，看来是在未收到此信时你写的第一信，收我信第二次又来信。

我因对你结婚后久无消息，十分挂念，故写信问候，不想你也在几乎同时就来信、来卡、来钱，真是远隔千里，心有灵犀一点通了。你在远方还记着我的生日，非常感谢！只是现在工资都不高，寄这多钱来，我心实不安！

这次信里有你的照片二张（我也去过大同，但那时只有黑白照片），都很好，依然是秀气、有朝气的可爱的孩子。也寄你照片四张，两张是前年在我家照的，另二张也算最近的了。

我今年1月去吉林市开会，共去一周。那张冰天雪地的照片，就是在吉林雾凇冰雪节。

我3月30日在校园内，因踩在浇花的一寸多直径的橡皮管上，重重地摔了一跤，肋下自左至右跌在马路牙子上，立即去医院照了X光，幸好骨未折，是[illegible]

1993年4月28日，刘乃和致杨玉梅信。

中国历史文献研究会

软组织挫伤，肿了多处，内脏也未伤，只是很痛，上下牵动，一动即疼，起来坐下、躺下起来，都极困难。现已近一个月，较见好，好得算是快的。没伤骨、内脏都未碰着，真是不幸中之万幸。

你结婚，对你来说是人生大事。二人各人有各自的生活环境，走到一起来了，就要彼此互相体谅，都要尊重别人，放弃各自的一些习惯，要求同存异，互相帮助，多多谅解，各自多看别人优点，取得一致、和协，组织一个幸福家庭，使两人的事业都有发展。

请多多考虑我的话，祝你们的工作都努力，都能取得成绩。

余再谈。

专此，即祝

俪安！

刘乃和 4月28

1701767.87.（600）

中国历史文献研究会

玉梅：左盼右盼，终于收到你的来信，非常高兴。总没有你的信，我想得很多，但也无从问起，确实很为惦念。因为你的性格，我是晓得的，又很谦和，但也有执着的一面，因此我想也许是如何如何了。不过得到来信，一切都冰释了，不再瞎想了。

我的生日你还记得，非常感谢，也非常感动。你真是比亲生女儿还关心。又寄来这多钱，你们也不见得富裕，多次为我破费，心实不安。母女之间，只有接受你的给与，我却难于回报，真真惭愧！

知道你怀孕了，很高兴，而且在选择孩子和工作之间，还徘徊过一阵，但很高兴地你有个正确的选择，这是真正确的。工作要负责任，但终究还有人可替代，儿女则是越早生下越好，这是你切身的事，等你老了，也就晓得了。

一切要注意，好好渡过怀孕这段时间，要顺利地生下可爱的小宝宝，不论是男还是女。

我工作仍很忙。去年出去四次，都是开会：1月

1701767.87.(600)

1994年5月14日，刘乃和致杨玉梅信。

中国历史文献研究会

到吉林市，看雾凇冰雪节，为参加书法（写字）的会；3月31日在学校内因水管绊倒，摔在学校的马路牙子上，左边肋骨下软组织挫伤，起来坐下，躺下都不方便，很疼，幸未伤肋骨，三个月后才不疼了；5月，尚在疼中去济南开一部书的编委会；七月又因带状疱疹住院一个月零三天；10月22去四川开历史文献会，散会自重庆过三峡到武汉回京，到京11月7日；12月9日又去海南开《四库》研讨会，飞去飞回，只用了一周。后三个会都是我主持，很累。还教了半年课。还写了不少文章。

工作量是大的，但精神尚好。

今年不拟多出去，可能只在十月去驻马店（河南）开一次会。因为应写的文章和书太多，出去就耽误时间。

生活仍是自理，好在我生活简单，要求不高。

希望来信时，告诉我生活情况，住上楼房了吗？你爱人的姓名、工作都再告我。向他好。尚此，即祝

俪安！

妈妈乃和字 5月14日

1701767.87.（600）

中国历史文献研究会

玉梅：7月5日、9月19日（中秋后一日）二信，都收到。我从前一信收到后一直没复信，但心中时常惦记此事，但不得空闲。及至第二信又收到，今天就要谈谈了。

我5月底时，接了一个临时的科研任务，要7月底交的短期完成的任务。我估计两个月可以完成，所以就答应了，因为是我的老师陈垣先生的有关的科研，是我义务的。

没想到自六月就有其他各事干扰，如学生（已出去工作的）的评"优秀图书奖"写推荐，这当然要翻他的书；有我们所里的评职称，要开会，要写评议；有大量的毕业生答辩，一本本论文，每本都是六七万字，要看论文，要写意见，有时要主持答辩会等。转眼一个月就过去了，科研未得动手。

自7月3日才转入此项目，当时正是溽暑天气，今年北京闷热时间长，每天挥汗如雨，因赶时间，也在晚间加了点班，到7月底终于完成了，一天也没休息。你来信时，正是我们分秒必争的时

1994年10月5日，刘乃和致杨玉梅信。

2

中国历史文献研究会

信。以后就不是这样紧了，但因赶任务时积压的工作很多，写文章，读书信，我觉得着还是一直在忙。

尤其是我要在10月23左右就动身去开会，有三个会相连，要去河南，（10月26开—11月10结束）这是我自己的历史文献会年会，我是会长，一定要去；二是上海讨论一个项目的评议，11月5日开，开三天；（11.9动身）即去桂林开一个学术研讨会，11月11日开，开5天，则到11月中旬才能返京。三个会都要准备论文或发言。在这几天，在我校还有"国学月"的一次报告，也要准备。因此仍在忙迫之中。

在百忙之中，看到你的细腻的、温情的、充满女性感情的来信，心中无限感谢和慰藉，这仍是我生活中的安慰，是伴随我孤寂生活的乐趣。虽然没有及时回答，但是我时时都惦记着，怀念着。

中秋节后收到你贺节的信，更应了"每逢佳

中国历史文献研究会

节倍思亲"的诗句，我的喜悦，你可以想象。你虽与我相隔甚远，但我身边总有你的影子。

小娃娃就要出世了，估计他出世时，我刚刚要动身远行。先预祝你，生产后你不能写信，也要请你爱人写几个字告我，我能带着好消息去出差。不管生的是男是女都好，不要只觉得女儿好。

小法孩子是一个半多月，我信里写的一周岁了（当时）。去年她就已有5个月多。我打的"去看过她一次，现在小法已来过了，也是在中秋节。再有一个多月她就要上班了，孩子可能是她婆婆看，还不太肯定。

我腰腿仍疼，精神很好，现练气功，反映较好，但对腰腿疼治疗还不明显。主要因已疼了三十年，我又这大年纪，且椎管狭窄的病也不易治的原故。

一写就这多，先到这里吧！

即祝

一家安泰！产期顺利！ 乃和字 10月5日

1701767.87.（600）

中国历史文献研究会

玉梅：

五日曾发一信，你收到此信时，一定已经收到。

已近十月，你最近身体如何？眼看就要分娩了，我一方面很惦念，一方面很高兴，预祝你母子平安！

我23日或24日就要出差，先到河南驻马店开我们历史文献年会，我主持，100余人，有国际友人，开幕词还没准备。此会后去上海开一科研项目鉴定会，11月8日左右到桂林，开儒家研究的会。11月中回京。那时就能听到你的好消息了。

我自己不能给你买什么，因又忙又腿不方便，托人为我的外孙买件小礼物，以表关念之意，很简单轻简，略稍表心情吧！收到请复。即祝

平安！

乃和字　10月11日凌晨

1994年10月11日，刘乃和致杨玉梅信。

中國歷史文獻研究會 信笺

玉梅：　1月14信悉收到。

昨日收到毛衣。太好了，试了试很合适，想不到千里之遥，我身体这样胖，你们怎么竟能织得这样合体，无论长短、肥瘦、身长、袖长，都极为合适。毛线颜色，我很喜欢（我就喜欢蓝、绿二色），这种绿色更是我喜欢的深浅，扣子配得也恰当。织的手工，尤其细致、边角缝线，都特内行。满意满意，谢谢！谢谢！谢谢你，更谢谢你妹妹！

我是很喜织毛衣，也是很会织毛衣的，但自解放后，工作一直忙，我很少织了，只给我们师大校长、我的老师陈垣织过，其他一概未织过。我自己已不织，但是很内行的，织得不好的，我还真看不上，你织的这件，我特满意，比我织的还满意，真是深知我心。人家有亲生女儿

地址：北京市新街口外大街19号　北京师范大学古籍研究所　邮政编码：100875

1996年2月3日，刘乃和致杨玉梅信。

中國歷史文獻研究會 信笺

的，人家有女儿在身边的，也未必能做到此。千里之外，有这样关心我的人，真是感人至深了。

我们没什么机会长处，我一生的辛酸苦辣你并不深知。我现在在学术工作顺利，但生活上的困难和不便，你并不能了解，但尽管这样，你还能真诚相待，就更让人感激并感动了。

你这样对我，我何以为报呢？只有在学术上工作上加倍努力来答谢吧！

我已于1989年退休，当时71岁。但仍受返聘，所以还在工作。又因为我作我老师陈垣的助手和学生三十年，陈是我国著名史学家，1971年已逝世，但他的学术尚需研究和总结。我手中现有《陈垣评传》《陈垣年谱》二书正在写，尚未完成。我自己又主持一个学会，即中国历史文献会，我是会长，会员有800多人，每年开年会一次，出学刊一本，这都需要费神。我在会活动之

地址：北京市新街口外大街19号　北京师范大学古籍研究所　邮政编码：100875

中國歷史文獻研究會 信笺

多，各种学术会议等不少，因此工作较忙。

本月9日—11日，我因去研讨座谈《续修四库全书》事在外开会三天（在人民大学对面，燕山大酒店），但为了准备此会，要看大套材料，查不少书。都是费时间之事。

我自1月22日感冒，现尚未全好。估计9日开会时，可以好了。

我校正在为卖房事，沸沸扬扬，房价包括工龄、房之质量、面积等核算，有人初步为我估计，需要三万多元。我因一无储蓄，二年岁这样老，我已决定不要。北大、清华等各校都在卖房，这是房改之一部分，听说其他各地也在动了。

北京今年没有落下雪，冬较暖，最低到0下9度，故感冒人多。　纸短话长，下次再写。

即致

全家安泰！春节愉快！　　乃和字　2月3日

地址：北京市新街口外大街19号　北京师范大学古籍研究所　邮政编码：100875

中國歷史文獻研究會 信笺

玉梅：7月8日函收到。

值暑假魏忠回家，我让她去看你，权当替我问候了。带了块料子，不知喜欢否？我很喜其素雅，也让魏替我买了一块，想做短袖衬衫，还没做。买东西我能做不到，腿疼走路难，做衣服也是找人来我家，我又胖，不好做。

我腿脚不见好，但精神仍好，工作繁忙，纪念活动太多，要写的东西太多，忙不过来。

我也没正式装修，只是用阳台窗，下雨时漏水，我放有书架，换了铝合金的（40块），漏水否尚不知，因装上后，此后没下雨。因装窗我把厨房顶做了，又四壁也旧了，也换了瓷砖。因为是生人，不熟。我的要求告他：我家没人，东西没人搬出搬进；我的书房不能受影响，因为那

地址：北京市新街口外大街19号　北京师范大学古籍研究所　邮政编码：100875

1997年7月19日，刘乃和致杨玉梅信。

几天看北大中文系博士生论文答辩，我要看十几万字的论文，不能影响工作，他们说可以。我就日夜作了。连大厅和厕所都没装修，只是因陋就简。反正我一切都以工作第一。

我工作很忙。庆回归；笔会、开会、作诗写字等事多。又有访问、照录等，回归应写了一篇给北京晚报85周年的文章，前几天刚写完，下面又有一篇急要的文章，正在酝酿。

小腾腾都知道北京有个姥姥，真乖。有机会来北京见吧！

今晚还有一个会，就匆匆写到这里。

向

全家安好！

乃和 7月19日

母女情深

杨玉梅

凡世间之美好母女情，或因于先天血缘，或源于后天际会。先生与我的母女情，属于后者。每每忆念起我们母女之间交往的点点滴滴，心中充盈的总是满满的幸福和温暖。

一、初次相识

与先生初识于1990年5月的郑州。那年5月7日至30日，河南省妇女干部学校举办了一期中外妇女史师资培训班，来自全国的近30名学员参加了培训。开班仪式上，先生作为唯一的特邀专家、改革开放后国内最早呼吁研究中国妇女史第一人，就中国妇女史发展沿革做了首讲，受到了热烈欢迎，并对此次妇女史培训起到了抛砖引玉的作用。先生在台上讲座，引经据典，深入浅出，引人入胜；我们在台下听讲，聚精会神，津津有味，获益良多。当天教室里座无虚席，听者无不为先生的博学多识、旁征博引以及生动幽默的语言、高超的授课艺术所折服。由于我是唯一的一位非从事妇女工作的自费学员，也是最年轻的学员，被学校特别介绍给先生，受到先生的格外关注，她笑容满面地凝视着我，不住地颔首赞叹："这么年轻秀气，真好；这么爱学习肯上进，真好！"也许就从那一刻开始，从我敬佩先生的知识渊博、卓有成就，先生喜欢我的年轻好学、有朝气有魄力开始，我们即互生好感，一见如故，为以后的更深交往奠定了基础，埋下了伏笔。

二、幸福相聚

自初次相识的简短交谈、短暂相处后，我利用开会、学习之机，特意在北京中转，先后探望、与先生相聚了5次。每次我们都促膝长谈，相见甚欢，充满着温馨，留下了美好。

1991年3月底，我一俟参加完在无锡召开的"中国人才研究会女性人才研究会(筹)第一次学术讨论会"，即赴京首次登门拜访先生，把当时会议召开的盛况、会议议程、取得的成果、我参会的所思所想详细地介绍给先生，先生极感兴趣，也甚为关注，并给予了充分肯定。也就是这次拜访，先生与我谈起了她的过往经历，她的繁忙工作以及简单不便的生活。谈到高兴处，先生朗声大笑，笑容里泛着泪花儿；说到困难处，先生神情落寞，黯然神伤。看着先生满屋珍藏的古籍，满桌摊开的书稿，简朴的衣着，简单的饮食，拖着病痛的身躯，从事着繁重的工作，还依然那么乐观、坚强、豁达，我既心疼又钦佩，内心是五味杂陈。我深切地感到，先生是太需要有可靠之人作她的帮手，关心照顾她的生活起居，慰藉她孤单寂寞的心灵，解除她的后顾之忧，以便她能心无旁骛、全身心地、分秒必争地投身到工作中了。

1991年7月下旬，我代表盟行参加自治区分行组织的业务技术比赛，获得好成绩。比赛甫结束，我就到了北京，放弃在京游玩的机会，跑到先生家报告好消息。先生比我还高兴，不住地夸我干得好，鼓励我再接再厉，再创佳绩。为了庆祝，她特意请人为我们合影留念。正是这次拍照，留下了此生先生与我仅有的弥足珍贵的两张合影，成了我此生的美好回忆。

1992年5月下旬，我拟到呼和浩特开会，去前专程在京停留，看望先生。知道先生爱吃松花蛋，我特意带去了父亲刚刚自制好的松花蛋，请先生品尝，受到了先生的啧啧称赞。考虑到先生年迈，不想让她太过负重，我又买了一款新颖小巧的按压式热水壶送给先生，以便她在劳累之余，能方便轻松地给自己倒杯热茶，缓解一下紧张与疲惫，此壶也深得先生的喜爱。

1992年7月中旬，我自包头学习后返京，又去看望先生。这次，我在先生家呆了两天一宿，同吃同住，得以更好的接触先生，了解先生日常工作与生活。先生作息极有规律，也懂得爱惜身体，并注意日常安全。

去的头一天上午，先生依然在埋头工作。我去了，即与我交谈起来，从工作到生活，从古代到现代，无所不谈。谈兴正浓间，先生到了锻炼时间，于是移步卧室，开始了摇摆机锻炼。只见先生躺在床上，双脚踝放在摇摆机的两个凹槽内，随着摇摆机的左右晃动，整个身子也跟着晃动起来。先生常年腰腿疼痛，走路困难，自主锻炼不易，通过摇摆机锻炼，应该是不错的选择。这样的锻炼，先生每天要进行二、三次，每次在半小时左右，在锻炼的同时，还可思考问题或听收音机。这次，我一边看着先生锻炼，一边与先生交谈。我真的很高兴，先生未把我当外人，而是当女儿待，不因我的到来，打破她固有的作息规律，给我营造最宽松的拜访环境。

下午，先生又安排我去崇文门幸福大街幸福楼她堂弟乃元家送取资料，并详细地告知我坐几站地铁，转几路公交，从哪儿下车，再如何走，我又很荣幸地为先生做了回信使。

晚上，到了看电视时间，先生也仅看新闻联播，看过即关闭电视。说是要保护视力，不能因为过多看电视，而损害了视力，影响工作和生活。新闻联播后，先生即开始伏案工作，告诉我可回到卧房自行看书或先洗个澡，并指点我如何使用燃气热水器。于是我就舒舒服服地冲了澡，套上薄薄的衣裙，蹑手蹑脚的走过先生的书房，也不知先生怎么就发觉了我，叫住我，不住地感叹："这小玉梅，真美！年轻真好！"夸得我怪不好意思的，可心里却乐开了花儿！也许，在先生的心里，是真的把我当女儿了，才觉得从里到外的我都是美好的吧！我原担心燃气热水器漏气，想提醒先生使用时，一定要打开门窗，以免发生意外。不想先生却先行告诉了我，我才知道自己的担心是过虑了，以先生的睿智细心，保障自身日常安全还是不成问题的，我也就放下心来。先生大概一直工作到晚上11点多，才洗洗休息了。

次日早上五点，先生就悉悉索索的起床了，又开始了一天的忙碌。两小时后，只听得摇摆机在响，先生又开始了晨练。早饭后，我陪同先生去学校的医务室检查身体。一路上，我搀扶着先生有说有笑，也碰见了好几位熟人，先生都是微笑着拱手打招呼，并不忘向人家介绍我"这是我干女儿，内蒙来的"，于是，我就冲着人家羞涩的笑。检查完身体快晌午了，我又搀着先生慢慢地往家走，还特意去小摊位买了点菜。

要做午饭了，先生执意自己动手，只让我打下手。我拗不过先生，就只能把菜切好，把鸡蛋打散，等着先生上灶操作。在搅打鸡蛋过程中，先生惊奇于我与她做法的一致，在磕碎鸡蛋之前，必先把鸡蛋冲洗干净，并感叹地说"你与我一样哎！别人认为没必要冲洗鸡蛋，可我还是要冲洗一下，才觉得干净"，我也是一直这样想、这样做的。在与先生交往的过程中，我屡次惊奇于我们的相似之处，性情相近、心灵相通、心心相印，我总是在想，或许是冥冥之中有一种神奇的力量在连接着我们吧！由于先生常年腰腿疼痛，难以支撑身体，在炒菜时，必一手扶着灶台，一手翻炒，身子几近贴着灶具，站在一旁的我就只能一个劲儿的为她担心，生怕油花溅到她、烫到她。可先生就是这么要强，什么事都尽量亲力亲为，不想麻烦别人。在先生家的两天里，来客三、两位，有查资料、请教的，有让先生帮忙出主意、拿意见的，先生总是热情接待。电话也有不少，不时有电话打来。多数时间，她刚好在书案前、话机旁，则能马上接听；有时离话机较远，就由我先行接听，再喊先生。我害怕先生急于接电话，而伤害到自己，必赶紧跑过去搀着先生，并嘱咐先生不要着急，慢慢走过来，别绊着自己。

这次，由于我停留的时间稍长，先生终于得偿所愿，实现了要给我和我父母带礼物的愿望。她早几天就求邻居，要给我带几斤北京产的糕点沙琪玛，也终于在我走的那一天，请邻居帮忙买来送给了我。我才知道世上还有一种点心叫沙琪玛，是满族食品。经过先生的详细介绍，我又得知了它的配料及做法。直至现在，我也喜食沙琪玛，这缘于先生当年的一片心意啊！在先生家的两天里，我亲身感受到了先生的勤奋刻苦、孜孜不倦，先生所做的所有保持体力、视力、精力的努力，都是为了更好、更长久的工作和付出。看到先生如此有条不紊地工作着、生活着，我稍稍放下心来。

相聚的时光总是短暂的，我又要远离先生，回到自己工作生活的家乡。每次离开先生家（这次也不例外），先生必把我送至大门外，拐至校园里的柏油路上，然后目送着我离开。我知道劝不回先生，就只能是三步一回头，不停地挥手示意先生回去，可先生就那么静静地看着我一步步地走远，直至看不见我的身影。我能感觉得到，先生和我必同时模糊了双眼，内心有诸多的不舍。但，能有什么办法呢？母女之间的相聚总是美好的，而别离却总是令人心酸！也许别离是为了更好的相聚吧？我只能这么安慰自己。

三、义结母女

世上没有无缘无故的爱。对先生来说，也不是你想爱她，她就能接受。我与先生以母女之情的交往，先生也有一个由被动接受到真心认可的过程。

即便是坚强豁达如先生，在她晚年之际，少有亲人陪伴，日常生活多有不便，在她光鲜亮丽功成名就的背后，也有着难以与人言说的落寞和孤寂。也许正是在她最需要得到心灵慰藉之时，我恰好走进了她的生活，走进了她的心里。1991 年 5 月，先生赐信给我，并随信寄来她 1990 年 5 月写的一首诗，“以赠知己”。此诗即是发表于《中国老年报》上的“生辰自咏”，诗云：“独茗独坐，独立独卧。独行独止，独忧独乐。人生过隙白驹，转眼七十已过。忙忙碌碌半生，赚得孑然一个。三餐因陋就简，穿着缝补旧破。有时引吭高歌，有时赋诗吟哦。有时满座高朋，有时孤单寂寞。有时埋首撰著，有时挑灯备课。对坐四壁图书，兴来挥毫翰墨。千里求师来访，仍能登坛上课。廿载腰腿疼痛，运转尚超负荷。虽说精力渐衰，且喜勤而不惰。待人接物以诚，办事言而必诺。际遇风风雨雨，工作有成有挫。八宝山头已近，莫做匆匆过客。珍惜桑榆晚景，岂能白白度过。”别人也许从诗中看到的更多的是她的胸怀和气度，而我看到的更多的则是她生活的困苦与无奈，理解她的不容易。一想到她淹没于自家书海中忙碌孤单的身影，我的心情就难以平静。我总想着能帮先生做些什么。能做什么呢？先生不乏学生、朋友、同事、亲属、邻居以及慕名拜访者，也会不时有人登门探望，好似宾朋云集，但是热闹繁华背后呢？是不是需要一个能够让先生敞开心扉，能够倾听、理解她的苦衷的人?！先生孑然一身、无儿无女，对，就让我做她的女儿吧，叫她一声“妈妈”，承担起一个女儿应尽的责任，慰藉她孤独寂寞的心灵。于是，我大胆致信先生，表达了想认她做母亲的愿望。我的这个想法，着实令先生始料不及，是她“所没有想到的”。激动之余，竟“一时不知如何复信”。先生“从来没有养育过自己的孩子”，在进入老境之后，很是“羡慕别人有孩子，也非常想自己身边有知疼着热的孩子”，只是感觉“那是不可能的事情”。收到我的信，“很感动，也很感激”。她不忍拂了“一个纯洁的女青年”的心愿，给了我这个机会，也允许我叫她一声“妈妈”，只是还是觉得“这太不敢当了”，然而却是她“求之不得的”。同时，还表示“我不希望你尽什么责任，因为咱们离得太远了，不过你的这个愿望，给了我无限的情谊和满足。我也难尽母亲的责任，我们相隔千里，两心彼此牵挂，永不能忘”。由于这事非同一般，先生极为慎重，在她“那我就真的承受了”的同时，不忘告诫我：“这事你母亲知道吗？请你告诉你的父母。”

这以后，我们以母女关系相处，相聚过三、四次，不时有书信往来。母女关系也在这一来二往中不断地得到加深，逐渐的由当初的不适应、犹豫观望到最终的熟悉、认可。1992 年 10 月 31 日，先生致信给我，明确了母女关系，我自然是欣喜万分。先生在信中首次袒露了心声："关于母女的事，我一直未细细谈起，因为我们相隔很远，很难调在一起生活，有些美妙的想法，但也是纸上谈兵。自从你承认了母女关系之后，我内心非常高兴，高兴能有一位好女儿，而且对我尊敬、爱戴，只要来京，无论在京停多短时间，总是带着你的关怀，带着买的食品来看望我，而我一来毫无准备，二来限于条件，总是只有以感激的心情，送你离开。这情这景，我已永记在心，作为我美好的回忆。我时刻想起在远方草原地区，总有一个美丽的姑娘——我的女儿惦念着我。""我所以对你总没说母女之情，还因为我关心不了你。我的繁忙的工作，已使我没有力量付与你母亲般关心，这是我很不安的，因此，你也会看出我信里未曾表达过多少"，"今天，让我从现在起叫你一声'玉梅女儿'吧！可爱的孩子！这里，也祝福你——善良的女儿"！最后落款是"义母乃和字"。先生就是这样，坚守着自己的做人原则，待人以诚，总想着如何关心帮助别人，受不了别人对她的一点点好，总要加倍地还回去。如果限于条件做不到，就会很不安。

其实，我认先生为"义母"，哪有什么复杂的想法？只是单纯的想帮先生做点什么，关心一下她的生活，哪怕是让先生在劳累工作之余，做她的一个倾述对象也好。我总以为，先生是大学者，有那么多的事要做，就是每天日以继夜、废寝忘食、不眠不休地工作，也做不过来。况且，先生一直有着极强的"时不待人"的紧迫感，总想着做更多的工作，能把诸多的计划付诸实施。我真的不希望先生被生活琐事所牵绊，为一日三餐而费心。可是，由于分居两地，我无法侍奉先生左右，只能是经常写信关心一下，逢年过节或过生日时打个电话、发个贺卡、寄点小钱，或做件衣服、织件毛衣寄给她。对一个晚辈来讲，我做这点小事，理所应当、不值一提，可在先生心里，却成了"美好的回忆"，成了她心底的不安——总想着该如何回报于我。交往的那七、八年里，先生也总是惦记着我，不时寄(捎)来礼物，给我以惊喜。孩子出生了，她请人买来银制长命锁、手镯寄来，以示祝贺；孩子会走路了，她又捎来小熊打鼓电动玩具；还几次给我捎来布料、织锦衣料，甚至在 1998 年 1 月，她病重住院前夕，还请人捎来毛线二斤。有一次，我无意中告知先生，单位搞改革，效益不好，连年亏损，工资不能足额发出，又惹得先生"十分惦念"，并自告奋勇说："我这里生活不错，可以接济你"，真是让我受宠若惊，更无地自容。作为一个年轻人、一个女儿，我怎么忍心又有何脸面让一位古稀老人接济我呢？先生有这份心，就足以让我感激不尽了，也反映出了先生的善良与真诚！是的，先生最是心地善良，待人以诚了！她不仅对我这个义女如此，对她的曾经的小保姆小洁也同样如此。在小洁生孩子坐月子期间，先生不顾自己年事已高、行动不便，还依然"打的"跑老远路去家中看望了她，送去了关心与祝福。其实，从内心来讲，我真的不希望先生这么善解人意，不希望先生活的这么累，总是想着如何回馈于人，如何关心别人。在这世间，为人子女(已成年)者，孝敬父母天经地义，哪有奢求父母照顾关心的道理！况且，以先生的身体及年龄，她出外给自己买点菜都很困难，又如何买来那么多礼物的呢？是求了不少人、费了不少心啊！我真的很感动，也很感激，更倍加珍惜。时隔二十多年，我还一直珍藏着这些礼物，它们也成了我"美好的回忆"！

四、温暖相处

先生与我相距千里、分隔两地，有各自的工作和生活，我们见面的机会有限，更多的是通过鸿雁传书，互通音讯，互为惦念，互相慰藉。七年间，先生与我书信往来数十封，封封都充满了温情。这些信中，少有学术探讨，多为生活沟通，心灵交流，充满了母女深情。她有什么好事、得意之事，总是高兴地告我，话语中满是自豪，让我也喜不自禁，羡慕不已："七.

一”被学校评为优秀共产党员了;“教师节”前,江泽民总书记来学校,她被指定为参加接见的十二位教授之一,当天所做的发言,得到了江总书记的称赞了;北师大 90 周年校庆,她作为第二个敲钟人,作了简短讲话,并在中央电视台播放了;以 79 岁高龄,“还每周三上课一次,8:30—11:00,腰腿虽疼,但讲起课来,精神很好”,全校这大岁数讲课的,只有她一人,等等。

我有什么好事,更是第一个告她,让她也跟着我高兴高兴:我专业技术比赛获得自治区分行第一名了,由于表现突出、工作由旗县支行调到盟市级中心支行了,毕业了,晋级了,提干了,评优评先了,甚至恋爱了、结婚了、怀孕了、生子了,都能得到她的祝福。为了把更多的好消息带给她,也促使我不断地努力工作,勤奋学习,追求进步,不断地提高自己,争取更多更好的成绩。先生与我年龄相差近半个世纪,历经人生八十年的风风雨雨,早已是功成名就的学者,获国务院有突出贡献专家津贴,被剑桥国际传记中心列入《世界五千名人录》和《世界妇女名人录》。从先生身上,我学到了奉献、追求、责任、担当。从先生身上,我获得了太多的人生教益。与先生交往,如沐春风。每当我走到人生的十字路口,面对人生的关键抉择,感到困惑不解、犹豫彷徨时,都是先生及时为我指点迷津,告之我何去何从。

由于我自小就坚强、独立,话里话外曾跟先生流露出不愿与绝大多数女人一样,走恋爱、结婚、生子这条路,先生则毫不客气地批评我:“你对恋爱、结婚的态度我很有看法。你正在花儿一般的年岁,是人生的黄金时期,你应当在青年时代,找一个志趣相近,为人正派,关心别人,努力事业的爱人,要选择,选一个满意的人。所谓满意,主要是指为人,不能主要是其他。有了知己,伴你一生,将是很幸福,尤其到老年,就更知道结婚还是必要的,你的想法还值得商榷。”

当她得知我如她所愿步入了婚姻的殿堂,在为我高兴、祝福之余,不忘告诫我:“男婚女嫁是人人应当享受的,只有个别人因种种原因,未能做到。你结婚的选择是对的。希望你能适应新环境、新变化,努力做到热爱他,也顺情顺理的接受他的爱。应当说他将是你最挚爱的人,一生里最亲密的人。你说不是吗?”

当她知道我怀孕了,而且在选择孩子和工作之间,还徘徊过一阵,她不忘及时地宽慰我:“很高兴在孩子和工作之间,你有个正确的选择,这是真正确的。工作要负责任,但终究还有人可替代,儿女则越早立下越好,这是你切身的事,等你老了,也就晓得了。”

当得知党的十四大,中央政治局常委中无一女性,我表示失望时,她不忘提醒我:“国家新班子,没有妇女,是历史遗留的必然,将来肯定会有。我们妇女,努力在自己岗位做好自己的工作吧!”

同样的,先生也极为珍视与我的书信往来,对收到我的来信给予了高度评价:“在百忙之中,看到你的细微的、温情的、充满母女感情的来信,心中无限感谢和慰藉,这信是我生活中的安慰,是伴随我孤寂生活的乐趣。”现在我真的好后悔,当时我怎么就没有更多的写信过去,问候我那孤独的义母?!真是“树欲静而风不止,子欲养而亲不待”啊!

近段时间,我又多次拜读了先生赐给我的所有信件,屡次泪眼模糊。我深知,先生的内心其实是很孤寂的,生活也真的不容易,而她却还要每每露出笑颜,留给热爱她的人们一个乐观、坚强、豁达的形象,内心的酸甜苦辣也只能独自一人品尝。1992 年 1 月底,我曾打电话给先生,表达了想进京陪先生过年的想法,先生不同意,说她“不能这么自私”,也表示“已多年自己一人过年,习惯了”,说让我“还是回家陪父母过年吧”,于是,我没有成行。先生为了让我放心,特意把她当年过年的情形详细的描述给了我,我了解后,不知是该欣慰呢还是该心酸!先生信中写到,“我春节过得很简单,也很充实。我没有一般家庭春节的准备,什么也不买,和平日一样。工作没有停,也和平日一样。每年除夕,都是我一个人看电视春节晚会,今年也是看完才睡的。我弟弟一家六口,有小孩(二岁多),我弟弟也已 70 岁了,来也不方便(注:先生和弟弟的感情很深，尽管因姐弟双方年岁较大，很少见面。先生 1996 年 9 月曾赐信给我，提到'我没有亲人，12 亿人口中，只有一个亲弟弟，也已 75 岁，但住得不近，来也不易，见面时很少'）。我也不愿动，因此谁也不去谁家，只通通电话，平平淡淡、清清静静就过去了。自我 86 年搬到学校后(原来与弟同住)已过了六个春节，都是这样。我侄子在晚饭前送来家中炒的素菜和包子等。在学校的朋友、同志知道我有困难，有给我送饺子的。我自己什么年菜也没做过""我工作没有停，自正月初一至初六日，每天拜年客人不少，来客就谈话，客走就工作，初一日来了三十多人。今年贺年卡等共收到 100 多个（注：先生曾当面跟我说过，收到的贺年卡中有很多是带'新年快乐'乐曲的，寂寞时，她就一个接一个地打开来、听下去，一边听、一边跟着唱、一边想着寄卡人的模样，很是享受）。"

五、无尽忆念

白驹过隙，时光飞逝。倏忽间，先生已离去二十载，迎来百年寿诞，留给热爱她的人们以无尽的思念。作为先生生前最为疼爱、最放心不下的义女，我可以无愧地说，我一直以先生为榜样，清清白白做人，勤勤恳恳做事，热爱生活，努力工作，热心公益，乐于助人，未给先生丢脸抹黑。先生就像指路的明灯，照亮着我前行的路。虽然最终我没能走上妇女史研究这条路，但我也在自己力所能及的范围内，为我挚爱的女同胞们默默地贡献着自己的力量。我曾多年担任系统女工委主任，为女同胞们排忧解难、争取应得的权利；也曾多次捐助"妇女热线""希望工程""春蕾计划""母亲水窖"等。同时，我在自己的本职工作中，高标准、严要求，获奖颇丰。在任纪检监察部总经理、纪委副书记期间，我所在分行获得总行级纪检监察工作先进单位；在任支行行长期间，我本人被评为总行级思想政治工作先进工作者。当然，与先生相比，我的这些小成绩、小作为，实在是微不足道。我只愿继承先生的忘我、无私、甘于奉献的精神，为这个美好的世界、为我热爱的人们献出一点爱，播撒一份情。我想，这是先生希望的吧？也是对先生最好的怀念！

(三)诗

编者按:刘乃和能写诗,她说50岁开始写。这大概是指古体诗,因为20世纪50年代,她写过现代诗,有些用陈垣名字发表在北京师范大学校刊上。

刘乃和的古体诗写得很好,数量很多,她自己按年抄定,装订成册,诗后有自注。她说过,她的诗用典不多。

刘乃和的诗,反复修改,有些请启功修改。我见过,启先生抡起板斧,修改刘先生一首七律。原诗上端用1—8标顺序,修改后,又用汉语拼音字母8个重排顺序,好像把第三句改作第一句,还有更换的句子。我后悔当时没有把那页竖书的16开信纸复印下来。

先后赴集宁、杭州开会经大同参观

春遍江东塞外寒,平城会后转临安。
纵横华夏三千里,南北帝都二百年。[①]
放眼河山披锦绣,连心蒙汉绽欢颜。
桑榆未晚挥余热,奔赴前程路尚宽。

注:①北魏拓跋珪自盛乐(今内蒙古和林格尔)迁都平城(今大同)。至孝文帝元宏太和十八年(494)迁都洛阳,前后一百年。南宋迁都临安(今杭州)共一百五十多年。

1981年3月

喜饮碧螺春

清香的是吓煞人,嫩绿芬芳品色新。
人道苏州千样好,我云最爱碧螺春。

注:相传有采茶人在太湖碧螺峰得野茶,清香扑鼻,惊呼"香得吓煞人",当地遂名"吓煞人香"。康熙南巡,江苏巡抚宋荦以此茶进,帝问茶名,宋嫌其名不雅,乃据产地随口名之为碧螺春,茶以此得名。

1984年5月

谒成吉思汗陵

成皇崛起统貔貅，旗戟弓矛扫亚欧。
马上英雄攻必克，纵横南北卅春秋。

广略雄才大漠平，亚欧横扫更西征。
伊金霍洛留陵寝，毡帐八白仰令名。

成皇事业惊欧亚，宏阔陵园气势雄。
叱咤风云留宇内，天骄一代贯苍穹。

注：成吉思汗回师攻取西夏时，中途逝世，未留葬地。为便于祭祀，后在鄂尔多斯草原建八宝室，即八白室，为八顶白色毡帐。清初移于伊金霍洛盟。建国后重建陵园。三座穹庐式大殿，左右两廊相通，黄顶蓝垣，气势雄伟，极为壮观。

八月八日

青冢四咏

艳说文姬归汉室，昭君早自到边庭。
胡笳十八传悲切，一曲琵琶烽火停。

闭锁长门自请行，蛾眉请嫁靖边兵。
当年设若椒房老，至死无人道姓名。

万里及沙塞北行，千秋史册著芳名。
琵琶马上边功建，青冢年年伴月明。

关山风雪喜联姻，愿为苍生嫁此身。
千万游人瞻青冢，明妃应幸请和亲。

注：昭君墓在呼和浩特市南郊九公里，大黑河南岸。冢高三十余米。冢前新塑昭君与呼韩邪单于并马同行像。

八月八日

自呼和浩特至伊金霍洛旗途中所见

万里平沙乱草长，天低云近野茫茫。
人稀浩森杨枝瘦，红土丘陵少牧羊。

注：一路荒沙、丘陵，高岗沟坎，偶有玉米、葵花，皆小矮低细。不见村落，人稀树瘦，羊群极少。

八月九日

住院杂咏

编者按：七十五岁第一次住院，治带状疱疹。

（1）

卧多坐少渡昏晨，竟做无为太古民。
三餐勿用亲操作，四体难勤静养神。
独对苍穹聊寄兴，每逢风雨则怀人。
首次住院难适应，且耽书报续前因。

（2）

听病友争论

静望浮云暗复明，聆听风雨落还停。
如棋世事多奇幻，劝尔锱铢莫与争。

（3）

赞医护人员

白衣天使到床前，问病查情带笑颜。
自古良医同德相，杏林春暖遍人间。

（4）

久疏笔墨

久疏笔墨难为计，俗语庸言且耐听。
吟句不成无意境，阳台静坐数繁星。

（5）

翰墨今生未了缘，难偿文债牍三千。
伏案无从疏笔砚，多病方知健是仙。

（6）

常铸笔端兴废事，日亲文墨古今篇。
就医久别诗书史，独处无聊望远天。

八月五日

编者按：1993年8月，刘乃和因带状疱疹住院治疗。这是她有生以来第一次因病住院。

她讲解这组诗，说："同室病友吃不下医院的饭，要家人送。我觉得医院饭菜很可口，怎么就'难吃'呢！"又说："住院时，不须我自己做饭，吃现成的，这对我太难得了。"

"首次住院难适应。"难适应的是环境嘈杂。同室病友聊天，争论，令她心烦，逼得她"卧多坐少度晨昏"。不食人间烟火的刘乃和，以假寐排遣即时之烦恼。

同室的病友一定会骂："这个孤老太！"

疾风骤雨，霎时转晴

金蛇电掣练垂天，雨势压山顷刻间。
风驰雷鸣来势猛，夕阳瞬挂暮云边。

注：一九九三年七月廿四日至八月廿六日因带状疱疹，住北医三院，虽仍阅读书报，但不能写作。

八月二十日

自贻

凡事付之一笑中，与人何所不能容。
常开笑口身心健，大度包容耳目聪。
绿水青山为我用，清风明月蕴吾胸。
纵活百岁终需老，轩轾低昂自可通。

十一月二十九日

春梅经雪(有感)

春梅经雪散幽香,残月余辉映碧光。
莫道今朝昨昔比,何方避短更扬长。

十二月十一日

援庵师诞辰一一零周年纪念

(一)

著述文章千古事,爱民爱国世人崇。
声名不朽流恩泽,淡泊清高百世风。

(二)

亦步亦趋三十年,常依几案玉阶前。
陈门立雪得亲炙,愿把华灯次第传。

援庵师诞辰一一零周年纪念
刘乃和敬书
1990 年 11 月 24 日

生辰自咏

独茗独坐,独立独卧。
独行独止,独忧独乐。
人生过隙白驹,转眼七十已过。
忙忙碌碌半生,赚的孑然一个。
三餐因陋就简,穿着缝补旧破。
有时引吭高歌,有时赋诗吟哦。
有时满座高朋,有时孤单寂寞。
有时埋首撰述,有时挑灯备课。
对坐四壁图书,兴来挥毫翰墨。

千里求师来访，仍能登坛上课。
廿载腰腿疼痛，运转尚超负荷。
虽说精力渐衰，且喜勤而不惰。
待人接物以诚，办事言而必诺。
际遇风风雨雨，工作有成有挫。
八宝山头已近，莫做匆匆过客。
珍惜桑榆晚景，岂能白白度过。

注：现尚有访问学者二人，研究生四人。

1990年4月

七十自咏

几多风雨几多寒，旧梦依稀记不全。
一样春花一样月，怎堪人不似当年。

喜逢初度七旬寿，却憾来无去日多。
珍重斜阳余热好，勤挥笔墨莫磋跎。

生辰不在百花前，无负春光许我先。
七十年华随水去，未忘身处半边天。

趋走匆匆七十秋，时光逝水去难留。
但能天假期颐寿，俯首仍为孺子牛。

1988年4月14日

有感

检点生平百事殊，七十四年一糊涂。
一片丹忱质天日，反思成绩有还无。
为人作嫁几十载，利己谋求无所图。
代笔捉刀真亦假，侍读侍药千来副。

群小揪师中枢保,替挨批斗忍凌辱。
经风历雨晨昏继,殚精竭力岁月除。
锦绣年华随水逝,留得青山总算福。
师归泉下廿余载,仍承遗志写诗书,
贺迎齐辈篇章富,却嫌自我竟踯躅。
欢祝同行登新域,深愧老迈境已殊。
喜见新朋天伦乐,反观霜鬓叹孤独。
茕茕孑立形影单,幸伴诗书尚可读。
不才应许明主弃,多病无怨故人疏。

注:平仄韵字虽不尽合,然通篇一气贯注,情意真挚,可不必过拘于形式也。

十二月十六日

自嘲

耿耿忠心五十年,未敢稍懈未曾闲。
检点平生无奉献,却从何处问青天。

三月十一日

无题

湘地文人荟萃多,舜尧桀纣费评说。
编年今有诗文系,文献足征少侧颇。

澧华捷敏用功勤,整理曾集苦耕耘。
汲古知今习文史,藏修游息自欣欣。

注:王澧华同志参加编写《曾国藩全集》,今又编成《诗文系年》,文献完备,便于评价人物,颇利士林。藏修:专心向学之意。《礼记·学记》:“故君子之于学也,藏焉,修焉,息焉,游焉。”

1993年4月9日属于北京师范大学刘乃和

有感

郝元祥副校长、候刚同志先后告我“陈垣纪念馆”用房已获批准，喜极赋此。

援师见我恐难识，交瘁身心两鬓丝。
日夜劬劳功未竟，暑寒勤奋尚能支。
茫茫四顾伤形影，踽踽独行忆绛帷。
重任有责犹需进，只宜欢喜不宜悲。

1989 年 3 月 6 日

赞君子兰

君子兰来我家二年余，并未调护，今春群花怒放，鲜妍夺目，二十几日不衰，花落后又另开一枝，自三月开至五月全部开败，诚奇迹也。

兰有节操君子风，人情冷暖总相同。
投桃未到仍报李，一样多姿百媚红。

1989 年 3 月 10 日

赞书

书散温馨似故人，故人与我最相亲。
孤灯伏案为佳侣，冷雨敲窗伴朝昏。
方恨用时藏尚少，却愁平日捡需勤。
每当客至言谈处，羡我书斋日日春。

1997 年 12 月 10 日

河南省妇女干部学校开风气之先，举办妇女史培训班

尊男卑女几千年，豫省首开风气先。
妙笔写成妇女史，弘扬优秀半边天。

德才女子本超群，压抑摧残志未伸。
立志钻研妇女史，接班自有后来人。

注：河南省妇女干部学校开风气之先，举办妇女史培训班，喜极赋此以为祝。

北京师范大学刘乃和
1990 年 5 月 14 日

贺励耘讲学助学基金成立

启功学长为纪念恩师陈垣（援庵）校长热爱祖国，勤奋耕耘的精神，鼓励青年师生继承并发扬光荣传统，慨捐其书画作品所得人民币一百六十余万元，设立励耘讲学助学基金。基金拒用自己名字，用援师励耘书屋命名。这种尊师重道、鼓励后学、慷慨无私的奉献精神，令人敬佩，感赋八绝句以为贺。

一

弹指知交五十年，同门何敢望颜渊。[①]
博文约礼承师教，更喜德才后世传。

注：①孔子学生子贡对孔子说："赐（子贡名）也何敢望回（颜渊名），回也闻一以知十，赐也闻一以知二。"见《论语·公治长》。颜渊，孔子最得意的弟子。

二

恰似明珠土内埋，育贤慧眼辨英才。
文诗书画惊同辈，犹记恩师唤"小孩"。[②]

注：②援师尝学启功先生姑母口气，呼之为"小孩"。

三

当日师尊识俊英，今朝彩笔显奇能。
既精三绝诗书画，又学先生不辍耕。

四

问史执经卅九春，慨捐奖助报陶甄。[③]
开来继往为楷模，桃李相承慰励耘。

注：③二十年前启功先生挽援师联之语。联曰："依函丈卅九年，信有师生同父子；刊习作二三册，痛余文字答陶甄。"陶甄，培育之意。

五

撇捺横直寄寸诚，枝枝叶叶见真情。
输将金帛传衣钵，只愿青年更有成。

六

铁画银钩字字金，一横一竖报知音。
挥毫但写尊师意，留得字风护幼林。

七

肯为援师播爱心，新苗成长得甘霖。
尊师重道高风在，火种薪传直到今。

八

建馆设堂非我愿，沾濡渥泽是吾心。[④]
但求学子争相上，此意拳拳可铄金。

注：④有人提议用此款为启先生建艺术馆，他坚决不同意。

铄金：犹言销金。《国语·周语》下："故谚曰：众心成城，众口铄金。"谓众口所毁，能令金销镕，寓人言可畏。

铄金流石：谓天气炎热，似可融化金石。《淮南子·诠言》："大热铄石流金，火弗为益其烈。"也作"流石铄金"。皆《辞源》四3220。

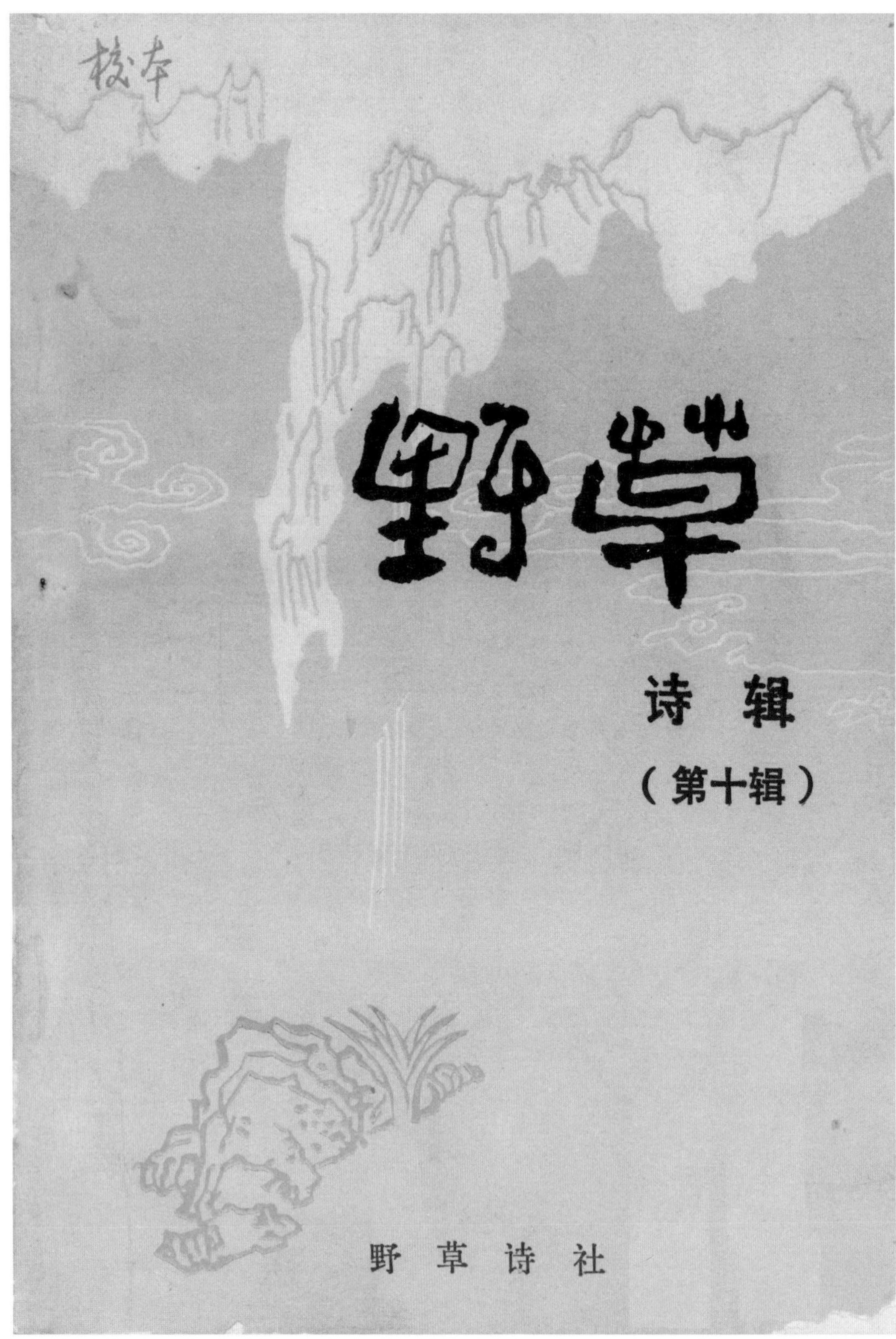
校本
野草
诗辑
（第十辑）
野草诗社

有 感

援师见我恐难识，(注)交瘁身心两鬓丝。
日夜劬劳功未竟，暑寒勤奋尚能支。
茫茫四顾伤形影，踽踽独行忆绛帷。
重任有责犹需进，只宜欢喜不宜悲。

(注)援师指陈垣(字援菴)老师

1989年3月

赞君子兰

君子兰来我家二年余，并未调护。今春群花怒放，鲜妍夺目，二十几日不衰。

兰有节操君子风，人情冷暖总相同。
投桃未到仍报李，一样多姿百媚红。

1989年3月

贺北京师大图书馆新馆落成

千秋大业重图书，紫柱虹梁聚有无。
埋首深研勤读检，良笺秘典解愚疏。

爱禽绿化原相辅，桃柳争春燕语声。

种树防沙广造林，植苗铺草护飞禽。
来朝鸟语花香日，举目清新满绿荫。

1990年3月

赴河南省妇女干部学校讲学

河南省妇干校举办妇女史培训班，得风气之先。讲学来去四天。

尊男卑女几千年，豫省首开风气先。
妙笔写成妇女史，弘扬优秀半边天。

德才女子本超群，压抑摧残志未伸。
立志钻研妇女史，接班自有后来人。

虽云来去两匆匆，旧雨新知意境通。
但得耕播桃李艳，花红烂熳又重逢。

1990年5月

贺研究生等毕业

今年我有硕士生三人毕业，访问学者二人结业。

“不封顶”的刘乃和

琴　正

金秋十月，洪皓、马端临国际学术研讨会暨中国历史文献研究会第17届年会在乐平市召开。作为会议的东道主之一，我有幸结识了中国历史文献研究会会长、北京师大教授刘乃和先生。除了会议期间的接待接触，我还与江西日报记者一道，对刘老作过一次专访。

刘先生出生在北京一个书香门第，祖籍天津杨柳青，祖父系前清翰林，父亲是书法家。刘老从小耳濡目染，深受着中国传统文化的熏陶。1939年，她考入北京辅仁大学（该校诞生25年后与北京师范大学合并）。1943年大学毕业在该校攻读研究生，师从中外著名的历史学家、北师大校长陈垣先生。从当陈垣先生的学生、校长办公室主任到助理，一干就是三十年，同时也与中国历史文献研究结下了不解之缘。

中国历史文献研究会是国家级的权威学术团体，能荣膺该会会长之职的刘乃和先生当属当今史学界的学术权威了。不过，这权威只是学术界的一种公允，而刘先生的为人却平易得没有一点“权威”，诚朴得不涂彩一点“学术”。刘老今年78岁高龄，中等身体胖胖的，腰患骨质增生，行路腿脚稍有不便。睿智的目光躲在一副水晶眼镜后仍炯炯有神，填满了历史知识的脑袋渍得满头的银发也具历史状。刘老乐起来显得特别的慈祥，微笑时舌尖添向咀唇，慈祥憨厚中还保留着一丝童顽。她，的确是一位令人尊崇、敬爱的长者兼学者风范的知识老人。

与老人谈中国历史，谈中国历史文献，就如同找老郎中先生看中医，愈老的先生愈能给人地道感、信赖感。有些老人，本身就是一部“断代史”。老人说：“中国历史悠久，有极为丰富的文化遗产，而这些文化遗产主要保留在典籍之中。据统计现有典籍约十万余种。中国有文字记载的历史有五千多年，而且连续不断，这在世界上是绝无仅有的。这是我们中国人值得骄傲的事情。”我国有骄傲的历史，老人也为研究历史而骄傲。谈到文献学，老人更是行家里手如数家珍。老人说，历史文献学自古就有，孔子就做过历史文献的学问，但把历史文献作为一门独立的学科来系统进行研究还是近代的事。文献学不仅是整理古籍，还应涵盖目录学、版本学、校勘学、文字学、音韵学、训诂学、金石学等学科的内容，还要通晓历代典章制度，《文献通考》有这方面丰富的内容。

谈到文献学，老人自然联想到他的恩师陈垣先生。老人认为陈垣先生是开创近代历史文献学的奠基人，陈老先生有文献学方面的多种专著。如校勘学、年代学、避讳学等。说到陈垣老先生，刘先生似乎更具深情，她认为陈老先生的道德、文章都达到了无可挑剔的化境，至今仍为失去这样一位学识渊博的大师而惋惜。刘老谦逊地说，几十年当陈老先生的学生、助手，也为陈老先生写过不少的文章，虽对陈老先生的学问学得不深，所幸的是在陈老先生身边工作，受其高尚道德的熏染却是终生受益。说着陈老先生的道德、文章，刘老又自然联想到当今史学界的一些值得警惕的现象。刘老说，当前历史学界有一股思潮，有的人企图否定陈垣老先生对革命的追求，对历史早有定论的历史是非品头评足，甚至把汉奸说成好人，把革命说成是错误。说着说着，老人那洞察历史风云的历史学家的眼中放射出犀利的光芒，表情严肃，斯文中奔流着巨大的激昂，宛如佘老太君又闻边关烽火，好像即刻就要横刀立马跃上疆场。拨开历史的迷雾，还历史的真面目，似乎是历史学家义不容辞的历史责任。

刘老孤身一人，据说年轻时也不失风流倜傥，与她同班的很多女同学选择了显赫的能跟随出访的夫人生活，她却选择了钻进历史的故纸堆去做学术文章。她原住几间低矮平房内，近些年才改善得搬了三室一厅，每间房的四壁都是“顶天立地”的书架，迟到的上不了架的书还只好睡在地板上。刘老常风趣地说，我家里除了书就是我，除了我还有书。

刘老的生活也像历史一样朴实无华。她说这辈子没有穿过时髦的衣裳，不论是开会讲学，还是参与重大社会活动，总是穿着像她那陈旧的线装书一样整齐陈旧的布衣裳。随着年龄的添加，三围也不断地添加，为了能裹住添加了的身躯，她经常把旧衣服的结合部拆开再添加一块布。如此一改革，衣服又适应了变化了的新形势。一次，老人极有兴致，上街逛西单商场，要售货员小姐拿一份新出产的洗发剂的说明书来看看，售货员小姐瞟了一眼这位穿着朴素的老太太，一边递货一边挤出一串冷冷的清音：“你认识字吗？”老人笑中带涩回答：“能认识几个。”这真是：不识教授真面目，只缘身着旧衣衫。老人现时行动不太方便，请了一位“小时工”，主要任务是上街买点蔬菜和生活必需品，然后老人自己动手做做，喂满了自己就全家不饿。一次，刘老与北京师大另一位教授到复旦大学讲学，该校餐餐给他们吃蘑菇，刘老感到非常不错，那位教授私下则说：“这上海人，天天给人家老太太吃蘑菇，要吃蘑菇，老太太自己家里就能长。”（原住的低矮平房阴暗潮湿，地上都长了蘑菇）。刘老常挂在嘴边的一句话是：咱们读书人，要忧道不忧贫。这充分表达了中国知识分子追求真理，不慕荣华的奉献精神。

刘老说我已是78岁的老人了，已经到了五棵松了（八宝山的前一站），但我还有很多事情要做，我要赶紧抓住时间，现在手头正在写有关陈垣的专著，接下去还要写自己的回忆录，还有很多社会活动和历史文献研究会的工作，会长之职又卸之不去，事情很多，不知还能活几年。我说：“您老身体好，起码再活二十几年，一百岁没问题。”刘老忙说：“最好别给我封顶。”说完自己先笑成了一朵灿烂的晚霞。

面对这样一位研究历史的历史老人，我只敢想，不敢问：你曾经有过爱情吗？这样以牺牲家庭生活为代价执着地做着清淡的学问就无悔无怨吗？不敢问，实在是没有勇气问这个问题。老人一辈子在伤痕累累的历史中蹒跚跋涉，也难免磕碰得累累伤痕，我们采访时不得不小心翼翼，生怕触到老人的隐痛。但愿老人“不封顶”，在不久的将来能拜读到她的回忆录，或许能从中解开这个历史的疑团。

我想，像刘乃和先生这样挚情于献身研究中华民族辉煌历史的人，一定是对中华民族爱恋得最深沉的人。好在中国的历史也铸就了这样一条规矩：凡是深爱中华民族的人，就一定会受到人民深深的爱戴。谈访到最后，我们想请刘老就她的人生价值取向做点概括。老人翻出她随身携带的一本打印的小册子，里面都是她平时有感而未曾发表的诗作。她指着其中的《生辰自咏》一首读给我们听，且边读边作点解释。现附录于下。

生辰自咏

独茗独坐，独立独卧。

独行独止，独忧独乐。

人生过隙白驹，转眼七十已过。

忙忙碌碌半生，赚得孑然一个。

三餐因陋就简，穿着缝补旧破。
有时引吭高歌，有时赋诗吟哦。
有时满座高朋，有时孤单寂寞。
有时埋首撰述，有时挑灯备课。
对坐四壁图书，兴来挥毫翰墨。
千里求师来访，仍能登坛上课。
廿载腰腿疼痛，运转尚超负荷。
虽说精力渐衰，且喜勤而不惰。
待人接物以诚，办事言而必诺。
际遇风风雨雨，工作有成有挫。
八宝山头已近，莫做匆匆过客。
珍惜桑榆晚景，岂能白白度过。

这无疑就是刘老七十多年生命旅程的小结，也道尽了她风雨人生的喜怒哀乐。读着她那震颤着心声的诗句，我想，辛勤耕耘历史的人，一定会像历史一样光照后人。

* * *

编者按：问刘乃和"你认识字吗？"的售货员，不在西单商场，她在白塔寺附近街边商店，离能仁胡同很近。1997年初，刘先生交给我此文复印件。看罢，她问："你喜欢哪一部分？"我答："说真话吗？"她答："说真话。"我说："我不敢问……我不敢问……"我只道出这八个字。她点一点头，说："我也是。"

《待友人未至》有感

窗外微哗侧耳听，
门环偶响暗神惊。
夕阳已落心难落，
几度出迎又误迎。

刘乃和穿一件化纤比例很高的毛衣，很多年了，肘部磨烂，她自己把兜拆下来补上。我妹妹是羊毛羊绒专家，那天她在场，对刘先生说："这种毛衣，只能在前门市场买到，早该淘汰了。"我的妻子请人给她机织了一件细羊毛衫。刘先生胖，机器宽度有限，她和设计师研究很久才完成。我去北京开会，她穿了新毛衣，等我一整天。那次李修生师急，抓住到会人，当天开会。第二天，我去看望刘先生，她说昨天等待的心情，便吟了上边这首诗。

刘乃和说："这首诗早已做成，'友人'无确指，是写一种心境。"显然，她对这首诗很满意。

刘先生工作很忙，她把时间用得像毛巾挤水一样。她写坏了不知多少支派克笔。她喜欢用派克牌钢笔，只在复写时才用油笔。她是不允许客人在家闲聊的。但她也有寂寞的时候，也希望有人坐一会儿，陪她聊天，放松一下。但有这种资格的人不多，古籍所办公室主任李仲祥自诩："我可以在刘先生家吸烟。"

只有矛盾的刘乃和才能写出《待友人未至》这样的诗。

读刘乃和诗二首有感

《有感》《君子兰》这两首诗都作于 1989 年 3 月。内容不同，但我总觉得两首中间有一情结相联系。

第一首诗，当是忆陈垣老师。为什么会想到他呢？因为第二年，1990 年，是陈垣诞辰 110 纪念。人们或以为，还有一年时间，刘先生着急什么？这种纪念不比寻常，开会时，要发纪念册。现在不约人撰写文章，到来年十一月，怎么能编印出来，发给与会者！在作者写诗的时候，她早已经发出撰写文章的通知了。当时还健在的老同志，需要刘先生亲自电话邀请，故春节以来，拜年的电话里，一定有邀请撰写纪念文章的内容。

虽然老师的话题，时时是刘先生工作、交往的主要内容，故老师的身影便成了那年先生心中时时涌出的心结。

偶然，她从镜中窥见头发已经斑白的面孔，这还是当年那个苗条秀美的女大学生吗？我读此诗，不由得想起苏轼那首“十年生死两茫茫”的词来，因为第一句“援师见我恐难识”，就是《江城子》的主题。“茫茫四顾伤形影，踽踽独行忆绛帷。”

我想起有一位朋友说过，在客人离后的空屋里，刘先生难道没有过孤寂的感伤吗？刘乃和把自己的一生，奉献给老师的学术事业，她失去了相爱、成家、生儿育女的机会。到了老年，她在万籁俱寂的夜晚，放下手中的工作，她难道就没有一丝的孤寂么？这首诗，就是在这种情境下产生的。

我是这年九月中旬到北京师范大学古籍所师从李修生教授学习元代文献研究。十月，随雷近芳去见名人刘乃和先生。那时，她很胖，脚已经变形，走路用脚的外侧，从后面看，那“踽踽独行”像鸭。先生那时行走，从来不是一个人，开会时，陪伴的人很多，平时散步，有个 20 多岁的女孩陪她。所以诗中的“独”和上一句的“茫茫四顾伤形影”是同一个意思。

第二首诗是写君子兰。她家真有君子兰，我记得是两盆。有人送来的，已经长得很大了。放在南阳台。我是刚刚进入“补拙书屋”的新学生，是自己进去的。雷近芳是她那一年的访问学者。六月《贺研究生等毕业》，小序云：今我有硕士生三人毕业，访问学者二人结业。即包括雷。

从《君子兰》七言绝句中，仍可以看见刘先生自身。我对“投桃未到仍报李”感触最深。我曾听先生说：那个时候，我甚至替他写检查，我是对得起他们的。当时所指什么，她不说，我也不敢问。后来我看到她自己保存的《交待材料》自留稿(刘先生笔勤，她经、见必记录。刘乃和留下了大量的档案、文献。)其中有关于代替陈垣写在琉璃厂中国书店寄售《励耘书屋丛刻》零本，所谓“逃税”问题。中国书店一直代售陈垣的木板书，未曾说过售书纳税问题。工作队进校，背着陈垣调查此事，说不要告诉陈，刘自己以直接办事的身份做工作检查。先不告诉陈是尊重他，不必做什么文章，但让刘去写检查，是代人受过。

她看见君子兰，两年了，主人没去关顾，但却一样繁花报锦。这是怎样的品格啊！“人情冷暖总相同”，把花的故事引向人的故事中，这不正是比喻自己的君子风度吗。在二十世纪的中国历史学界，有南北二陈响誉寰宇。他们各有一位忠诚的学生，可以承担老师托命之巨责，他们就是蒋天枢和刘乃和。

书散温馨似故人，故人与我最相亲。
孤灯伏案为佳侣，冷雨敲窗伴朝昏。
方恨用时藏尚少，却愁平日捡需勤。
每当客至言谈处，羡我书斋日日春[①]。

1997—12—10

这可能是她最后的诗作。

2016.6.9

① 原稿手改为“总日春”“别有春”。

后 记

2016年春，我给朋友打电话："刘先生逝世快20年了，我们应该早做准备。"邓瑞全提出，应该是"百年诞辰纪念"。

我做什么呢？我的任务是，写一部《陈垣刘乃和学术年谱》。尽量多地搜集资料，仔细排比，细到"日"。做到细而不漏，让人读了，感觉用不着再找资料了。一年一年地慢慢做，不必着急，完成几年，先印几年。

2017年春，小朋友何君购得先生数十封信，他想自费出版，并拿来名家书信集让我参考，孔夫子旧书网和老师亦倾力襄助。但是大家商量的结果，正式出版，这才不辜负先生！

我们纪念先生百年诞辰，就拿出先生一生足迹，给世人看。

参编的人，意见不尽一致。我们反复讨论、反复商量，尽量不主观结论，先生的文字既在，大家看。

我们拿出先生的很多手稿。她的文章有些甚至写到第八稿。关于中国古代妇女的论文，都有资料线索，这是陈垣治学的轨迹，或可有裨后人。

刘先生晚年某些文章是"文债"，但其中一些具体问题之求索，耗费了她很多功夫。如"妇女研究"专题和"历史文献研究会"十年会长时期。

刘乃和是位奇女子，像她一样能保存自己的这么多文献资料，世界上也罕见。她把自己的一生，献给了老师的事业。1971年前，做秘书，协助老师研究；1971年以后，以宣传励耘精神为己任。

刘乃和的字极漂亮，有些可视为字帖。她在中小学时代，字迹和一般孩子们没两样。这证明勤奋和努力很重要。

1998年的刘乃和，处境凄凉。低烧不退，夜里盗汗，不能安歇。虽然有侄女、侄儿经常探望陪侍，三位留在身边的学生，前后奔走，不离左右。但毕竟不是儿女，不能强行做主，入院治疗。

这是她的悲哀。这也是我一定要编出这部书的原因。

邱瑞中

2017年9月3日